Sich fremd gehen

Detlef Lienau

Sich fremd gehen
Warum Menschen pilgern

g Matthias-Grünewald-Verlag

»*Das Ende der Straße ist unsere wahre Heimat.*
Lasst uns nicht die Straße mehr lieben als das Land, zu dem sie führt.«
Columban

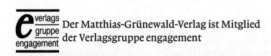

Der Matthias-Grünewald-Verlag ist Mitglied
der Verlagsgruppe engagement

Alle Rechte vorbehalten
© 2009 Matthias-Grünewald-Verlag der Schwabenverlag AG, Ostfildern
www.gruenewaldverlag.de

Umschlaggestaltung: Finken & Bumiller, Stuttgart
Umschlagabbildung: © Ulrich Hagenmeyer
Gesamtherstellung: Matthias-Grünewald-Verlag, Ostfildern
Printed in Germany

ISBN 978-3-7867-2757-6

Inhalt

Einleitung

Warum pilgern? Weil wir dabei erfahren, was in unserem Leben noch alles möglich ist. Pilgern lebt aus dem, was Augustinus über den Menschen sagt: »Du hast uns zu dir, Gott, hin geschaffen, und unser Herz ist unruhig, bis es Ruhe findet in dir.« Unruhig ist der Mensch, weil er noch nicht da ist, wo er hingehört: zu Gott. Wer sich auf seinen Weg gerufen weiß, wer Vertrauen in das Ziel hat, dessen Unruhe ist nicht ängstlich, sondern erwartungsvoll.

Pilgern ist Heimweh und Fernweh zugleich: Der Pilger möchte zu sich kommen und zugleich nicht bei sich stehen bleiben. Er sucht das Andere, vielleicht auch den Anderen. Abstand gewinnen vom Alltag und seinen Pflichten, von der Familie und ihren Erwartungen, von Zwängen und Vorstellungen und letztlich von sich selbst. *Sich fremd gehen* – nur so kann man mehr werden, als man aus sich heraus ist.

Pilgern ist für mich zum Lebensthema geworden. Vor zehn Jahren brachte mich eine Radtour erstmals auf den Jakobsweg. Ich suchte schlicht eine Route, die mir das tägliche Hin und Her abnimmt, weil sie ein klares Ziel kennt. Seitdem leite ich Pilgerwanderungen für Gruppen auf dem Camino Francés, dem Hauptweg des spanischen Jakobsweges, Pilgerreisen in der Extremadura, der Schweiz und nach Assisi sind über die Jahre hinzugekommen. Einfaches Leben und intensive Gemeinschaft, Wandern und an Grenzen kommen und nicht im Voraus wissen, wo man abends schlafen wird, macht die eher asketischen Touren aus. Nicht automatisch, aber wenn die Bereitschaft zum religiösen Unterwegssein da war, konnte in den Andachten vieles geweckt und bewegt werden. Es hilft, Abstand vom Alltag zu haben und die »normale Welt« überschreiten zu wollen. Ich erlebe das Unterwegssein als Einüben in ein Menschsein, das nach vorne lebt.

Solche Reisen sind und bleiben herausfordernd – für Teilnehmende und mich. Und ein Wagnis muss das Pilgern bleiben, sonst führt es nicht ins Neue. Pilgerreisen wollen kein Leistungssport sein, aber doch ›Strecke statt Schnecke‹, ein Gegenpol zur Behaglichkeit, die manche Pilger auch unterwegs pflegen möchten. Immer wieder rebelliert der eine oder die andere gegen unsere anspruchsvollen Touren. Aber nach wenigen Tagen wird deutlich, dass man mehr gewinnt, wenn man sich nicht selber lebt, sondern sich etwas sagen, zumuten und letztlich zusprechen lässt. Denn groß ist oft das Erstaunen, was alles in einem steckt und nun endlich geweckt wird. Pilgern will be-fremden – wie auch dieses Buch. Vielleicht wird es zu einem geistigen Pilgerweg, der in unbekannte und spannende Gefilde führt.

Ein beeindruckendes Erlebnis ist mir meine Pilgerwanderung auf der Via de la Plata durch die Extremadura geworden. Durch die weite und offene Landschaft zieht sich der Weg. Da er oft auf alten Römerstraßen läuft, strebt er schnurgerade voran, ohne auf Dörfer und Wälder, auf die Landschaft einzugehen. Manchmal kommt man den ganzen Tag durch kein Dorf und ich gehe Schritt für Schritt meine 30 Kilometer durch die karge und staubige Landschaft unter der Augustsonne. Abends rolle ich unter einer alten Steineiche meine Iso-Matte aus und koche auf dem Spirituskocher mein einfaches Essen. Weit und breit ist nichts zu hören. Unter freiem Himmel schlüpfe ich in den Schlafsack – und ziehe am nächsten Morgen weiter. Ich komme in eine ruhige Zielstrebigkeit: eine offene Landschaft, weite Blicke nach vorn, nichts, das mich ablenkt und hält. Das ist mein Bild vom Pilgern.

Zugleich erlebe ich manche Entwicklung des Pilgerns zwiespältig. Nicht nur, dass immer öfter neue Pilgerwege allein für das Tourismusmarketing in die Welt gesetzt werden. Auch bei den Pilgern selbst gibt es Sensationslust: Man hat spannende Berichte gehört und möchte sich diesen neuen Trend nicht entgehen lassen. Solche Pilger halten sich oft bei den Äußerlichkeiten auf, bei ihrer High-Tech-Ausrüstung, aber sie lassen sich nicht innerlich auf das Pilgern ein, bleiben Beobachter. Ganz ähnlich sind solche, die vor dem Hotel ihre Koffer in den Reisebus laden, um dann mit dem Tagesrucksack auf kurzen Abschnitten das Flair des Pilgerns zu schnuppern. Die Grenzen verschwimmen, da jeder den Begriff Pilgern für sich bestimmt.

Statt der öffentlichen Herbergen, in denen ehrenamtliche Hospitaleros gegen Spende Gastfreundschaft schenken, gibt es immer mehr private Pensionen, die aus der Gastfreundschaft ein Geschäft machen. Was der Pilger sucht, wird ihm geboten. Was macht das aber mit dem Pilgern, wenn Gepäck im Taxi transportiert wird und das reservierte Bett die Unsicherheit nimmt, wo ich nachts ein Dach über dem Kopf finde? Cola-Automat statt Brunnenwasser, Waschmaschine statt Handwäsche, Einzelzimmer statt Massenlager – immer mehr Pilger fragen, warum sie sich das Pilgern nicht angenehmer und entspannter machen können.

Damit möchte ich nicht dem ›Früher war alles besser‹ das Wort reden. Vielmehr sind gerade solche Entwicklungen für mich Anlass geworden, nach guten Gründen für das Pilgern zu suchen. Die Praxis gewinnt, wenn sie sich selbst reflektiert. Gerade kritische Anfragen wollen es nicht schlecht machen, sondern die Sache selbst klären und stärken. Denn das Pilgern hat es nicht nötig, sich mit kitschigen Bildbänden und verklärenden Reiseberichten zu verhübschen. Es hat so viel Substanz, dass es sich einer auch selbstkritischen Auseinandersetzung getrost stellen kann. Das Buch wurzelt in solchen Fragen meiner Mitpilger: Warum haben wir keine reservierten Unterkünfte? Warum soll ich nicht nach Lust und Laune mit dem Taxi überbrücken? Warum erlebe ich mich unterwegs anders? Warum bin ich beim Pilgern offener für die Andachten als zu Hause? Wie kläre ich meine mitgebrachten Fragen und wie kann ich, was ich auf dem Weg entdeckt habe, mitnehmen nach Hause? Manchmal holen meine Klärungen weit aus in Geschichte, Bibel und Theologie – aber sie wurzeln in den Fragen meiner Praxis.

Immer wieder stand ich beim Schreiben vor der Frage, ob es wirklich ein weiteres Buch zum Pilgern braucht. Bildbände und Führer haben ein beachtliches Niveau erreicht, Praxishilfen, Reisebeschreibungen und auch Besinnliches gibt es in reicher Auswahl. Auch zur Geschichte des Pilgerns gibt es fundierte Arbeiten. Aber eine christlich-theologische Reflexion heutigen Pilgerns fehlt weitgehend: Wie verhält sich das christliche Menschenbild zum Unterwegssein? Was kann das Verständnis Gottes und des Gottesverhältnisses zum Pilgern beitragen? Welche religiösen Aspekte können im Pilgern festgestellt werden? Warum ist diese Form der Frömmigkeit gerade heute so beliebt? Wie ist der Wert des Pilgerns für den christlichen Glauben zu beschreiben? Die christliche Reflexion aktuellen Pilgerns muss weitgehend Pionierarbeit leisten, Schneisen durch ein großes Feld schlagen, erste Orientierungsmarken im wild wachsenden Garten der vielfältigen Praxis setzen. Das Buch sucht Leserinnen und Leser, die diese Gedankenpfade ausprobieren und weitergehen, Sackgassen und Irrwege ersetzen, die mit ihren Gedanken in die Ferne schreiten.

Sich fremd gehen ist heraus-gehen auf einen heraus-fordernden Weg. Denn Pilgern ist wie der Glaube nichts, das ich be-sitze, sondern ein Weg, den ich gehe. »Gäste und Fremdlinge sind wir auf Erden ... und sehnen uns nach der himmlischen Heimat.« Jahr für Jahr verlasse ich meinen Alltag und mich selbst, lasse mich befremden und verfremden durch die andere Welt unterwegs. Ich gehe mich fremd und komme als anderer an.

Dankbar bin ich allen, die mir Wegbegleiter gewesen sind: Justus, der auf abenteuerlichen Rad- und Fußtouren die Lust am Unterwegssein nährte; Jörg, mit dem mich jahrelange Gruppenleitung verbindet; meiner Frau Bianca für ihre Anregungen, besonders zu Rut; allen, die durch immer neues Nachfragen an diesem Buch mitgeteilt haben.

Quellen christlichen Pilgerns

Einstimmung auf den Weg

Warum sich mit der Geschichte des Pilgerns beschäftigen? Geschichte erklärt Gegenwart, sie lässt verstehen, was am Wegesrand steht und welchen Hintergrund unser Handeln hat. Sie wirkt auch normativ, denn die Klärungen über Reliquien- und Ablassfrömmigkeit und reformatorische Kritik helfen auch heute noch zur Unterscheidung. Vor allem aber kann Erinnerung auch vergewissern und tragen, weil sie von der Engführung auf die eigene Situation befreit. Darum steht am Beginn meiner Überlegungen eine geistliche Besinnung über einen Vers aus der Apostelgeschichte (Apg 2,42): »Sie aber blieben beständig in der Lehre der Apostel und in der Gemeinschaft und im Brotbrechen und im Gebet.« Wie kann dieser Vers mit den Augen eines Pilgers gelesen werden?

Spätestens bei Kilometer dreißig wird es mühsam. Die Luft ist heiß, der Rucksack drückt, Frische und Schwung des Morgens sind verflogen. Ganz zu schweigen von den Blasen, die sich an den Wanderstiefeln reiben. Meine Begeisterung ist verflogen. Im Gegenteil – mit jedem neuen Schritt die Frage: Warum mutest du dir das zu? Warum nimmst du nicht einfach ein Taxi und genießt den freien Nachmittag am Zielort im Café?

Fragen – meine Fragen beim Pilgern auf dem spanischen Jakobsweg. Meine Fragen auch zu Hause: Warum engagiere ich mich für meine Gemeinde, im Besuchsdienst? Auch da gibt es Durststrecken: wo mir Gleichgültigkeit begegnet, wo mein Glaube belächelt wird, wo ich zuletzt selbst zweifle – an meinem Glauben, an Gott.

Oft muss ich mich am Gegenwind abkämpfen, der den Kirchen ins Gesicht weht. Der Wind weht von vorn, und das zehrt an der Kraft. Darunter leide ich und viele andere mit mir. Das zehrt an der Kraft, bremst die Begeisterung und nimmt den Schwung – eine Spirale nach unten. Ich wünsche mir dann, dass Gott sich deutlicher mit seiner Kraft zeigt. Er soll mir festen Boden unter den Füßen geben. Er soll zeigen, dass er zu seinen Versprechen steht – uns und allen, die ihn belächeln. Was kann uns Kraft spenden? Was zieht den müden Pilger bei Kilometer dreißig nach vorn? Was verleiht mir, was verleiht uns Flügel?

»Sie blieben aber beständig in der Lehre der Apostel und in der Gemeinschaft und im Brotbrechen und im Gebet.« Ein paradiesisches Bild malt

Lukas in der Apostelgeschichte von der ersten Gemeinde in Jerusalem. Fast zu schön, um wahr zu sein. Ganz so idyllisch war der Alltag wohl auch nicht: es gab Spannungen, Trägheit, Streit. Aber das Bild der Gemeinde beeindruckt mich. Ich frage mich: Wie machen die das? »Sie blieben aber beständig.« Gerade wenn die Begeisterung schwindet, wenn Schwierigkeiten den Weg verstellen: festhalten an der Lehre der Apostel. Lukas betont das gleich dreifach: »bleiben«, »beharrlich sein«, »beständig«. Es geht um das Festhalten des Glaubens in schwerer Zeit, sei es, dass mein persönlicher Glaube zerbricht, sei es, dass die ganze Gemeinde unsicher ist. Gerade dann zeigt sich: Ein schwacher Glaube kann sich nicht selbst Halt und Sicherheit geben. Da brauche ich einen zuverlässigen Glauben mit Garantie, ein festes Fundament. Dafür steht bei Lukas »die Lehre der Apostel«, also das, was uns in der Bibel überliefert und dadurch autorisiert ist, dass die Apostel Jesus nahe waren. Dort haben wir einen guten Grund, der all das trägt, was wir uns als Gemeinde wünschen: Gemeinschaft, Brotbrechen, Gebet.

Je mehr der Zweifel an mir nagt, desto beharrlicher halte ich mich an den Glauben anderer vor mir. Das ist nicht mein Glaube. Es ist der Glaube von Menschen, die stärker in der Liebe, zuversichtlicher in der Hoffnung und treuer im Glauben gewesen sind. Deren Glauben nährt mich. Er ist wie ein Wegweiser, der Richtung gibt, und manchmal wie ein Krückstock, der meine vom Zweifel unsicheren Füße stützt.

»Sie aber hielten beharrlich fest an der Lehre der Apostel.« Wir haben eine Tradition, die trägt: die Bibel, unsere Gesangbuchlieder, oft einfache, vertraute Worte, die uns in Fleisch und Blut übergegangen sind. »Der Herr ist mein Hirte, mir wird nichts mangeln.« Was könnten wir für eine kraftvoll ausstrahlende Kirche sein, mit all unseren Glaubensschätzen! Was könnte auch jeder Einzelne sich dort an Zuversicht schenken lassen!

In der katholischen Messe spricht der Priester: »Schaue nicht auf meine Sünden, sondern auf den Glauben deiner Kirche.« Vielleicht waren die Menschen früher gar nicht frommer. Aber sie ließen sich durch den Glauben anderer bestärken. So haben sie in Stunden der Anfechtung und Unsicherheit wieder Boden unter den Füßen gewonnen.

So auch heute. Wenn bei Kilometer dreißig der Rucksack drückt, die Hitze zehrt und die Blasen scheuern. Ich gehe in den Fußspuren der Pilger vor mir. Wo ich sonst schon längst aufgegeben hätte – hier halte ich durch. Ich bleibe beständig. Das muss am Weg liegen, den vielen Kirchen am Wegesrand: Stein gewordener Glaube und drinnen die Altarbilder mit ihren

Glaubensgeschichten – auf ihr Gottvertrauen schaue ich, das zuversichtlicher ist als mein verzagtes Herz und stärker als meine müden Beine. Und links und rechts von mir die Mitpilger, ihr aufmunterndes Wort, die geteilte Verpflegung. Ihre vorwärts strebenden Schritte ziehen mich mit. Das Volk Gottes unterwegs. Dieser Weg trägt.

Lasst uns hinaufziehen nach Jerusalem – Wallfahrt und Weg im Alten Testament

Die Suche nach den biblischen Wurzeln des Wallfahrens steht zuerst vor einem negativen Befund: Es wird im Alten Testament nur an wenigen Stellen thematisiert. Doch der erste Eindruck täuscht. Die Wallfahrt hat für die Geschichte und den Glauben Israels eine grundlegende Rolle gespielt. Tempel und Jahresfeste, Kultzentralisation und nationale Identität sind ohne Wallfahrten nicht zu denken. Was selbstverständlich ist, prägt – auch ohne eigens thematisiert zu werden. Dabei liegt – überraschend für ein Volk mit nomadischen Wurzeln und angesichts der vielen Weggeschichten der Bibel – der Fokus auf dem Kult am Zielort. Der Weg dorthin wird nicht thematisiert, scheint auch im Zusammenhang der Wallfahrten keine symbolische Bedeutung gewonnen zu haben.

Die alttestamentliche Wallfahrtspraxis ist einem starken geschichtlichen Wandel unterworfen. Frühe Hinweise finden sich in der Zeit der Richter um 1200–1000 vor Christus. Bereits hier stoßen wir auf ein durchgängiges Motiv jüdischer Wallfahrtspraxis: die Verknüpfung mit dem Festtagskalender. Im liturgischen Kalender etwa des Bundesbuches (Ex 23,14; vgl. auch die Parallelstelle Dtn 16) heißt es: »Dreimal im Jahr sollt ihr mir ein Fest feiern«, das Fest der ungesäuerten Brote (Mazzot), das Erntefest (Wochenfest, Schawuot) und das Lesefest (Laubhüttenfest, Sukkot). Alle drei Feste, zur Gersten-, Weizen- und Weinernte, stammen also aus dem landwirtschaftlichen Kontext und sind als Dankopfer- und Bittfeste begangen worden. Die Feste begeht jeder Stamm an seinem Ortsheiligtum, sodass keine weiten Wege zurückzulegen sind. Das erklärt, warum der Kult und nicht der Weg dorthin zentral ist. Es geht nicht um das Unterwegssein und das Verlassen der Heimat. Die Kultorte sind durch ihre auf die Patriarchen bezogenen Gründungslegenden bleibend mit ihren nomadischen Ursprüngen verbunden: Auf Abraham und Jakob gehen etwa Sichem (Gen 12,6; 33,18–20) und Bet-El zurück (Gen 12,8; 28,10–22; 35,1–15). Vor allem binden diese Erzählungen die ursprünglichen Stammesheiligtümer in den Jahweglauben ein. So werden die Wallfahrten zu ihnen zu Kristallisationspunkten des die Stämme verbindenden Glaubens Israels.

Die Wallfahrten werden zu den Erntefesten begangen, die mit Opfern verbunden sind. In Ex 23,15.19 heißt es:»Erscheint aber nicht mit leeren Händen vor mir! ... Das Beste von den Erstlingen deines Feldes sollst du in das Haus des Herrn, deines Gottes, bringen.« Indem Gott die Früchte der Erde dargebracht werden, wird er als Schöpfer anerkannt. Der gebräuchliche Ausdruck»das Antlitz Gottes aufsuchen« (u. a. Ps 105,4) stellt die Wallfahrt in eine Parallele zum Empfang bei einer Audienz im Königshof. Neben die Aspekte von Opfer und Audienz tritt der im Kontext von Wallfahrten häufig verwendete Begriff *hag*. Seine Grundbedeutung ist ›kreisförmig‹, später ›tanzen‹ und schließlich umfassend ›ein Fest feiern‹. Die Wallfahrten nehmen also gesellig-ausgelassene Formen an, man ist fröhlich beisammen mit Musik (Am 5,21–23) und Tanz (Ri 21,19–23).

Die drei großen Wallfahrten sind für Männer Pflicht:»Dreimal im Jahre soll erscheinen vor dem Herrn, dem Herrscher, alles, was männlich ist unter dir.« (Ex 23,17) Für Frauen und Kinder ist die Teilnahme möglich und auch üblich (Ri 23,19–23, 1 Sam 1,10–19). Für die Zeiten der auf Jerusalem konzentrierten Wallfahrt wird die Anzahl der Pilger auf 150 000 geschätzt – ein Mehrfaches der Bevölkerungszahl der Stadt. Heiligtümer können mit besonderen Riten verbunden sein, wie der Salbung einer Säule in Bet-El oder dem Vergraben von Amuletten am Fuß des heiligen Baumes von Sichem. Die Wallfahrer bereiten sich durch Waschungen, Kleiderwechsel und sexuelle Enthaltsamkeit vor – Elemente, die sich auch bei der Gottesoffenbarung an Mose am Sinai Ex 19,10–15 finden. Als Ergänzung zum gemeinschaftlichen Handeln, das im Mittelpunkt steht, findet sich auch das individuelle Gebet (1 Sam 1,10–19). Einzelwallfahrten auch außerhalb der drei großen Feste (2 Kön 4,23 und Elia in 1 Kön 19) dürften aber von untergeordneter Bedeutung gewesen sein. Ansonsten ist über den Verlauf und die Organisation erstaunlich wenig überliefert.

Ein entscheidender Schritt zur Fernwallfahrt wird mit der versuchten Konzentration der Vielfalt der Stammesheiligtümer und -wallfahrtsziele auf Jerusalem unternommen. Dem dienen das»Hinaufbringen« der Bundeslade nach Jerusalem um 1000 v. Chr. (2 Sam 6) und wenig später der Bau des Tempels unter Salomo. Gerungen wird um die Frage, wie Gottes Gegenwart im Tempel zu denken ist. Die positive Antwort»eine Wohnstätte für ewige Zeiten« stößt auf die kritische Gegenfrage:»Wohnt denn Gott wirklich auf der Erde? Siehe, selbst der Himmel und aller Himmel Himmel können dich

nicht fassen – wie sollte es dann dieses Haus tun, das ich gebaut habe?«
(1 Kön 8,12f.27) Später findet sich eine beide Perspektiven verbindende Formulierung für den Tempel: der Ort, der den Namen trägt, über den der Name Gottes ausgerufen ist.

Doch wird die Konzentration auf Jerusalem bald aus politischen Gründen relativiert. Denn mit der Trennung Israels in ein Nordreich und ein Südreich, dessen Hauptstadt Jerusalem blieb, hatten die Herrscher des Nordreichs kein Interesse an einer Wallfahrt in ein anderes Land. Darum wurden die alten Heiligtümer von Bet-El und Dan als Staatsheiligtümer gefördert (1 Kön 12,26–30). Doch auch für das Südreich ist nicht davon auszugehen, dass der Kult allein an Jerusalem gebunden war. Noch Amos kennt im 8. Jahrhundert v. Chr. Wallfahrten quer durch das Südreich bis nach Beerscheba.

Die alttestamentlichen Texte, die Jerusalem als einzigen Kultort vorstellen, sind meist Vorschriften aus einer späteren Zeit, die in die Gründungszeit des Landes projiziert werden, bzw. in die Zeit der Kultreform unter König Josia im 7. Jahrhundert v. Chr.: »Hüte dich, dass du deine Brandopfer nicht an jeder Stätte opferst, die du siehst.« (Dtn 12,13) Dadurch sollte Jerusalem festgeschrieben werden als der Ort, an dem von alters her der Jahwe-Kult exklusiv seinen Platz hatte.

Auch in der Zeit des Zweiten Tempels (ab 515 v. Chr.) sind Wallfahrten nach Jerusalem zu den drei großen Festen üblich. Die große Entfernung zum Zentralheiligtum macht die Wallfahrten umständlich, was der Grund für die Reduzierung auf nur eine verpflichtende Wallfahrt pro Jahr gewesen sein wird, die aus 1 Sam 1,3 und Lk 2,41 erschlossen werden kann. Für Juden in der Diaspora genügte vermutlich eine einzige Fahrt im Leben.

Wallfahrtsbilder

Ein wichtiges Element der biblischen Überlieferung sind die Wallfahrtspsalmen (Pss 120–134). Ursprünglich waren es volkstümliche und gesellschaftskritische Lieder aus sehr unterschiedlichen Zusammenhängen. Erst später sind sie redaktionell als Wallfahrtspsalmen überarbeitet und auf den Jerusalemer Tempel bezogen worden. Die Entstehungsgeschichte kann als Hinweis gelesen werden, dass Wallfahrten starke Elemente der Volksfrömmigkeit aufzunehmen vermochten. In den Wallfahrtspsalmen finden wir die Vielfalt der Themen, die in der Wallfahrt ihren Ort haben: Das zweckfreie Lob (›Opfergabe der Lippen‹), der Dank für die Ernte und andere Gaben, die Bitte um Regen und Nachwuchs, die Erfahrung der Geborgenheit bei

Gott und die Zugehörigkeit zum Volk – später kam auch die Klage über die Not der Zerstreuung ins Exil hinzu. Jerusalem und sein Tempel stehen im Mittelpunkt der Texte, denn von dort geht Gottes Segen aus. Hier schlägt sich die Kultzentralisation auch liturgisch nieder. Die Wallfahrt zum Jerusalemer Tempel findet ihre Überbietung in der Völkerwallfahrt zum Zion. Nach dieser heilvollen Vision werden alle Völker in friedlicher Absicht zum Zion hinaufsteigen:»Zu der Zeit werden zehn Männer aus allen Sprachen der Heiden einen jüdischen Mann beim Zipfel seines Gewandes ergreifen und sagen: Wir wollen mit euch gehen, denn wir hören, dass Gott mit euch ist.«(Sach 8,23) Diese Völkerwallfahrt ist kein Bruch mit der historischen Praxis, sondern führt die jährliche Wallfahrt zum Laubhüttenfest nach Jerusalem fort, Eschatologie und Geschichte sind eng verbunden (Sach 14,16; vgl. auch Jes 2,2–5; 1 Kön 8,41–43; Hag 2,6–9 u. ö.).

Kein Kult ohne Gerechtigkeit

Eine gravierende Neuorientierung brachte die prophetische Kultkritik besonders bei Hosea und Amos:»Ich bin euren Feiertagen gram und verachte sie und mag eure Versammlungen nicht riechen. Und wenn ihr mir auch ... opfert, so habe ich keinen Gefallen daran.«(Am 5, 21f) Die Wallfahrtspraxis wird kritisch bewertet und erstmals sogar von Wallfahrten abgeraten:»Suchet nicht Bet-El. ... Suchet den Herrn, dann werdet ihr leben.«(Am 5,4f) Der feststehende Terminus»Gott suchen«, der bisher das Wallfahren bezeichnete, benennt nun die Gegenüberstellung von Gott- und Heiligtumssuche: Wer Bet-El sucht, sucht gerade etwas anderes als Gott.

Amos fordert stattdessen gerechtes Handeln im Alltag:»Es ströme aber das Recht wie Wasser.«(Am 5,24) Später wird Jeremia diese Kultkritik noch radikaler fortführen. Anlässlich eines Wallfahrtsfestes fragt er in seiner Tempelrede im siebten Kapitel:»Haltet ihr denn dieses Haus ... für eine Räuberhöhle?« Er wendet sich gegen ein magisches Verständnis, als ob Gottes Anwesenheit durch den Ruf»Haus Jahwes« heraufbeschworen werden könnte. Gottes Anwesenheit hängt vielmehr an einem Leben nach seinem Willen:»Bessert euer Leben und euer Tun, so will ich bei euch wohnen an diesem Ort.« Wer in seinem Alltag anderen Göttern folgt, wird auch im Tempel von Gott verstoßen, wie es bereits in Schilo geschehen ist. Diese Ethisierung nimmt die alte Frage auf, wer sich Gott im Heiligtum nähern darf. Nun aber genügen nicht mehr Opfergaben und Reinigungsriten als Zugangsvoraussetzungen:»Herr, wer darf weilen in deinem heiligen Zelt?

Wer darf wohnen auf deinem heiligen Berge? Wer untadelig lebt und tut was recht ist und die Wahrheit redet von Herzen« (Ps 15,1f). Solche Eingangsliturgien, die einen Dialog an der Pforte zum Tempel wiederzugeben scheinen, finden sich mehrfach im Alten Testament.

Fraglich bleibt, ob nur das »falsche« Wallfahren, ohne ethische Konsequenzen für den Alltag, kritisiert wird oder generell jedes Wallfahren. Naheliegend ist, dass die prophetische Gegenüberstellung von Kult und Gerechtigkeit überspitzt formuliert und nicht prinzipiell gegen den Kult gerichtet ist. Keinesfalls darf die Kritik des äußerlichen Kultes vorschnell als Aufruf zur Innerlichkeit verstanden werden. Zwar finden sich auch Ansätze dafür, dass die Wallfahrt Anlass kritischer Selbstreflexion ist: »Die Opfer, die Gott gefallen, sind ein geängstigter Geist, ein geängstigtes, zerschlagenes Herz wirst du, Gott, nicht verachten.« (Ps 51,19) Aber letztlich geht es um den Gottesdienst im Alltag: Der kultische Weg ist noch nicht das Ziel selbst, sondern muss über sich hinausweisen auf den Gehorsam gegenüber Gott an jedem Tag.

Wir haben für die lange Zeit des Alten Testaments viele Verschiebungen und Entwicklungen des Wallfahrtswesens gefunden. Zugleich haben sich zentrale Motive herauskristallisiert: Wallfahrten zielen auf den Kult am Heiligtum und die Begegnung mit Gott im Tempel. Deswegen hat der Weg keine eigenständige Bedeutung. Wallfahrten haben oft gesellig-ausgelassenen Charakter. Typisch ist die kollektive Wallfahrt zu bestimmten Festen. Darum können sie eine wichtige Rolle bei der Förderung einer gemeinsamen religiösen und staatlichen Identität spielen, die durch die Perspektive einer umfassenden Völkerwallfahrt überboten wird. Die Propheten kämpfen dafür, dass die in der Wallfahrt geübte Gottesbeziehung auch den Alltag bestimmt.

Israel als Volk auf dem Weg

Neben dem Wallfahren sind zwei andere – vielleicht sogar folgenschwerere – Aspekte alttestamentlicher Geschichte und alttestamentlichen Glaubens zu nennen, die für das christliche Pilgern wichtig geworden sind: Die Geschichte Israels und das Motiv des Weges. Das Volk Israel ist wie kein anderes durch seine – auch geografisch – bewegte Geschichte bestimmt: Seine nomadischen Ursprünge spiegeln sich in den Erzvätergeschichten. Mit Ägypten und dem Babylonischen Exil hat Israel zweimal die Erfahrung des Lebens in der Fremde durchstehen müssen. Auch im gelobten Land soll die Erfahrung des Fremdseins wachgehalten werden – jeder Fremde verweist darauf und soll darum besondere Schutzrechte in Israel genießen. Oft ist die Sehnsucht nach der neuen Heimat größer als die Einbindung im Bestehenden in der Fremde. Immer wieder muss erfahren werden, wie brüchig und vorläufig Heimat ist.

Der Exodus als Urerfahrung Israels zeigt, dass Heimat erst durch die Wüste erreicht wird, dass man sie nur findet, wenn man sie zuvor verlassen hat: Es gibt kein Bleiben ohne das Gehen zuvor. Im Exodus wird Unterwegssein zum Akt der Befreiung, Gott selbst zum herausführenden Befreier. Er ist nicht nur mit einem Ort verbunden, sondern bindet sich auch an das Volk. Als Feuer- und Wolkensäule ist er mit dem wandernden Volk unterwegs (Ex 13,21f). Auch begleitet er es ins Exil nach Babylon (Ez 11,22ff). Entsprechend wohnt er in den Erzvätergeschichten nicht in den stabilen Mauern des Tempels, sondern in einem Zelt:»Habe ich doch in keinem Hause gewohnt seit dem Tag, da ich die Israeliten aus Ägypten führte, bis auf diesen Tag, sondern bin umhergezogen in einem Zelt als Wohnung.«(2 Sam 7,6) Zu den Besonderheiten des alttestamentlichen Glaubens gehört, dass sich Gott von einem bestimmten Ort wie dem Tempel (und damit auch dem Wallfahrtsort) lösen und an sein Volk – unabhängig vom Ort – binden kann.

Immer wieder schildert das Alte Testament, dass der Mensch noch nicht bei sich zu Hause ist, sondern Gott und sich selbst nur erreicht als Ausziehender.»Ich bin ein Gast auf Erden«, stellt Ps 119,19 fest. Ps 39,13 steigert dies, wenn der flehende Ruf um Gebetserhörung festhält:»Ich bin ein Gast bei dir, ein Fremdling wie alle meine Väter«. Der Mensch vor Gott ist ohne Rechtsansprüche, auf Erbarmen angewiesen. Auch die Beziehung zu ihm bietet keine feste Basis, keine verlässliche Heimat. Die Geborgenheit in Gott bleibt fragil und zerbrechlich. Wenn sich Israel von Gott abwendet, wenn die Menschen unsozial leben, dann können sie die Geborgenheit dieser Beziehung verlieren. Sie ist kein unverbrüchlicher Besitz, das Volk verliert sie durch sein gottfernes Tun, durch das es sich von Gott entfremdet. Die Beziehung von Israel zu seinem Gott gleicht eher einem Gastsein in einer Beziehung, um die man sich auch bemühen muss, für die man sich bewegen muss.

Selbst an dem Ort, wo der Mensch sich heimatlich fühlt, weil er ein Stück Acker sein Eigen nennt, ist er letztlich ein Fremder. In Lev 25,23 begründet Gott das Verbot, Land zu verkaufen,»denn das Land ist mein, und ihr seid Fremdlinge und Beisassen bei mir«. Der Mensch ist bleibend auf Gott angewiesen, hat Heimat nicht aus sich selbst heraus, sondern wird wie ein

Gast aufgenommen. Der Gedanke des Fremdseins im eigenen Land irritiert: Warum legt Gott solchen Wert darauf, dass die Israeliten nur wie rechtlose Fremde in seinem Land wohnen? Vielleicht wächst Gottvertrauen besser dort, wo der Mensch nicht – wie in der Heimat – auf sein eigenes Vermögen bauen kann, sondern seine Schutzbedürftigkeit ihm deutlich vor Augen tritt. Und ein Zweites wird betont: Heimat ist kein Land in der Welt, sondern eine Person, Gott selbst, der dem Menschen – wenn auch immer vorläufig – daran Anteil gibt. Darin ist auch ein Auftrag verborgen: So wie Gott dem Volk Israel, so soll Israel Fremden Gastfreundschaft gewähren.

Das Wegmotiv

Das Wort ›Weg‹ kommt im Alten Testament über 600 Mal vor, sehr häufig im übertragenen Sinn als Lebenswandel. Dies ist in unserem Zusammenhang insofern interessant, als Pilgern als Symbol des Lebensweges verstanden und gestaltet werden kann. ›Weg‹ steht für das Menschenleben als Ganzes, für die Lebensweise oder als ›Weg des Herrn‹ für den von Gott gebotenen Weg. Schließlich gibt es auch Wege, die Gott selbst geht. Allerdings fehlt der Gedanke, dass es einen Weg der Tugend gibt, der den Menschen in den Besitz der Vollkommenheit führt, mit der er sich vor Gott behaupten könnte. Der Weg ist nicht von der angestrebten Selbst-Vervollkommnung bestimmt, sondern von seinem Anfang, an dem der Auftrag Gottes steht. Dies darf aber nicht als Ablehnung jeder Zielorientierung verstanden werden, zumal Gottes Weisungen etwa beim Aufbruch Abrahams ein Ziel verheißen. Vielmehr geht es darum, jede Selbsterlösung zu verneinen: Der Mensch kann sich nicht durch Stufen der Tugend Gott annähern. Das Ziel bestimmt den Weg nicht als Projekt des Menschen, sondern weil Gottes Ruf ihn beauftragt hat.

Der Gebrauch des Wegmotivs ist vielfältig und breit anknüpfungsfähig: Das Wandeln auf den Wegen des Herrn beschreibt eine Grundhaltung, das Gehen mit Gott seine Gegenwart. Wege werden von Gott eröffnet und öffnen den Menschen (Ps 18,20). Unterwegs wird Gottes Schutz erbeten und erfahren:»Denn er hat seinen Engeln befohlen, dass sie dich behüten auf allen deinen Wegen, dass sie dich auf den Händen tragen und du deinen Fuß nicht an einen Stein stoßest.« (Ps 91,11f) Gott ist vertraut mit dem Weg des Menschen (Ps 139), weshalb dieser sich Gott als Pilgerführer auf schwierigen Etappen anvertrauen kann:»Und muss ich auch wandern im finstern Tal, fürchte ich kein Unglück; denn du bist bei mir.« (Ps 23,4) Ihn bitten darum die Menschen:»Herr, zeige mir deine Wege und lehre mich deine Steige.«(Ps 25,4) Immer wieder werden äußerlich begangene Wege zu Symbolgeschichten für den Lebensweg: Gott erscheint im Stein, der im Weg liegt (Jakobs Traum von der Himmelsleiter); ein versperrter Weg kann nur gezeichnet von Anstrengung durchschritten werden (Kampf am Jabbok); der ganze Exodus wird als Probe auf die Gottestreue interpretiert (Dtn 8,2.15f); der Mensch wirft – überfordert vom Weg – sein Leben weg und wird von Gott wieder aufgerichtet und erneut auf den Weg gesandt, wie der Engel zu Elia spricht:»Steh auf und iss! Denn du hast einen weiten Weg vor dir.«(1 Kön 19)

Gäste und Fremdlinge auf Erden – Pilgern im Neuen Testament

Die Evangelien stehen bezüglich der Wallfahrten in einer großen Kontinuität zum Alten Testament. Auch hier nehmen Wallfahrten auf den ersten Blick keinen großen Raum ein. Wer genau hinsieht, erkennt sie jedoch als ein Muster zur Strukturierung der Jesusgeschichte.

Johannesevangelium

Das Johannesevangelium erwähnt mehrere Wallfahrten Jesu nach Jerusalem, ohne sie im Einzelnen auszuführen. Eine erste Wallfahrt, gleich zu Beginn des Evangeliums (Joh 2,13), führt zur Tempelreinigung. Mit den Worten»Danach war ein Fest der Juden, und Jesus zog hinauf nach Jerusalem«leitet Joh 5,1 die Heilung des Kranken am Teich Betesda ein. In den Kapiteln 7–10 wird Jesu Reise zum Laubhüttenfest geschildert. Schließlich mündet Jesu vierte Wallfahrt nach Jerusalem (ab Joh 11,55) in die Passion. Johannes überliefert auch das bekannte Diktum Jesu»Ich bin der Weg, die Wahrheit und das Leben; niemand kommt zum Vater denn durch mich.« (Joh 14,6) Hier geht es nicht um das biografische Unterwegssein Jesu, sondern um den Weg Gottes zu den Menschen in seiner Menschwerdung, der den Weg der Gläubigen zu Gott öffnet: Gott steigt aus dem Himmel herab, um die Menschen gleichsam an die Hand zu nehmen und mit ihnen in den Himmel hinaufzusteigen. Jesus ist der Weg zum Vater in dieser zweifachen Ausrichtung zu den Menschen und zu Gott. Dies knüpft an die alttestamentlichen Vorstellungen vom Unterwegssein Gottes ins Exil und den Exodus an. Der durch Gott selbst eröffnete Weg zu Gott ist bleibend an die

Person Jesu gebunden, mit, in und nach dem man geht. Jesus ist zugleich mitgehender Begleiter und Vorbild, dem man nachfolgt, wie es anschaulich auf Kreuzwegen oder Reisen durch das Heilige Land geschieht und auch Tag für Tag in einer an Jesus orientierten Lebensweise.

Synoptische Evangelien und Apostelgeschichte

Auch im Lukasevangelium haben Wallfahrten eine strukturierende Funktion. So spielt die einzige Kindheitsgeschichte Jesu (Lk 2,41) auf einer Wallfahrt. Mit Kapitel 9 beginnt der bis Kapitel 19 reichende Bericht einer Wallfahrt nach Jerusalem, die in die Passion mündet. So wird hervorgehoben, dass Jesus ein Wandernder ist, dessen Ziel Jerusalem heißt. Wichtiger als die Wallfahrten ist Lukas das andauernde Unterwegssein Jesu und die daran anschließende Nachfolge. Jesu Entschluss zur Wallfahrt nach Jerusalem in Lk 9,51 veranlasst die Bitte eines Anhängers, ihm nachfolgen zu dürfen. Jesus antwortet darauf:»Die Füchse haben Gruben, und die Vögel unter dem Himmel haben Nester; aber der Menschensohn hat nichts, wo er sein Haupt hinlege.«Auf die beiden folgenden Anfragen zur Nachfolge antwortet Jesus ebenso schroff mit dem Verbot, zuvor den Vater zu begraben und Abschied zu nehmen:»Wer seine Hand an den Pflug legt und sieht zurück, der ist nicht geschickt für das Reich Gottes.« Wer Jesus nachfolgt, verliert seine Heimat und wird schutzlos. Wer aufbricht, muss vieles zurücklassen und sich ganz auf das Ziel konzentrieren, für ihn gibt es kein Zurück mehr. Im Lukasevangelium schließt unmittelbar die Aussendung der 72 Jünger an: Ohne Beutel, Schuhe und Geld unterwegs sollen Heimat- und Schutzlosigkeit und das Angewiesensein auf Gastfreundschaft eingeübt werden. Wenn Jesus vom Auf-sich-Nehmen des Kreuzes und vom Senden der Lämmer unter die Wölfe spricht, dann weist er ausdrücklich auf das Risiko der Nachfolge hin. Die Jünger geben ihre Heimat auf, um auf das Reich Gottes zugehen zu können. Ihre Nicht-Sesshaftigkeit meint nicht vagabundierendes Umherziehen. Sie hat eine neue Heimat vor Augen. Dieses Ziel kann nur erreichen, wer seine alte irdische Heimat aufgibt. Heimat ist mehr als ein Ort, vielmehr ein Geflecht aus materiellen Absicherungen, sozialen Beziehungen und Verpflichtungen. Das neue Leben ist nicht im alten zu finden, sondern nur in radikaler Loslösung und zielstrebigem Wandern.

Im Matthäusevangelium begegnet das Motiv des Unterwegsseins vor allem in ethischer Perspektive. Das Ziel ist klar: die vollkommene Gerechtigkeit. Aber Jesus weiß:»Wie schmal ist der Pfad, der zum Leben führt« (Mt 7,14).

Dabei geht es nicht um alles oder nichts. Der Gedanke des Wegs erlaubt ein Mehr oder Weniger. Nicht jeder wird die Vollkommenheit erreichen, aber jeder soll auf dem Weg der Gerechtigkeit so weit gehen, wie er kann. Die Weisungen Jesu sind wichtig, weniger für das tatsächliche Ankommen, denn als richtungweisende Orientierung. Assoziationen zum Pilgern als Herausgehen aus dem Vertrauten zeigen sich im Weggehen Jesu, der sich den Ansprüchen der Menschen entzieht, um an einsamen Orten Gott zu begegnen. Wenn Jesus aber in der Versuchungsgeschichte in die Wüste geht (Mt 4), dann hat das eine besondere Bewandtnis. Die Wüste ist – anders als in mystischen oder romantischen Vorstellungen – im alten Orient nicht Ort der Gottes-, sondern der Dämonenbegegnung. Dem setzt Jesus sich bewusst aus, um sich zu prüfen und möglichst zu bewähren. Gerade weil in der Wüste jede Halt gebende Orientierung und alle menschlichen und kulturellen Bindungen wegfallen, kann hier der Kampf gegen den Versucher herausfordernd und mit letztem Ernst geführt werden.

Im konkreten Sinn nennt Matthäus das Gehen als Chance zum Aufbrechen des Erstarrten und Festgefahrenen. So fordert Jesus in der Bergpredigt in der Antithese zur Vergeltung:»Wenn dich jemand (gemeint ist der römische Besatzungssoldat, der darauf einen Rechtsanspruch hatte) nötigt, eine Meile mitzugehen, so geh mit ihm zwei.« (Mt 5,41) Er möchte durch Irritation die Dinge in Bewegung bringen. Weil Gewohnheiten sich körperlich einschreiben und festsetzen, müssen sie auch durch neue körperliche Muster aufgebrochen werden. Darum verknüpft Jesus nicht zufällig die Veränderung von Verhaltensmustern mit der körperlichen Bewegung des Gehens. Diese Wege gehen die Jünger nicht allein, sondern in der Nachfolge Jesu. Selbst nach Ostern bleibt Jesus ein Wanderer, der sich auf dem Weg nach Emmaus zeigt – dies ist es, was nach dem leeren Grab von Jesus bleibt: Jesus begegnet unterwegs, weil er selbst ein Gehender ist, er begleitet und lässt sich erkennen. Unterwegs ist Jesus, weil er hier keine bleibende Stätte hat: Der in der Krippe geboren wurde, weil in der Herberge kein Platz für ihn war, wird außerhalb der Stadt gekreuzigt. Das Motiv des Weges und der Nachfolge ist für die ersten Christen so prägend geworden, dass sie als die »Anhänger des neuen Weges« (Apg 9,2; 19,23 u. ö.) bezeichnet wurden.

Briefe

Das Motiv, in der Welt fremd zu sein, wird besonders im Hebräerbrief entfaltet. Es ist durch die Erfahrung der Christenverfolgung motiviert. Über den konkreten geschichtlichen Anlass hinaus wird die Ausrichtung auf das Reich Gottes heilsgeschichtlich ausgeweitet. Bei der Aufzählung der Vorfahren im Gottesvertrauen heißt es über Abraham: »Durch den Glauben ist er ein Fremdling gewesen in dem verheißenen Lande wie in einem fremden und wohnte in Zelten ... Denn er wartete auf die Stadt, die einen festen Grund hat« (Hebr 11,9). Mit dem Glauben Abrahams ist angespielt auf sein Vertrauen, mit dem er seine alte Heimat im Zweistromland auf Gottes Zusage hin verlassen hat. Obwohl er das verheißene Land erreicht, muss er zeitlebens als Fremder in Zelten wohnen und sogar bei der sesshaften Bevölkerung um einen Platz bitten, seine Frau zu beerdigen, denn »ich bin ein Fremdling und Beisasse bei euch« (Gen 23,4). Immer noch nicht angekommen zu sein, aber erwartungsvoll zu bleiben und sich auszustrecken nach dem Eigentlichen – in diese Tradition glaubenden Vertrauens gliedert die christliche Gemeinde sich ein: »Diese alle (die alttestamentlichen Glaubensvorläufer) sind gestorben im Glauben und haben das Verheißene nicht erlangt, sondern es nur von ferne gesehen und gegrüßt und haben bekannt, dass sie Gäste und Fremdlinge auf Erden sind.« (Hebr 11,13) »Unser Bürgerrecht aber ist im Himmel.« (Phil 3,20) Auch wenn die Heimat zeitlebens nicht erreicht wird, schwächt dies die Hoffnung nicht. Die Suche wendet sich nicht rückwärts in das Bekannte, sondern richtet sich nach vorn aus, auf das bessere, himmlische Vaterland. Der Erste Petrusbrief betont die besondere Herausforderung dieser prekären Situation: »Ich ermahne euch als Fremdlinge und Pilger: Enthaltet euch« (1 Petr 2,11; vgl. 1,17). Nur wer um die außerordentlichen Versuchungen unterwegs weiß und darum Askese übt und Bindungen an falsche Begierden vermeidet, kommt nicht vom Weg ab. Die Gemeinde wusste, dass solches, in der Erfahrung immer unerfülltes Ausstrecken dazu führen kann, aufzugeben. An sie wendet sich Hebr 12,1 abschließend mit einer Ermahnung »lasst uns laufen mit Geduld in dem Kampf, der uns bestimmt ist«.

Von der Tempelwallfahrt zum Pilgern ins Reich Gottes – ein Fazit

Schauen wir zurück auf die Wallfahrt im Neuen Testament, erkennen wir Kontinuität zum Alten Testament und zugleich gewichtige Weiterentwicklungen. Einerseits steht Jesus selbstverständlich in der Tradition der Wallfahrt zum Jerusalemer Tempel. Diese wird aber für die Gemeinden nicht mehr als verbindliche Praxis erwähnt. Dafür sind die fortschreitende

Abspaltung vom Judentum, die Zerstörung des Tempels 70 n. Chr. und die weite geografische Streuung der Gemeinden wichtige äußere Gründe. Auch wurde Jesu Kreuzestod so verstanden, dass er das Tempelopfer ersetzt, wodurch der zentrale Anlass der Wallfahrt wegfällt.

Der Topos des Unterwegsseins zu Gott wird jedoch nicht aufgegeben, sondern umgeformt. Es beschreibt nun nicht mehr das konkrete, zeitlich begrenzte Gehen zu einem feststehenden Ort der Gottesbegegnung, sondern wird zur Grundhaltung christlicher Existenz: Zeitlebens lebt der Mensch in der Fremde. Seine Aufgabe ist es, diese Spannung zwischen dem Vorfindlichen und dem noch Ausstehenden in ein geistliches Unterwegssein zu Gott umzusetzen. Das Vorläufige hat nur relativen Wert, bleibt immer untergeordnet und bezogen auf die endgültige Erfüllung in dem, was als Reich Gottes noch aussteht. Unterwegssein aus Glauben verändert sich dadurch in mehrfacher Hinsicht: An die Stelle einer einzigen klar umrissenen Handlung, des Gehens, treten vielfältige Lebensvollzüge. Das materiale Wallfahrtsziel Tempel wird ersetzt durch das Reich Gottes als geistliches Pilgerziel. Statt um ein zeitlich klar umgrenztes Handeln geht es nun um eine lebenslange Grundhaltung.

23

Biblische Pilger

Bereits der mittelalterliche Pilgerführer *Liber Sancti Jacobi*, das Jakobsbuch, sieht sich genötigt, das Pilgern eigens zu begründen. Dabei werden dem Jakobspilgern Wurzeln bis tief in das Alte Testament zugeschrieben:

> »Wir möchten darlegen, wie der Pilgerweg auf die alten Väter zurückgeht und wie er beschritten werden soll. Er nahm seinen Ausgang bei Abraham, wurde von Abraham, Jakob und den Söhnen Israels bis zu Christus fortgesetzt, um durch Christus und die Apostel bis heute bereichert zu werden.«[1]

Die biblischen Ur- und Vorbilder des Pilgerns gehen in ihrer Motivation, ihrem Unterwegssein, ihrem Ziel und ihrem Glauben weit über das hinaus, was uns von heutigem Pilgern geläufig ist. Darum sollen aus der Vielzahl biblischer Pilger einige vorgestellt werden, die uns Vorbild werden können. Sie sind keine Pilger im heute üblichen Sinn, aber sie verkörpern in je eigener Weise das, was den Kern einer Pilgerexistenz ausmacht: herausgerufen und auf Gott ausgerichtet zu werden. Im Folgenden werden die Figuren in dieser Perspektive betrachtet und als Typen zugespitzt.

Eva und Adam: Verlust der Heimat

In Adam und Eva begegnen uns zwei Pilger, die nach Erkenntnis streben. Sie geben sich nicht mit ihrem gedanklichen Horizont zufrieden, sondern wollen die Welt und sich besser kennenlernen und verstehen. Diese Suche nach Erkennen treibt sie förmlich aus ihrem Angestammten, sie müssen das Gegebene verlassen und bleiben Suchende, denn ihr Fragen geht immer weiter – die Heimat, das Paradies des unhinterfragbar Selbstverständlichen ist ein für alle Mal verloren. Dem Menschen stehen nun alternative Fuß- und Gedankenwege offen – er ist und bleibt ein Pilger.

Pilgernde Menschheit

Gewöhnlich gilt Abraham als erster biblischer Pilger. Dagegen geht das mittelalterliche Jakobsbuch in der Predigt *Veneranda dies* zurück bis Adam:

»Als erster Pilger gilt Adam, weil er das göttliche Gesetz überschritt, das Paradies verlassen musste und in die Verbannung dieser Welt geschickt wurde, um durch das Blut und die Gnade Christi gerettet zu werden. Ebenso wird der Pilger, der von seinem Wohnort fortgeht, von seinem Priester wegen seiner Vergehen auf Pilgerfahrt und somit gleichsam ins Exil geschickt.«[2]

Die Predigt erfasst genau das, was Gen 3,23f im Anschluss an die lateinische Bedeutung des Wortes *peregrinus* festhält: notvoll fern der Heimat sein. »Da wies ihn (sc. Adam) Gott der Herr aus dem Garten Eden. ... Und er trieb den Menschen hinaus und ließ lagern vor dem Garten Eden die Cherubim mit dem flammenden, blitzenden Schwert, zu bewachen den Weg zu dem Baum des Lebens.«

Adam und Eva verlieren ihre angestammte Heimat, das Paradies. Gott lässt durch seine Engel den Weg zurück versperren – weil damit zu rechnen ist, dass Eva und Adam nichts lieber als das versuchen werden: die Fremde wieder zu verlassen und heimzukehren. Dem baut Gott vor. Es gibt keinen Weg zurück – dieses Pilgern wird lebenslang dauern. Und diese Pilgerschaft betrifft die gesamte Menschheit. Der Mythos vom Sündenfall beschreibt nämlich kein individuelles Schicksal, sondern ein menschheitsgeschichtliches, eine grundlegende (un-)heilsgeschichtliche Verfassung der Menschheit. Ist die Frage der Schlange erst einmal gestellt, kann sie nicht wieder vergessen gemacht werden. Es gibt keinen Weg zurück zur unaufgeklärten Naivität. Die selbstverständlich gegebene Beheimatung – in Gott, in der Welt, in uns – ist ein für alle Mal verloren.

Vergegenwärtigen wir uns das Besondere dieses ersten Pilgerns: Es ist verursacht durch den Sündenfall. Die Schlange führt Eva mit ihrer Frage »Ja, sollte Gott gesagt haben: Ihr sollt nicht essen von allen Bäumen im Garten?« (Gen 3,1) die menschliche Freiheit vor Augen. Gottes Warnung »an dem Tage, da du von diesem Baum issest, musst du des Todes sterben« (Gen 2,17) verliert ihre Selbstverständlichkeit. Damit wird das Erfahrungsspektrum des Menschen ungeheuer ausgeweitet. Andererseits geht damit auch ein lebensbedrohlicher, Angst machender Riss durch sein Dasein: er kann sein Leben verfehlen, seine Zeit vertun und seinem Lebenssinn und Auftrag nicht gerecht werden. Diese Angst um sich selbst, sein Leben zu verlieren, indem man ihm nicht gerecht wird, kann man als kreatürliche Angst bezeichnen, denn sie ist uns als Menschen eigen. Die Verführung durch die Schlange ist insofern also weder eindeutig gut, da sie auch die Möglichkeit eröffnet, das Leben zu verfehlen, noch eindeutig schlecht, da sie dem Menschen auch zur Erkenntnis seiner Freiheit verhilft.

Angst gebiert Sünde

Dass die Schlange dem Menschen zum Bewusstsein seiner Möglichkeiten verhilft, wird erst darin problematisch, dass der Mensch seine kreatürliche Angst auf Gott verschiebt: Die Angst vor seinen eigenen Möglichkeiten lastet er dem vermeintlich neidischen und ihn abhängig haltenden Gott an. Darin wird sie zur dämonischen Angst, denn sie vergiftet das Gottesverhältnis. Sie führt zur Sünde, zur Trennung von Gott. Denn einen solchen Gott, der die Menschen kleinhalten will, können Eva und Adam nicht mehr als Hilfe anrufen, sie müssen sich vielmehr gerade vor ihm in Acht nehmen: »Und Adam versteckte sich mit seinem Weibe vor dem Angesicht Gottes.« (Gen 3,8) Die Schlange hat ihr Ziel erreicht: Das Vertrauensverhältnis zu Gott ist vergiftet, der Mensch ist allein auf sich gestellt.

So verlieren Adam und Eva die Unschuld des Paradieses, »sie wurden gewahr, dass sie nackt waren« (Gen 3,7). Die Vertreibung ist also keine Strafe, sondern natürliche Folge: Sie folgt nicht daraus, dass der Mensch seine Möglichkeiten erkennt und ihn die darüber erwachte Angst sein selbstverständliches unhinterfragtes – und insofern naives – Vertrauen in Gott verlieren lässt. Die mit der Vertreibung gegebene Trennung von Gott entsteht erst, als der Mensch aus der Freiheit ein prinzipielles Misstrauen Gott gegenüber werden lässt.

Gott – nicht ich

Die Erfahrung des Sündenfalls, dass Gott nicht mehr selbstverständlich ist, dass das Vertrauen in ihn immer wieder brüchig ist, ist gerade dem modernen Menschen mehr als vertraut. Traditionen – auch Glaubenstraditionen – haben ihre Selbstverständlichkeit verloren. Die Vielfalt möglicher Lebenswege ist enorm – und vielfach eine Überforderung. Freiheit und Autonomie sind uns hohe Güter – umso mehr reagieren wir empfindlich, wenn wir unsere von Gott gegebene Bestimmung verfehlen und ihm wie uns selbst fremd werden. Diese Kränkung weckt die Sehnsucht nach einem Neubeginn: heraus aus dem Getriebe von Erwartungen und Verpflichtungen, weg von dem eigenen Selbstbild, das als fremdes erkannt wird. Dabei kann Gott – wie es die Schlange nahelegt – als der erscheinen, der uns unser Leben raubt; oder als der, der für die ersehnte Selbstfindung steht. Der autonome Mensch, mitunter auch der spirituell Suchende, möchte sich von der Zumutung dieses konkreten Gottes frei machen, der ihm gebietend und verbietend entgegentritt. Der Gott der Offenbarung erscheint als Teil der entfremdenden Kräfte. Viel lieber hält der Mensch die Welt für die Verlängerung seiner selbst, das Bild seines nach außen gekehrten Bewusstseins. Moderne, egozentrische Menschen sehen eher in sich selbst das Fundament ihrer Freiheit, weshalb sie sich möglichst ungehemmt und authentisch entfalten möchten. Die Geschichte vom Sündenfall schätzt die Freiheit des Menschen skeptischer ein. Sie erzählt von der Angst des Menschen um sich selbst, die ihn daran hindert, von sich aus Gott zu glauben. Wer aber um seine Unfreiheit weiß, öffnet sich für Gott, der den Menschen von der Bindung an sich selbst befreien kann. Er möchte nicht zurück in die Naivität des Paradieses. Aber er möchte an die Stelle seines durch Angst unfreien Willens Gott treten lassen: »Ich lebe, doch nun nicht ich, sondern Christus lebt in mir.« (Gal 2,20) Wie bei Adam und Eva ist der Aufbruch in die Pilgerschaft oft nicht durch Sehnsucht oder Lust motiviert. Besonders ernsthafte Pilger sind vielfach mehr getrieben durch die Unzufriedenheit mit dem eigenen Leben. Trotz der vom Ich ausgehenden Suchbewegung sehnen sie sich nach Lösung ihrer Unzufriedenheit in der Entdeckung, welches ihre Bestimmung durch Gott ist. Die aufrichtige Selbsterkenntnis macht Angst, weil man vielleicht merkt, welche Gewalt Erwartungen und Gewohnheiten über einen gewonnen haben. Vielleicht hat man einige Zeit versucht, seine Freiheit eigenständig zurückzugewinnen, und muss sich nun sein Scheitern eingestehen: Nicht in der Besinnung auf sich selbst, sondern im Sich-Gott-Anvertrauen erhofft man als Pilger, dem eigenen Leben gerecht zu werden. Um diesen Abstand von sich und seinem bisherigen Leben zu gewinnen, muss man die Heimat des Alltags verlassen, um im Pilgern Gottes Willen in sich Raum greifen zu lassen. Hier wendet sich die Angst realistischerweise nicht gegen Gott, sondern gegen die eigenen Möglichkeiten.

Dabei kann das Pilgern auf einem historischen Weg besondere Chancen bieten: Der Glaube frührere Pilger ist nicht in dem gleichen Maß wie der postmoderne geprägt von der Frage, ob man diesem vermeintlich missgünstigen und in Abhängigkeit haltenden Gott vertrauen soll. Im Mittelalter ist der Mensch »nur« getrieben von der Angst, seine göttliche Bestimmung zu verfehlen. Das Kennenlernen der mittelalterlichen Frömmigkeit bietet darum dem heutigen Menschen eine große Chance: Sie ist geprägt davon, nicht aus eigener Kraft zu leben, sondern seinen Halt in Gott zu haben.

Adam-und-Eva-Pilger

Wie müsste ein solches Pilgern aussehen, das in der Tradition von Eva und Adam steht?

Es müsste den menschlichen Willen an seine Grenzen führen. Der Pilger müsste erleben, dass er sein Leben nicht in der Hand hat, dass es Versuchungen der Trägheit gibt, die Etappen abzukürzen, die nicht sofort mit barmherzigem Verständnis aufgefangen werden. Beides gehört dazu: das Ausgeliefertsein an Widerständiges und die Verzweiflung über sich selbst. Und dann aber auch das andere – besser gesagt: der Andere. Aus der Verzweiflung über sich selbst wächst vielleicht weniger die Sehnsucht, aber umso mehr Einsicht und Einwilligung darein, sich durch einen Anderen von sich selbst befreien zu lassen. Adam-und-Eva-Pilger werden sich Gott unterstellen – und darin dann Freiheit von ihrem unfreien Willen erleben. Statt ihren Frust auf andere abzuwälzen oder depressiv an sich selbst zu zweifeln, hilft Demut auf.

Das Adam-und-Eva-Pilgern ist zuerst einmal nicht von einem Ziel geprägt, sondern von dem Verlassen (-müssen) unhaltbarer Zustände. So wird von Eva und Adam in der Bibel nichts über eine neue Heimat berichtet – erst bei Kain und Abel scheint diese Heimat vorübergehend gefunden. Erst mit der Zeit wird aus der Vertreibung eine neue Suche. Bildlich gesprochen: Wer alte Entfremdung ablegt, erlebt die Nacktheit der pilgernden Unbehaustheit, die nicht sofort schon von dem Wissen um die neue Heimat umschlossen ist. Diese Unsicherheit bereitet den Pilger für die neue Beheimatung in Gott.

Für Abraham findet das Pilgern einen Abschluss im gelobten Land – eine lange, aber überschaubare Strecke. Für Eva und Adam ist das Paradies dauerhaft verschlossen. Es gibt kein Zurück aus der Aufgeklärtheit in die Naivität eines Kinderglaubens. Aber auch nach vorne gilt: In diesem Leben gibt es kein Ankommen, ihr Pilgern ist lebenslang. Sie müssen dauerhaft mit einem Alltag leben, in dem die neue Heimat nur als entfernte Hoffnung gegenwärtig und wirksam ist.

Mit diesem anderen Bild vom Pilgern wäre viel erreicht: Die Frage nach der Erlösung und die Hoffnung auf das himmlische Jerusalem würden wieder dringlich und bedeutsam werden. Unser Glaube würde bescheiden, ohne

Selbstgewissheit und Enthusiasmus, ein Glaube, der Gott, die Welt, und den Menschen nicht besitzt, sondern nur als bleibende Frage hat.

Kain: Bußpilger unter Gottes Schutz

Unstet und flüchtig muss Kain nach dem Mord an seinem Bruder Abel umherziehen, den er aus Neid erschlug. Von Gott verstoßen, wird er zum Bußpilger. Er muss für sein unrechtes Tun einstehen und trägt sein Scheitern an sich – aber genauso das Kainsmal, das Zeichen für Gottes Schutz. Das heimatlose Unterwegssein wird ihm so zur Möglichkeit, neu anzufangen.

Straf- und Bußpilgerfahrten

Zu den klassischen Formen der Pilgerfahrt gehört das Straf- und Bußpilgern: Dies wurde von kirchlichen und weltlichen Instanzen verhängt, war bereits im Frühmittelalter bekannt und vor allem im Spätmittelalter gebräuchlich. Dabei verurteilt die *peregrinatio* – im Gegensatz zum Exil, das in der Fremde eine Bleibe ermöglicht – zum Unstetsein. Strafpilgerfahrten wurden teilweise aus Gründen der Sozialhygiene verhängt. Die Städte konnten sich so – zumindest zeitweise – derer entledigen, von denen sie eine Störung des sozialen Friedens oder eine Belastung der Fürsorge erwarteten: Ein Gefangener im Gefängnis kostet Geld, ein Armer fordert Essen und Unterkunft, ein Bettler kann als Belastung der bürgerlichen Wohlanständigkeit gelten. Da ist es allemal einfacher, sie auf Strafpilgerfahrt zu schicken, damit Klöster und Bruderschaften am Weg für die Betreffenden aufkommen müssen und eventuelle Rechtsbrüche andernorts die Sicherheit gefährden. Die massenhafte Ausweitung des Strafpilgerns war mitverantwortlich für die qualitative Krise des Jakobsweges: Ihre Armut nötigte viele Strafpilger zum Schmarotzertum, ihre fehlende religiöse Motivation und ihr Verhalten schädigten das Ansehen des Pilgerstandes empfindlich, was wiederum zu staatlicher Reglementierung führte.

Bußpilgerfahrten gehen von dem mittelalterlichen Ausgleichsdenken aus: Der Sünder hat die Ordnung der Schöpfung durch sein Tun durcheinandergebracht. Durch bestimmte heilige Werke kann er einen Ausgleich und so wieder Ordnung schaffen. Die Menschen erbringen den Ausgleich durch verschiedene, untereinander verrechenbare Bußleistungen, die Frommen durch Beten, die Besitzenden durch Almosengeben und die Masse durch Bußfasten oder durch Pilger- und Wallfahrten.

Unstet und flüchtig – Kain

Der erste Straf- oder Bußpilger begegnet gleich zu Beginn der Bibel. Er hat durch den heimtückischen Mord an seinem Bruder Abel die Ordnung der Erde gestört:»Die Stimme des Blutes deines Bruders schreit zu mir von der Erde.«(Gen 4,10) Diese Störung überdeckt Gott nicht einfach mit der Gnade seiner Barmherzigkeit. Er bestraft Kain:»Und nun: Verflucht seist du auf der Erde, die ihr Maul aufgetan und deines Bruders Blut von deinen Händen empfangen hat.«(Gen 4,11) Die Folge des Fluches, Kains Strafe, ist eine unbegrenzte Bußpilgerschaft:»Unstet und flüchtig sollst du sein auf Erden.«(Gen 4,12)

Darin finden wir eine genaue Entsprechung zur ursprünglichen Bedeutung des Wortes Pilgern, das vom lateinischen *ager*, also Acker abstammt: Das Verlassen des angestammten Ackers, seiner gewohnten Umgebung, seines »Heimvorteils« und seines Schutzes. Pilgern ist darum immer als etwas Notvolles verstanden worden, weil man in der Fremde unbehaust, ohne materielle Sicherheit und ohne Schutz – vielfach auch ohne Rechtsschutz – ist. Das erkennt auch Kain:»Siehe, du treibst mich heute vom Acker, und ich muss mich vor deinem Angesicht verbergen und muss unstet und flüchtig sein auf Erden. So wird mir's gehen, dass mich totschlägt, wer mich findet.«(Gen 4,14) Er verliert seine Erwerbsgrundlage, seine vertraute Heimat, seine Sicherheit und sogar den letzten Grund, Gottes Antlitz. An diesem Punkt geht die Schwierigkeit seines Pilgerns über das hinaus, was spätere Pilger zu befürchten hatten, die sich doch unterwegs zumindest der besonderen Nähe Gottes gewiss wussten.

Das Kainsmal

Kain erkennt sofort, dass ihn das überfordert:»Meine Strafe ist zu schwer, als dass ich sie ertragen könnte.«(Gen 4,13) Gott kommt Kain entgegen und spendet ihm das Kainsmal:»Nein, sondern wer Kain totschlägt, das soll siebenfältig gerächt werden. Und der Herr machte ein Zeichen an Kain, dass ihn niemand erschlüge, der ihn fände.«(Gen 4,15) Dieses Beieinander von Strafe und Bewahrung findet sich auch im mittelalterlichen Pilgerwesen wieder. Das Pilgern wird als Bußstrafe auferlegt, aber so, dass es zwar Mühe macht, jedoch nicht die Existenz gefährdet. Es entsteht eine einheitliche Gesetzgebung zugunsten des Pilgers. Das kanonische wie das Zivilrecht schützen vor willkürlicher Verhaftung, vor Angriffen und Ausbeutung. Papst Gregor bedroht jeden mit Exkommunikation, der einen Pilger verhaftet oder bei ihm pfändet. Der Mord an einem Pilger wird bereits in der Karolingerzeit schwerer bestraft als der an einem gewöhnlichen Reisenden. Der Pilger wird von Steuern befreit und – zumindest im Prinzip – vor der Ausbeutung durch Hoteliers, Schiffer und Fuhrunternehmer geschützt. Auch sein heimisches Gut ist besonders (z. B. vor Pfändung) geschützt, ja er kann es schriftlich unter den Schutz des Apostolischen Stuhles stellen. Alle diese Schutzmaßnahmen lassen sich in die Tradition des Kainsmals stellen.

Geht man diesem Beieinander von Strafe und Bewahrung bei Kain weiter nach, so stellt man fest, dass das Kainsmal Gerechtigkeit und Liebe, Ordnung und Gnade verbinden, im Gleichgewicht halten will. Würde allein die »gerechte Strafe« zum Zuge kommen, so würde Gottes Wille, Leben zu ermöglichen und zu fördern, nicht zum Zuge kommen: Kains Leben wäre verwirkt. Würde Gott ohne Bußleistung vergeben, so bliebe die Ordnung der Welt nachhaltig gestört.

Pilgern kann mit Sehnsucht und Verheißung beginnen. Kains Pilgerweg hingegen hat Streit, Hinterlist und Tücke zum Anlass. Gott, der die Opfer der Brüder Kain und Abel willkürlich annimmt oder ablehnt, zeigt sich unergründlich, sät den Samen des Neides. Die Geschichte bleibt Gott gegenüber kritisch: Wie kann er Lebenschancen so ungleich verteilen? Sie schließt auch nicht mit einem Happy End. Das Problem wird nicht gelöst, aber ein Weg gefunden, trotzdem weiterzuleben, besser gesagt: einen neuen Einstieg zu finden. Denn Kains Exil ist nicht nur Strafe, sondern zeigt auch, dass es eine Möglichkeit gibt, sein Leben an anderer Stelle fortsetzen. Das spiegelt eine tiefe Lebenserfahrung wider: Nicht alles lässt sich klären, nicht jeder Faden lässt sich fortspinnen. Manchmal hilft nur ein klarer Schnitt, ein neuer Einstieg, der Unfertiges zurücklässt. Das ist nicht gut, aber manchmal das geringere Übel. Gott bleibt unverständlich, aber immerhin kann Kain sich freigehen, neu beginnen.

Kain erscheint als Schuldiger, die Welt von ihrer verdorbenen Seite. Gott handelt nicht allein barmherzig, sondern auch gerecht. Er begegnet als fordernder Gott, der nicht nach der freien Entscheidung Kains fragt und es darum auch gar nicht nötig hat, ihn durch Versprechen zu locken. Das Verhältnis von Gott und Mensch ist hierarchisch, der Mensch Gottes Wille unterworfen. Kain wird nicht voll froher Erwartung losgezogen sein, sondern – trotz seines Kainsmals – in Sorge, ob ihm das Überleben gelingen wird.

Heute wird keiner mehr zum Pilgern gezwungen. Aber Menschen sehen sich wie Kain ins Pilgern getrieben, ihr Gewissen ruft sie auf den Weg. Sie erkennen, dass sie in ihrem Leben dem Anspruch Gottes nicht gerecht geworden sind und dass sie so nicht weiterleben können. Sie werden nicht gelockt von der Sehnsucht nach einem vor ihnen aufscheinenden Ziel, sondern eher genötigt von dem in ihrem Gewissen laut werdenden Ruf Gottes. Manchmal liegt ihnen ihre Schuld so offen vor Augen wie Kain. Oftmals aber ist es nicht eine einzelne Verfehlung, sondern der Weg, den sie insgesamt eingeschlagen haben. Die geflügelte Wendung von der »unterwegs gesuchten Neuorientierung« kann auch sehr unglücklich motiviert sein. Dann steht am Beginn des Weges die Einsicht: ich werde meinem Leben nicht gerecht. Oder sie wächst erst im Gehen. Diesen Pilgern bietet die Kainsgeschichte eine hilfreiche Identifikationsmöglichkeit. Sie übermalt das Unverständliche nicht mit rosa Farbe, sondern greift das Abgründige menschlicher Existenz auf, ohne den Menschen in seiner Not alleinzulassen. Sie verläuft nicht an der Gerechtigkeit vorbei, sondern mitten in ihr schenkt das Kainsmal die Gewissheit, dass Gott gerade in Not und Fremde mit starker Hand Schutz bietet.

Abraham: Von Gott herausgefordert

»Der Patriarch Abraham war Pilger, weil er von seinem Vaterland in ein anderes ging, wie ihm der Herr gesagt hatte: *Ziehe fort aus deinem Land, aus deiner Verwandtschaft in das Land, das ich dir zeigen werde,* und *ich will dich zu einem großen Volk* werden lassen. Und so geschieht es. Er geht aus seinem Land, und im andern wächst das heilige Geschlecht.«[3]

So beschreibt der mittelalterliche Pilgerführer *Liber Sancti Jacobi* in der Predigt *Veneranda dies* Abrahams Pilgerschaft. Abraham ist *der* biblische Pilger. Er steht am Anfang der Geschichte Israels, die eine Geschichte unsteter Wanderschaft ist. An ihm zeigt sich, wie Verheißung zugleich Gabe und Aufgabe ist. Den Segen von Land und Nachkommenschaft kann er nur einholen, indem er sich auf das Risiko der Wanderschaft einlässt. Sein vertrauensvolles Gehorchen macht ihn zum Urbild des Glaubens, der das Eigene auf Gott hin überschreitet.

Berufung

Abrahams Pilgerschaft begann weder aus eigenem Entschluss noch aus äußerer Not heraus, sondern durch Berufung: »Geh!« (Gen 12,1) Dieser Ruf zu Neuem ist mit dem Aufgeben von Altem verbunden. Abraham muss viel zurücklassen: Vaterland und Verwandtschaft – Grund und Boden als wirtschaftliche Grundlage ebenso wie auch Heimat und das tragende soziale Netz. Erstaunlich, wie selbstverständlich er aufbricht, wie lakonisch dies geschildert wird:»Da zog Abraham aus, wie der Herr zu ihm gesagt hatte.« (Gen 12,4) Begründet wird der Aufbruch durch ein Versprechen:»Ich will dich zum großen Volk machen und will dich segnen und dir einen großen Namen machen, und du sollst ein Segen sein.«(Gen 12,2) Beides gehört zur Berufung: Der Auftrag wie die Verheißung. Beide sind groß, zu groß für die Schultern nur eines Menschen. Wichtig ist, worauf die Verheißung sich bezieht: Sie gilt nicht dem Weg – Abraham wird nicht Schutz noch Hilfe für unterwegs zugesagt. Die Verheißung bezieht sich nur auf das Ziel. Der Weg dorthin bleibt im Ungewissen.

Abraham macht sich sofort auf den Weg. Er startet in Haran in Mesopotamien, zieht über Hebron, Bet-El und Sichem in das Südland, und muss bald einer Hungersnot wegen nach Ägypten ausweichen. Nahe Sichem betritt er zwar das verheißene Land, aber noch wohnen die Kanaaniter dort. Er selbst wird – ähnlich später Mose – die versprochene Heimat nie erreichen. Nicht besser soll es seinen Nachkommen ergehen:»Das sollst du wissen, dass deine Nachkommen werden Fremdlinge sein in einem Lande, das nicht das ihre ist; und da wird man sie zu dienen zwingen und plagen vierhundert Jahre.«(Gen 15,13) Das Hören auf die Verheißung zahlt sich für Abraham augenscheinlich nicht aus. Sein Pilgern bleibt Lebensaufgabe, er ist und bleibt umherziehender Fremdling. Dennoch zweifelt er nicht an Gottes Treue.

Gesegnet werden und segnen

Der besonderen Verantwortung Gottes für seinen Erwählten entspricht die besondere Nähe zwischen Abraham und Gott. Gott offenbart sich (Gen 15,1), sendet einen Traum (Gen 15,12–21), beide stehen im Gespräch (vgl. das Feilschen um Sodom, Gen 18,22–33). Die Nähe der Beziehung zeigt sich besonders im Besuch der drei Männer (Gen 18,1–15), in denen Gott Abraham erscheint. Abraham ist als Gastgeber mehr als bemüht: Er läuft ihnen entgegen, beugt sich tief zur Erde, wäscht die Füße, schlachtet und bewirtet. Dabei wohnt er selbst nicht in einem festen Haus, sondern im Zelt des Nomaden. Obwohl unterwegs, gibt er anderen Heimat. Obwohl Fremder, ist er anderen Gastgeber. Unverhofft wird der Einsatz durch Saras Fruchtbarkeit belohnt. – Pilgern heißt aber nicht nur Begegnung, sondern auch Trennung. So beschreibt das Buch Genesis auch, wie sich Abraham schon bald nach dem Aufbruch von seinem Neffen Lot trennen muss. Die natürlichen Ressourcen – Weiden und Brunnen – reichen nicht für beide. Abraham begann seine Pilgerschaft mit 75 Jahren. Einhundert Jahre dauert sie, ohne dass er das verheißene Land in Besitz nehmen konnte. Dennoch heißt es:»Abraham verschied und starb in einem guten Alter, als er alt und lebenssatt war.«(Gen 25,8) Es hat ihn nicht gereut, der Berufung zu folgen. Ein wirrer Lebensweg, auf dem auch Scheitern nicht fehlte. Trotzdem kann Abraham eine positive Lebensbilanz ziehen, weil er den verheißenen Segen nicht für sich selbst in Anspruch genommen hat. Es genügt ihm, anderen ein Segen zu sein: Der Segen kommt den drei Gästen in Mamre und letztlich den Nachkommen zugute, die im Land sesshaft werden können. Er hat den Segen nicht festgehalten, sondern für andere auf den Weg gebracht:»Ich will dich segnen ... und du sollst ein Segen sein.«(Gen 12,2)

Gott glauben

Das Neue Testament sieht Abraham auf ein Ziel jenseits der Welt ausgerichtet:

»Durch den Glauben wurde Abraham gehorsam, als er berufen wurde, in ein Land zu ziehen, das er erben sollte; und er zog aus und wusste nicht, wo er hinkäme. Durch den Glauben ist er ein Fremdling gewesen in einem verheißenen Lande wie in einem fremden und wohnte in Zelten mit Isaak und Jakob, den Miterben derselben Verheißung. Denn er wartete auf die Stadt, die einen festen Grund hat, deren Baumeister und Schöpfer Gott ist.« (Hebr 11,8–10)

Zur Zeit des Neuen Testaments ging man davon aus, dass Abraham sein himmlisches Ziel erreicht hat: Er hält dort ein himmlisches Festmahl (Mt 8,11) und Lazarus kann in seinen Schoß auffahren (Lk 16, 19–31). Sein vertrauender Glaube ist zum Prototyp rechten Gottesverhältnisses geworden: »Abraham glaubte dem Herrn, und das rechnete er ihm zur Gerechtigkeit.« (Gen 15,6; wird mehrfach wörtlich zitiert in Röm 4,3, Gal 3,6 und Jak 2,23) Dieser Satz steht in kultischer Sprache, durch die der Priester die Annahme eines Opfers als gültige Gabe bestätigt; Abrahams Pilgerschaft wird also als Opfer verstanden.

Gott wartet vorne

Die Geschichte des Nomaden Abraham wird später auch von den Sesshaften weitererzählt. Sie führt ihnen vor Augen, dass sesshaftes Leben und Gottesdienst nicht alles sind. Sie sind nicht selbstverständlich, sondern brüchig und widerrufbar. Alternativ gibt es auch die Möglichkeit des Pilgerns, in die Gott jederzeit wieder berufen kann. Dieser beunruhigenden Botschaft wird eine vergewissernde Erfahrung an die Seite gestellt: Gott wartet bereits am nächsten Rastplatz. Die Abrahamsgeschichte hält so eine wichtige Einsicht über Gott wach: Seine Macht ist nicht an bestimmte geografische oder sonstige Grenzen gebunden. Er hat für den erwählten Menschen überall Macht, wirkt ›translokal‹. Und er wirkt zudem ›transtemporal‹, alles Wesentliche gibt er in der Kategorie der Verheißung des Kommenden. Er kann offensichtlich über die Zukunft, über die Zeit verfügen. Die Gegenwart wird relativiert.

Die Abrahamsgeschichte – wie auch weitere biblische Offenbarungen Gottes – liegt ständig im Streit mit dem ganz natürlichen Versuch Israels, einfach es selbst zu sein, sich in der eigenen Kultur ›einzuhausen‹: man möchte bei sich bleiben, wo und wie man ist. Dem äußeren Aufbruch entspricht ein geistlicher: Gott tritt der Religiosität Israels entgegen, fordert immer wieder heraus, reißt aus kultureller Identität und religiösen Wünschen heraus. Der Kult des Eigenen wird gebrochen zugunsten des Beugens unter den nicht-eigenen Gott. Israel hat einen vorantreibenden Gott, der die Selbstüberschreitung des Eigenen auf die Wahrheit hin fordert. Ein anstrengender Gott, der sich nicht mit dem Status quo zufrieden gibt, sondern große Ziele anstrebt. Die entsprechende Haltung des Menschen ist, über das Gegenwärtige hinaus zu leben, sich auf Größeres auszustrecken. Gelockt oder getrieben?

Das Profil des Abraham-Pilgerns wird deutlich im Kontrast zum Eva-und-Adam-Pilgern: Abraham wird gelockt durch die Verheißung des gelobten Landes. Adam und Eva werden getrieben durch die Erkenntnis ihrer Möglichkeiten und darin dem Eingeständnis eigenen Scheiterns und der Abkehr von Gott. Bildlich gesprochen: Der Sündenfall gleicht eher der Kantigkeit eines Holzschnittes, geprägt von der Strenge der Wahrhaftigkeit. Die Abrahams-Geschichte malt das Herausgerufensein in weicheren Farben, denn die Herausforderung steht immer schon unter dem Vorzeichen der Hoffnung und der Sicherheit des Segens. Zumindest aus unserer Perspektive, die im Rückblick um Gottes Verlässlichkeit weiß, kann es leicht wie ein Pilgern mit Sicherheitsnetz wirken.

Da mag es kein Zufall sein, dass heute bei der Nennung biblischer Pilger-Vorbilder Adam und Eva meist übersprungen werden: Sie passen nicht in das Konzept verbreiteter Sehnsucht, die einen Rückzugsraum von den Zumutungen der Realität sucht. Genau denen stellt sich aber die Geschichte vom Sündenfall. Abraham aber wird oft als Bild sehnsüchtiger Suche beschrieben – gegen die biblische Aussage, dass er weder aus Neugier noch aus Sehnsucht nach dem Anderen, sondern schlicht wegen Gottes Aufruf losgezogen ist. In seiner Perspektive, die noch nichts von Gottes Bewahrung weiß, ist Pilgern ein Risiko ohne Netz und doppelten Boden.

Mose: Pilgern als Exodus

»Ich bin der Herr, dein Gott, der ich dich aus Ägyptenland, aus der Knechtschaft, geführt habe.« (Ex 20,2) Gleich einer Präambel der Zehn Gebote begründet diese geschichtliche Erinnerung den Sinn des Dekalogs: Die von Gott geschenkte Befreiung soll erhalten werden. Zugleich ist diese Formel eine zentrale Selbstvorstellung Gottes: Ich bin euer Befreier; ich befreie, indem ich auf den Weg schicke. Dieser Exodus-Gott ist zum Kern alttestamentlichen Glaubens geworden. Der Exodus ist zum wichtigsten Weg Israels geworden – keine Befreiung ist so grundlegend und so nachhaltig gewesen. Der Exodus ist zwar mit Mose verbunden, aber er ist der Weg eines ganzen Volkes.

Sklaverei: innerlich und äußerlich loskommen

Jeder (Pilger-)Weg beginnt mit dem ersten Schritt. Manches drängt, anderes bremst – beides ist in Ägypten stark, sodass es zu einem heftigen Tauziehen kommt. Am Anfang steht die Not unhaltbarer Lebensumstände – und ein Gott, an dem das nicht spurlos vorübergeht, der ein Einsehen hat: »Ich habe das Elend meines Volkes in Ägypten gesehen und ihr Geschrei über ihre Bedränger gehört; ich habe ihre Leiden erkannt.« (Ex 3,7) Am Anfang dieses Weges steht eine große Not – und ein Gott, der eingreift: »Und ich bin herniedergefahren, dass ich sie errette aus der Ägypter Hand und sie herausführe aus diesem Lande in ein weites und gutes Land, in ein Land, darin Milch und Honig fließt.« (Ex 3,8) Mehr kann Mose über diesen Gott noch nicht sagen, als seine nebulöse Selbstvorstellung: »Ich werde sein, der ich sein werde.« (Ex 3,14) Er wird befreien, aber wie das geschieht, bleibt offen, und dass es gelingt Vertrauenssache. Und Mose – der Führer des Volkes – bekommt als Herrschaftszeichen nicht mehr als einen Pilgerstab.

Was zum Aufbruch drängt, die Sklaverei, ist stark, aber auch das, was zurückhält. Zuerst ist die Bremse eine äußere: Als Mose beim Pharao vorspricht, verschärft dieser die Bedrückung der Israeliten:»Man drücke die Leute mit Arbeit, dass sie zu schaffen haben und sich nicht um falsche Reden kümmern.«(Ex 5,9) Übertragen gesprochen: Das Alte gibt nicht auf, sondern legt die Stricke und Fesseln noch enger an. Die Sorgen des Überlebens ersticken den Ruf nach Gerechtigkeit. Die äußere Bremse wird zur inneren, sie bestimmt das eigene Denken, und man möchte am liebsten alles beim Alten belassen:»Herr, warum tust du so übel an diesem Volk?«(Ex 5,22), klagt Mose ihn an. Gott bestärkt daraufhin die Zusage, zu retten. Aber die Israeliten hörten nicht darauf vor Kleinmut und harter Arbeit (Ex 6,9). Die äußere Sklaverei hat auch ihren Willen unfrei gemacht. Gut – so kann man zumindest im Nachhinein sagen –, dass Gott die Menschen auch gegen ihren Willen befreit hat. Gerade die Größe der Not kann am Aufbruch hindern, weil sie den Willen zur Überwindung der Not lähmt und unfrei macht. Die Israeliten sind Sklaven nicht allein des ägyptischen Jochs, sondern auch ihrer eigenen Angst. Wer in sich unfrei ist, kann nur von außen befreit werden. Nachdem Gott durch die Plagen den Widerstand der Ägypter – und erst so den der Israeliten – gebrochen hat, kann es zum Auszug kommen. Doch der Pharao, die Macht der Unfreiheit, verfolgt mit überlegener Militärmacht die Losziehenden. Aber Gott vernichtet die Ägypter im Schilfmeer. Die Stricke, die am Alten festbinden wollen, scheinen ohne solche Gewalttat nicht zu brechen zu sein.

Fleischtöpfe: Sehnsucht nach Sicherheit

Bereits in der äußeren Bedrohung durch das ägyptische Heer wird auch die innere Bindung an das alte Leben wieder stärker:»Waren nicht Gräber in Ägypten, dass du uns wegführen musstest, damit wir in der Wüste sterben? ... Haben wir's dir nicht schon in Ägypten gesagt: Lass uns in Ruhe, wir wollen den Ägyptern dienen? Es wäre besser für uns, den Ägyptern zu dienen, als in der Wüste zu sterben.«(Ex 14,11f) Im Rückblick scheint selbst die Sklaverei harmloser als die Risiken des Neuen. Das hört auch nach der Rettung vor dem ägyptischen Heer nicht auf:»Wollte Gott, wir wären in Ägypten gestorben durch des Herrn Hand, als wir bei den Fleischtöpfen saßen und hatten Brot die Fülle zu essen.«(Ex 16,3) Die sprichwörtlichen Fleischtöpfe stehen für die Frage nach Bequemlichkeit oder Freiheit, Sicherheit oder Risiko. Aber unbeirrt vom Murren des Volkes lässt Gott von seinem

Plan nicht ab. Die treibende Kraft dieses Pilgerweges ist nicht der Mensch, sondern Gott. Die Menschen sind so sehr in ihrer Unfreiheit gefangen, dass sie den Gedanken der Freiheit nicht mehr konsequent zu Ende denken und leben können. Gerade die entscheidenden Aufbrüche und Veränderungen verdanken sich nicht der eigenen Entscheidung. Sie sind gegen das chronische Murren der Israeliten, gegen den menschlichen Willen errungen.

Feuersäule und Wolke: Wegmarkierungen

Kaum ist die Sklaverei abgeschüttelt, stellt sich eine neue Frage: Ist Freiheit grenzenlos? Besteht sie gerade im Verzicht auf Bindungen und Regeln? Die absolute Freiheit verläuft sich – das erlebt jeder, der in der Wüste unterwegs ist. Mitten in der Wüste fehlt jeder Orientierungspunkt, in alle Richtungen sieht es gleich aus. Der Pilger ist frei zu gehen, wohin er will. Aber er hat von dieser Freiheit nichts, wenn er nicht weiß, welchen Weg er einschlagen soll. Wenn alles gleich scheint, wird er gleichgültig und macht sich erst gar nicht auf den Weg. Oder er läuft im Kreis. Völlige Freiheit ist orientierungslos. Pilger wissen Weg-Markierungen zu schätzen.

Das gilt umso mehr für Wege in absolutes Neuland. Die Wegmarkierung der Israeliten ist etwas Besonderes:»Und der Herr zog vor ihnen her, am Tage in einer Wolkensäule, um sie den rechten Weg zu führen, und bei Nacht in einer Feuersäule, um ihnen zu leuchten, damit sie Tag und Nacht wandern konnten.«(Ex 13,21f)»Sooft sich aber die Wolke von dem Zelt (der Stiftshütte) erhob, brachen die Israeliten auf; und wo die Wolke sich niederließ, da lagerten sich die Israeliten.«(Num 9,17) Dieser Wegweiser zeigt Weg und Aufbruch, er ordnet Raum und Zeit. Gott strukturiert die Zeit so, dass in ihr mehr als gewöhnlich erreicht werden kann. Nicht nur tags, auch nachts ermöglicht er das Wandern. Er erweitert die Möglichkeiten, denn seine Ziele sind weiter gesteckt und allein mit natürlichen Mitteln nicht zu erreichen. In diesem Wegweiser wird Gott selbst zum Nomaden, zum Pilger. Nur so kann er immer bei seinem Volk sein. Näher kann man nicht dran sein, stärker sich nicht identifizieren als im Mitgehen. Der Weg entsteht im Gehen mit Gott, ist untrennbar an ihn gebunden.

Manna: Speisung auf dem Weg

Hunger und Durst sind elementare Pilgererfahrungen. Der Kontrast zum selbstverständlich reich gedeckten Tisch zu Hause entspricht dem, den die

Israeliten zwischen den vermeintlichen Fleischtöpfen Ägyptens und der
Dürre der Wüste erleben. Der mitgehende Gott sieht die Not:»Ich habe das
Murren der Israeliten gehört. ... Gegen Abend sollt ihr Fleisch zu essen haben und am Morgen von Brot satt werden und sollt innewerden, dass ich,
der Herr, euer Gott bin.« (Ex 16,12) Und so regnet es täglich Manna und
Wachteln. Doch die Israeliten wollen nicht abhängig bleiben und legen gegen Gottes Gebot Reserven an. Aber sie werden unbrauchbar, voller Würmer
und stinkend (Ex 16,20).
Wer unterwegs ist, kann keine Reserven anlegen. Sie beschweren ihn und
machen ihn immobil. Der verständliche Wunsch nach Sicherheit macht
unfrei. Es gehört zur Schutzlosigkeit unterwegs, abhängig zu sein von dem,
was einem ›in den Weg kommt‹. Unterwegs kann man sich wesentlich weniger absichern, gerade darum übt es das Vertrauen. Darum wird die tägliche Abhängigkeit vom Manna zum Test des Glaubens:»Daran sollt ihr innewerden, dass ich euer Gott bin.« Zum Ende des Exodus wird der Sinn
dieser Übung in Dtn 8,3 erläutert:

»Gott demütigte dich und ließ dich hungern und speiste dich mit
Manna, das du und deine Väter nie gekannt hatten, auf dass er dir kund-
täte, dass der Mensch nicht lebt vom Brot allein, sondern von allem, was
aus dem Mund des Herrn geht.«

In dem Elementaren des täglichen Brotes lernt der Mensch, dass er nicht
aus sich selbst lebt. Er ist angewiesen auf andere, die ihm mit Brot und
Wasser, Herberge und Trost weiterhelfen. Eine Art paradoxe Intervention:
Gerade mit dem Brot zeigt Gott, dass es darauf nicht ankommt, dass nicht
zuerst der Bauch und dann die Moral kommt. Durch dieses Eingreifen
schenkt Gott den Israeliten die Freiheit und die Möglichkeit, sich anders
auszurichten, indem er sie gerade von der Sorge um den Bauch frei macht.
Der geistliche Sinn der materiellen Gabe wird nicht nur im Buch Deutero-
nomium, sondern immer wieder in der Bibel benannt. Joh 6,49f stellt dem
Manna der Wüste, das nur den Leib sättigt, das Brot des Himmels gegenüber, das ewiges Leben schenkt.

Nur von ferne geschaut: Umwege lassen reifen

Das wandernde Volk Israel sendet einige Kundschafter aus (Num 13f). Sie
berichten von einem Land, in dem wirklich Milch und Honig fließen. Aber

dort wohnt auch ein starkes Volk in befestigten Städten: Gegen sie sind wir wie Heuschrecken gegen Riesen. Das überfordert das Gottvertrauen der Israeliten und sie treten die Flucht an. Gott belegt sie daraufhin mit einer 40-jährigen Wüstenwanderung. Das Volk ist noch nicht reif für die Freiheit, sein Gottvertrauen muss noch wachsen. Die Erinnerung an Ägypten muss ausgestorben sein, denn das Zurücksehnen kann Menschen fesseln. Das Volk des gelobten Landes soll frei sein von der Lust nach den Fleischtöpfen Ägyptens. Seine Prägung soll es allein aus der Wüstenzeit haben, der Unsicherheit des Nomadenlebens, der Bewahrung Gottes, dem Murren und Versagen und den Aufbrüchen. Endlich am Jordantal angelangt, darf Mose zwar das gelobte Land schauen, aber nicht betreten. Pilgern lebt nicht von der Garantie anzukommen. Nicht der Besitz, das Erreichen des Ziels scheint entscheidend, vielmehr das Zugehen darauf und das Reif-Werden für das Ziel.

Die Sederfeier: Befreiung braucht Erinnerung

»Warum ist diese Nacht anders als alle übrigen Nächte? Warum essen wir ungesäuertes Brot? Warum essen wir Bitterkräuter?« Fragen über Fragen stellen die Kinder jedes Jahr bei der Sederfeier. Ein ganzer Abend mit Frage und Antwort, Mahl und Symbol, Erleben und Reflektieren. Alles kreist um die Frage: Wie ist es damals gewesen beim Exodus? Denn die Befreiung soll kein vergangenes Ereignis bleiben, sondern das eigene Leben prägen. Erinnerung geschieht aber nicht von selbst. Sie braucht Formen, bestimmte Zeiten, Handlungen und Texte. An den Auszug aus Ägypten erinnert die Sederfeier, die Wiederholung des Paschamahls mit Bitterkräutern, Salzwasser und ungesäuertem Brot. Sie soll die Kinder anregen zum Fragen und den Eltern Gelegenheit geben zum Erzählen: »Wenn dein Sohn fragen wird …, so sollst du ihm sagen: Wir waren Knechte des Pharao in Ägypten, und der Herr führte uns aus Ägypten mit mächtiger Hand.« (Dtn 6,20f) Die Eltern erzählen nicht von fremden Menschen, sondern von sich selbst: Wir wurden befreit. Sie gehen über die Enge der unmittelbar eigenen Erfahrung hinaus und lassen für sich den weiten Horizont ihrer Geschichte gelten. Sie identifizieren sich, sie bezeugen und bekennen, dass hier der Grund auch ihrer Freiheit gelegt wurde. Nur so können auch die Kinder in die Geschichte hineinwachsen, sich den Exodus als ihre Befreiung zu eigen machen.

Auch Pilgern ist ein Mittel der Erinnerung. Warum sonst ist man auf den Spuren der Vorfahren im Glauben unterwegs? Vielleicht darum sind die meisten Wege einer Person gewidmet (Jakobus, Franziskus, Elisabeth und

Bonifatius) oder wie der Pilgerweg von Loccum nach Volkenroda der eigenen Kirchengeschichte. Nachgehen ist eine starke Form der Identifikation. Man pilgert nicht nur auf den Spuren, sondern in den Spuren seines Vorgängers, schlüpft in seine Schuhe, prägt sich seinen Weg ein.

Noomi und Rut: Weibliche Weggemeinschaft

Pilgern Frauen anders?

Das Alte Testament erzählt im Buch Rut von einem Pilgerweg, an dem nur Frauen beteiligt sind. Wieder einmal steht am Anfang die Not: Dürre und Hunger im Heimatland Juda vertreiben eine Frau namens Noomi aus dem sicheren Kontext von Volk und Land, Glaube und Tradition. Ebenso wie Abraham verlässt sie ihre Heimat – anders als dieser kehrt sie am Ende ihres Pilgerweges aber wieder dorthin zurück.

Noomi bricht zusammen mit Mann und Söhnen auf in das fruchtbare Nachbarland Moab, verliert dort aber bald alle Familienmitglieder. Einzig die beiden moabitischen Schwiegertöchter Rut und Orpa, beide kinderlos, bleiben ihr erhalten. Noomi entschließt sich zur Rückkehr nach Betlehem, inzwischen wieder zu Recht »Haus des Brotes« genannt. Rut verlässt ihre moabitische Heimat. Sie folgt ihrer Schwiegermutter Noomi, all ihren Argumenten zum Trotz, über die Grenze nach Juda.

Es ist ein langer Pilgerweg, in wechselnder Besetzung begangen. Noomi zieht mit ihrer ganzen Familie aus und macht sich mit zwei Schwiegertöchtern auf den Rückweg, eine kehrt um, die andere erreicht mit ihr den Ausgangspunkt. Immer sind es Frauen, die das Geschehen bestimmen, selbst Gott spielt in dieser Geschichte keine aktive Rolle. Noomi und Rut widerfahren Verlust und Gewinn, die wechselnden Stationen des Weges verändern sie. Aber in allem sind sie einander heilsame Weggemeinschaft – obwohl sie verschiedenen Völkern angehören, obwohl jede genug eigene Probleme zu bewältigen hat. Not schweißt zusammen – ist das das typisch Weibliche dieses Pilgerweges?

Weggemeinschaft

Noomi ist nie allein unterwegs. Sie akzeptiert Ruts Begleitung, kann ihre Hilfe annehmen. Rut gibt mehr als erwartbar, nimmt das Angebot, in die Heimat zurückzukehren, nicht wahr, sondern folgt ihrer Schwiegermutter ins Ungewisse. Gerade das mündet in eine für beide heilsame Weggemeinschaft. Zunächst aber ist Ruts Mitgehen ein Opfer mit unabsehbarem Ausgang. »Wo du hingehst, da will ich auch hingehen; wo du bleibst, da bleibe ich auch. Dein Volk ist mein Volk, und dein Gott ist mein Gott. Wo du stirbst, da sterbe ich auch, da will ich auch begraben werden« (Rut 1,16.17). Ruts große Worte sind ein überwältigend klares Bekenntnis, ein Sprung ins Ungewisse; so als könne Noomis Verlust jeglichen Halts nur durch eine ebenso große Haltlosigkeit Ruts ausgeglichen werden. Als könne eine Verlorene nur von einer gerettet werden, die sich selbst preisgibt.

Zwei Menschen begeben sich in gegenseitige Abhängigkeit. Zu Hause gelingt es leichter, die Illusion der Selbstständigkeit aufrechtzuerhalten. Unterwegs ist man angewiesen aufeinander, abhängig, muss seinen Namen neu buchstabieren lernen. Der Name Rut verweist auf ihre neue, unterwegs gefundene Rolle. Rut bedeutet Gefährtin, Freundin. Sie lässt sich auf eine Identität ein, die in der Beziehung liegt: im Angewiesensein auf (Gast-) Freundschaft und Solidarität. Darin folgt sie dem Gottesnamen aus dem Dornbusch »Ich werde sein, der ich für dich sein werde« (Ex 3,14). Auch er gewinnt seine Bedeutung erst im Vollzug.

Pilgern soll das Angewiesensein nicht reduzieren, sondern die Unbehaustheit zulassen, ja fördern. Sich empfindlich machen, verletzbar und hilfsbedürftig, das öffnet für die Nächste. Das öffnet auch die Nächste. Wer andere als unvollkommen und als ergänzungsbedürftig erlebt, kann leichter die eigene Unvollkommenheit eingestehen. Bitten wird so zur Gabe. Es ist Demut, die die andere stark macht. Jede Bitte sagt: Ich kann mein Leben nicht selbst zu einem gelingenden Ganzen weben, ich brauche dich. Das öffnet letztlich auch auf Gott hin, den Grund aller Gaben.

Der befremdliche Gott

Die Jüdin Noomi ist in Moab nicht nur in sozialer Hinsicht in der Fremde, sie ist auch fremd unter fremden Göttern. Für sie ist das nicht nur ein Wegfall gewohnter Riten. Sie verzweifelt an Gott: »Voll zog ich aus, aber leer hat mich der Herr wieder heimgebracht.« (Rut 1,21) Wer Gott ins Ungewisse folgt, überschreitet auch sein Verständnis von Gott. Wie Noomi können Pilger die Erfahrung machen, dass ihr Gottesbild, das vor der Reise getragen hat, nicht mehr aufgeht. Gott geht nicht auf im bisher Erlebten, auch nicht in den eigenen Wünschen und der Hoffnung auf ein gutes Leben. Pilgern heißt Gott riskieren, sich einüben in das Risiko der Haltlosigkeit. Noomi führt er in die Verzweiflung:»Der Herr hat gegen mich gesprochen und der Allmächtige hat mich betrübt« (Rut 1,21). Ein unverständlicher und befremdlicher Gott, der die soziale Fremdheit durch ihre Verluste ins Bodenlose steigert.

Wie vergleichsweise leicht hatten es da andere Pilger: Abraham wird von Gott auf den Weg geschickt, Mose steht in dauerndem Kontakt mit Jahwe. Im Buch Rut aber tritt Gott niemals aktiv handelnd oder sprechend auf. Die Erzählung kommt ohne Gottes sichtbares Eingreifen aus: keine Stimme Gottes aus dem Dornbusch, keine Wolke als Wegweiser und keine Rettung am Schilfmeer. Auch erscheinen die Menschen im Buch Rut nicht auffallend religiös. Sie beten nicht, sie reden nicht mit Gott, sondern eher über ihn – und auch das höchst selten. Wollen sie ihren Weg aus eigener Kraft bestehen? Oder entzieht Gott sich ihnen? Erst am Ende bringt Gott sich ins Spiel, er gibt Rut Mann und Sohn und auch Noomi wird dadurch sozial rehabilitiert. Durch diesen Sohn, geboren nach ungewisser Pilgerschaft, wird eine Fremde zur Stammmutter Israels. Ein überreicher Segen – aber das kann erst im Nachhinein gesehen werden, als die bis zur Gottferne gesteigerte Ungewissheit ihre Rechtfertigung bekommt. Erst am Ende werden Rut und Noomi, aber auch Gott, rehabilitiert. Wege werden – so sie nicht vorher abgebrochen werden – vorwärts gegangen, aber rückwärts verstanden. So denkt jüdischer Glaube Geschichte: Er dreht sich um, schaut in die Vergangenheit und sagt:»Ich habe die Geschichte vor mir.« Jetzt erst erkennt er, dass Gott und Menschen Wegbegleiter waren.

Die Emmausjünger: Aufscheinen und Entzug

Christus als Pilger

Etwas südlich des Jakobsweges, bei Burgos, liegt das Kloster Santo Domingo de Silos. Mancher Pilger hat einen Umweg dorthin gemacht – nicht zuletzt, um in dem um 1100 entstandenen Kreuzgang ein großes Flachrelief mit den Emmausjüngern und Christus als Pilger anzuschauen. Dieses Motiv des pilgernden Christus begegnet in der Kunst schon seit dem 6. Jahrhundert, wird hier erstmals in den Kontext des Jakobspilgerns gestellt und dann in Autun, Vezelay, Chartres und San Juan de la Peña aufgegriffen. Christus ist durch Stab sowie Muscheln auf Beutel und Trageriemen deutlich als Jakobspilger markiert. Wie kommt es, dass die Emmauserzählung (Lk 24,13–35) sich als Identifikationsmöglichkeit für Pilger anbietet?

Sich freigehen

Die Jünger hören Berichte vom leeren Grab:»Und es erschienen ihnen diese Worte, als wär's Geschwätz, und sie glaubten ihnen nicht.«(Lk 24,11) Zwei der Jünger reagieren darauf, indem sie Jerusalem verlassen und nach Emmaus wandern. Ihre Motivation wird nicht erwähnt: Wollen sie den Ort des Jesus-Verlustes hinter sich lassen? Oder die Gemeinschaft der Jünger, die sie an ihre zerstörte Begeisterung erinnert? Haben sie Angst vor Übergriffen der Juden und Römer und wollen sich in Sicherheit bringen? Oder verfolgen sie überhaupt kein klares Ziel, sondern spüren einfach Druck und Anspannung und wollen diese im Gehen lösen? Hoffen sie, dass sie die verfahrene Situation in Bewegung bringen können? Abstand, Zeit und Raum scheinen sie gewinnen zu wollen; fliehen, ohne genau zu wissen wovor und schon gar nicht wohin. Dieses Freigehen ist aber kein Vergessen; sie besprechen die Ereignisse, bewegen wie die Füße auch die Gedanken, kauen das Geschehen immer wieder durch – vielleicht findet sich doch noch eine Lösung. Sie haben ein Haus, in dem die beiden Emmausjünger mit den anderen Jüngern versammelt sind. Aber diese Gemeinschaft ist durch den Verlust Jesu zerbrochen, bietet keine Heimat mehr. Auch geistlich sind sie heimatlos, ihr Glaube ist am Kreuz hinfällig geworden. Gott hat sie verlassen, sie sind Gott-los, im Letzten unbeheimatet. Der ehemals bergende Versammlungsraum muss auch darum mit der Straße getauscht werden, weil er ihrer Situation nicht mehr entspricht.

Dabei kommt noch etwas in Bewegung: Etwas tritt von außen in die Szene, ein Vertrauter und doch ganz Anderer kommt hinzu.»Aber ihre Augen wurden gehalten, dass sie ihn nicht erkannten.«(Lk 24,16) Ihre Trübsal hat sie blind gemacht: Genau der, den sie vermissen, kommt zu ihnen – aber sie merken es nicht. Die vor Trauer gesenkten Köpfe erinnern an das In-sich-verkrümmt-Sein der Sünde, das keinen Blick mehr für die Güte Gottes hat. Dieses Verschlossensein wird von außen aufgebrochen, der Mann spricht sie an, fragt, was sie beschäftigt. Sie jedoch schelten sein Unwissen:»Bist du der einzige unter den Fremden in Jerusalem, der nicht weiß, was in diesen Tagen dort geschehen ist?«(Lk 24,18) Auffälligerweise wird Christus zu den Fremden gezählt. Erscheint er fremd, weil er als Auferstandener schon Bürger einer anderen Welt ist, zu der er bereits vor der Menschwerdung gehört hat? Die Jünger vertauschen Heimat und Fremde. Sie ahnen noch nicht, was es heißt, im Himmel heimisch geworden zu sein – und wie sich dadurch das Unterwegssein auf Erden relativiert. Wenn es im Philipperhymnus heißt, dass Jesus sich seiner göttlichen Gestalt entäußerte und der Erscheinung nach den Menschen gleich wurde, dann ist seine Zeit auf Erden eine Zeit der Entfremdung. Er passt sich den irdischen Verhältnissen an. Nun aber, mit der Auferstehung, ist er wesentlich wieder bei sich und nur noch gastweise auf der Erde. Die Jünger nehmen die Diskrepanz zwischen irdischem und himmlischem Sein wahr, aber spiegelverkehrt: Was vor Augen liegt, die vom Kreuz geprägte Wirklichkeit, halten sie für das Eigentliche. Und im Verhältnis dazu ist der Auferstandene ein Fremder, der nicht in diese Welt passt. So sehr sind sie in ihrer Wirklichkeit gefangen, dass sie die Wirklichkeit des Glaubens als fremd bezeichnen. Mit dem Tod Jesu sind die Jünger heimatlos geworden. Aber sie merken nicht, dass Gott selbst seine Heimat aufgibt. Nicht nur, um ihre Heimatlosigkeit zu teilen, sondern um ihnen schon jetzt – auf dem Weg – Heimat, ein Stück Himmel auf Erden zu sein. Sie ahnen nicht, dass der Gott, der ihnen voraus ist, zugleich mit ihnen ist.

Die Erzählung bekommt eine ironische Wendung: Die die Hauptperson der Passion als unwissend Scheltenden erweisen sich selbst als ahnungslos. Indem Jesus ihnen die alttestamentlichen Prophezeiungen auslegt, zeigt er, dass er leiden musste. Die Erwartungen der Jünger gehen in eine andere Richtung:»Wir aber hofften, dass er Israel erlösen würde.«(Lk 24,21) Die Jünger haben irdisch vom Messias gedacht, eine irdische Erlösung erwartet, die sich in konkreter politischer Freiheit niederschlagen sollte – und das wurde durch den Kreuzestod widerlegt. Erst als dieser Glaube beseitigt ist, ist Platz für die Jesus Christus gemäße Erwartung. Deutlich wird auch: Das Wunder des leeren Grabes an sich führt noch nicht zum Glauben. Nur die Lektüre der Propheten hätte geholfen. Erst das deutende Wort lässt die Dinge verstehen, sie erklären sich nicht selbst.

Vom Gast bewirtet

Auch der wandernde Auferstandene erklärt sich nicht von selbst, er bleibt unerkannt. Gut, dass die Jünger den unbekannten Fremden dennoch einladen. Sie, die selbst heimatlos geworden sind, bieten dem Pilger Jesus gegen die hereinbrechende Nacht den Schutz des Hauses an. Ihre Gastfreundschaft geschieht als Wagnis, denn sie wissen nicht, wen sie sich ins Haus holen. Drinnen kommt es zum Rollentausch: Der Gast beherbergt. Der Fremde übernimmt die Rolle des Hausvaters, der das Brot reicht.»Da wurden ihnen die Augen geöffnet, und sie erkannten ihn. Und er verschwand vor ihnen.«(Lk 24,31) Christus erscheint, aber diese Epiphanie bleibt etwas Vorübergehendes. Sie kann nicht stillgestellt und aufgehoben werden. Es gibt sie nur im Vollzug. Darum muss sie immer wieder begangen, gefeiert werden, wie es im Abendmahl geschieht. Seine Gegenwart ist nicht an Dingen festzumachen, sondern kommt und geht, ist flüchtig. Solche Christusbegegnung passt zum Pilgern. Denn sie ist nicht regelmäßig und gewohnt, sondern vorübergehend und unerwartet. Sie will weniger bestätigen und vergewissern als verwandeln und umkehren.

Die beiden Jünger haben Jesus erkannt, ihr Fundament wiedergefunden. Sie ruhen sich aber darauf nicht aus, bleiben nicht darauf sitzen, sondern »standen auf zu derselben Stunde, kehrten zurück nach Jerusalem und fanden die Elf versammelt ... und sprachen: Der Herr ist wahrhaftig auferstanden.« (Lk 24,34) Jetzt erst wird das leere Grab verständlich. Nicht das wundersame Zeichen, sondern der, auf den es hinweist, ist Grund des Glaubens.

46   Gottesbegegnung führt zur Sendung. Sie bleibt nicht stehen, behält nichts für sich, genießt nicht die neu geschenkte Ruhe, sondern stürmt los, geht zurück an den Ort der Flucht. Selbst die Begegnung mit Gott im auferstandenen Christus weist noch über sich selbst hinaus. Sie erkennen in Christus den auf die Erde gekommenen Himmel – aber sie können ihn jetzt noch nicht bewohnen. Er bleibt flüchtiges Angeld, das lockt, andere herbeizuholen und selbst weiter darauf zuzugehen.

Unscheinbare Wendepunkte

Die Emmausgechichte fasziniert Pilger, weil sie von der Verwandlung des Zweifels in Glauben erzählt, vom Verlust zur Erfahrung Jesu, vom fernen Gott, der nahekommt. Viele Pilger können sich mit den Jüngern identifizieren. Sie sind niedergeschlagen, ziellos, ohne Glauben. Und auf dem Weg bricht etwas herein, das alltäglich anfängt und dann etwas ganz anderes wird. So wie viele ihren Weg als Suchende beginnen, noch nicht einmal mit einer klaren Frage, einfach mit dem ganz rudimentären Gefühl: Ich muss hier weg, ich muss mich freilaufen. Ihre Gedanken kreisen, bis eine Außenperspektive, eine unerwartete Frage oder eine unvermittelte Handlung den Knoten löst. Erst im Nachhinein wird dieses menschliche Tun als Handeln Gottes verstanden. Wie bei den Jüngern die prophetischen Weissagungen den Tod Jesu in ein neues Licht rückten, so kann der Pilger im Meditieren von Gottes Wort sich für diese andere Dimension öffnen. Das Unscheinbare wird für den Verständigen zum Wendepunkt.

Auch lässt die Geschichte hoffen, von Gott begleitet zu werden. Deutlicher noch als in Wolke und Feuersäule wird die Nähe Gottes. Er geht selbst, mit seinen eigenen Füßen auf demselben Weg. Wenn er als Fremder angesprochen wird, dann scheint er noch heimatloser als die Jünger – er trägt die Pilgertasche. Als Pilger erscheint Christus nicht nur, weil er als Himmelsbürger in dieser Welt fremd ist und weil er sich den Wandernden offenbart, sondern grundsätzlicher in der Art, wie er sich zeigt: Er ist flüchtig und vorübergehend da, im Glauben und nicht im Schauen. Der Himmel auf Erden ist nicht normal, erwartbar und gewiss, vielmehr nur als Augenblick gegeben: Er lässt etwas ahnen, aber lässt sich nicht nieder; er deutet etwas an, das sendet und nach vorn lockt.

Rückkehr ins Neue

Anknüpfungsfähig ist auch das symbolische Spiel der Geschichte mit Wegen und Häusern. Die bedrückende Enge des Hauses wird verlassen. Die Gehenden finden ein Dach über dem Kopf, aber nur für kurze Zeit. Das Rasthaus lässt seine Gäste verwandelt hinausgehen. Das Erlebte bewegt, motiviert nach vorn, zurück nach Jerusalem. Weitergehen heißt für sie zurückzukehren in den alten Lebenszusammenhang, der nun aber nach vorn geöffnet ist. Sie kehren zurück, aber verändert, sodass sie dem Alten etwas Neues, Anderes aufprägen können. Der Weg weist über sich hinaus – zurück und zugleich nach vorn, denn die vermeintliche Sackgasse der Jüngerschaft ist nun zukunftsoffen.

Pilger wollen meist wieder zurück, aber weil sie anders geworden sind, wird auch der Alltag ein anderer. Sie können das Unterwegssein loslassen, weil sie etwas von unterwegs zu Hause einpflanzen können. Manche Pilger können sich deswegen so schwer vom Unterwegssein trennen, weil sie Angst vor dem Verlust ihrer Erfahrungen haben. Das Emmauserlebnis hält dagegen: Pilgererfahrungen lassen sich übersetzen, die Jünger nehmen sie mit nach Hause, nicht zuletzt, um andere davon zu überzeugen. Das Ziel der Emmauswanderung ist nicht der Ort, nicht der Pilger, sondern das Handeln Gottes. Dieser wird zugleich zum Wendepunkt, der verwandelt zurück in den Alltag sendet.

Am Rockzipfel des Heils – Geschichte des christlichen Pilgerns

Peregrinatio – ein Begriff im Wandel

Alle reden vom Pilgern, während die Wallfahrt – zumindest sprachlich – im Schatten steht. Dabei hat sie nicht nur eine viel größere Geschichte, sondern zieht auch in der Gegenwart ein Vielfaches an Teilnehmern an. Aber das Wort hat etwas Verstaubt-Katholisches, während Pilgern modisch klingt, offener, spiritueller. Oft wird der Begriff des Pilgerns unreflektiert verwendet und so seine Bedeutung verwischt. Darum soll am Beginn dieses Kapitels zunächst eine Klärung der Begriffe Pilgern und Wallfahrt stehen.

Während wir im Alten Testament die Umschreibung »hinaufziehen zum Tempel« für Wallfahrt finden, kennt das Griechische des Neuen Testaments kein Wort für das religiöse Reisen. Nicht anders ist es im Lateinischen: *Peregrinus* ist im ganzen Altertum kein religiöser, sondern vornehmlich ein juristischer Begriff. *Per-egre* weist hin auf die rings um den *ager Romanus* herum Wohnenden, wörtlich die Aus-Länder. Anfangs war *peregrinus* gleichbedeutend mit *hostis*, dem Bürger eines fremden Landes, der Gastrecht genießt, später mit dem Bewohner der Provinzen, der in Rom ohne Bürgerrecht war.

Aber bereits in der Alten Kirche entwickelte sich *peregrinatio* bzw. das griechische *xeniteia* zu einem religiösen Begriff, der das Mönchtum entscheidend prägte. Besonders im östlichen Mönchtum wird Heimatlosigkeit zu einer asketischen Übung. Der Mönch will sich von der vergänglichen Welt lösen, um sich zur ewigen Wahrheit, dem himmlischen Vaterland aufzuschwingen, denn: »Solange wir im Leibe wohnen, weilen wir fern vom Herrn« (2 Kor 5,6). Aus dem Wunsch, sich von den irdischen Dingen zu lösen, und auch aus der Tradition der Wanderradikalen in der Nachfolge Jesu entwickelt sich das unstete Umherziehen einiger Mönche. Es ist nicht Selbstzweck, sondern Mittel der Weltentsagung. Diese Lösung von der Welt ist auch nicht auf das Umherziehen angewiesen, sondern kann entgegengesetzt gerade im Rückzug aus der Welt in die Einsiedelei gesucht werden. Der durch geistliche Übung Heimatlosigkeit suchende Mönch steht immer vor der Frage: laufe ich Gefahr, selbst in meiner Zelle in der Wüste im

Diesseits heimisch zu werden und sollte deswegen unstet umherziehen? Oder bindet mich gerade die Sinnlichkeit des Wanderns und ich sollte mich besser zurückziehen? Letztere Einschätzung ist besonders im lateinischen Mönchtum prägend gewesen, das in der Ortsstabilität Schutz vor Ausschweifung sah.

Zugleich entwickelte sich aus der *peregrinatio a patria* die *peregrinatio ad loca sancta*. Solche Reisen führen etwa zu den Lebensorten Jesu oder an die Quellen des unverfälschten Mönchtums im Orient. Der pilgernde Mönch entfremdet sich nicht mehr lebenslang dieser Welt, sondern Pilgern wird zum Projekt mit einem klar definierten Ziel. Man möchte nicht in der Fremde des Himmelreichs weilen, sondern in die Ferne, auf ein fernes Ziel hin reisen. Doch dies blieb nicht ohne Kritik, die das körperliche Pilgern dem geistlichen Unterwegssein zu Gott entgegensetzt:»Darum wollen wir uns nicht länger als Fremdlinge in Alexandrien aufhalten (*peregrinemur*), sondern vielmehr von Ägypten ins Vaterland der *Wahrheit* zurückkehren, das Meer der *Irrtümer* überschiffen und die Wüste der *Unwissenheit* durchqueren.«[4]

Die iro-schottischen Mönche des beginnenden Mittelalters bestimmen *peregrinatio* nicht als Rückzug in die Klosterzelle oder als Aufsuchen bestimmter Orte, sondern knüpfen wieder an das ostkirchliche Umherschweifen an. Selbst die Missionierung ist nur Nebeneffekt der lebenslangen *peregrinatio*, die das Ausland sucht, um sich von den Bindungen dieser Welt zu lösen und frei zu werden für das himmlische Vaterland. Besonders im weiteren Verlauf des Mittelalters wird *peregrinatio* immer mehr mit der religiösen Pilger- und Wallfahrt zu einem bestimmten Ort identifiziert. Daran – wenngleich mit stärkerer Betonung des Weges – knüpft auch der heutige Gebrauch des Wortes *pilgern* weitgehend an.

Aus der *peregrinatio* als asketischer geistlicher Übung der Weltentsagung, die das Umherziehen zu Hilfe nehmen kann, wird zusehends das Wandern zu einem Ort, das verschiedene religiöse Funktionen erfüllen kann. Indem das Pilgern stärker vom Unterwegssein her verstanden wird, treten auch die notvollen Aspekte des Reisens deutlicher ins Bewusstsein. Denn der Reisende wird zum Ausländer, der mit dem Wohnsitz den schützenden Bereich seines heimatlichen Rechts verlassen musste. Ohne Dach über dem Kopf zieht der Pilger gleichsam nackt und unbehaust und darum notvoll über das Land. Darum wird der Pilger zum Synonym für den Armen, Unterstützungsbedürftigen und Bettler. Auch die Herberge, das *Xenodochium* bzw. *Hospitium* war zugleich Unterschlupf für Reisende und Arme. Die prekäre Lage der Pilger führte zu besonderen Schutzbestimmungen, die an die

Menschlichkeit appellieren konnten oder religiös motiviert waren, etwa in der Identifikation Christi mit dem Reisenden, sodass die Beherbergung des Pilgers zur Gastfreundschaft gegenüber Gott wird:»Ich bin ein Fremder gewesen, und ihr habt mich aufgenommen.«(Mt 25,35) Was unter *peregrinatio* verstanden wird, unterliegt einem starken geschichtlichen Wandel.

Dennoch lassen sich für die prägende Zeit des alten Mönchtums wichtige verbindende Punkte festhalten: Grundlegend ist der starke Bezug zum Jenseits, der später durch das konkrete irdische Pilgerziel überlagert werden kann. Weil es eine geistliche Übung ist, kann es auch in der geistlichen Lösung der Welt ohne Reisen geschehen. Der Pilger ist fremd und weil sein Status prekär ist, ist das Pilgern eine asketische und anstrengende Übung.

Daraus können Hinweise zur Unterscheidung des Pilgerns von der Wallfahrt entwickelt werden. Pilgern braucht nicht den Willen zur Rückkehr, es kann im Gegensatz zur Wallfahrt sogar ausdrücklich darauf verzichten und zum existenziellen Programm werden: *vita est peregrinatio*, das Leben ist eine Pilgerfahrt. Heute ist die – oft verwischte und unklare – Differenz von Wallfahrt und Pilgern vor allem durch folgende Momente gegeben: Wallfahrt – und besonders ihr Herzstück, die Prozession – ist gemeinschaftlich, liturgisch gebunden, klarer strukturiert, kirchlich organisiert und geht meist über kürzere Strecken. Pilgern hingegen ist individueller, ohne festes Programm und autonom. Beide Begriffe liegen so dicht beieinander und sind nicht zuletzt aufgrund ihrer geschichtlich gewachsenen Bedeutungsvielfalt nur schwer sauber zu trennen, sodass auch im Folgenden immer wieder auf Gedanken zur Wallfahrt zurückgegriffen werden muss.

Pilgerfahrten

Pilgerfahrten ins Heilige Land

Am Beginn der christlichen Pilgerfahrt steht die Übernahme jüdischer Bräuche, z. B. der Wallfahrt nach Jerusalem und des Tempelbesuchs. Diese Tradition fand aber schon bald mit der Zerstörung des Tempels 70 n. Chr. ihr Ende. Das irdische Jerusalem trat hinter das himmlische als eschatologisches Pilgerziel zurück. Die wenigen Berichte von Jerusalemreisenden bis zum 4. Jahrhundert stammen von Theologen, die in dokumentarischem Interesse die Orte der neutestamentlichen Geschehnisse aufsuchten. Dies bildete die Grundlage für die ab dieser Zeit einsetzenden Wallfahrten zu den ›heiligen Stätten‹ in Palästina. Neben Jerusalem mit Grabeskirche und Golgota traten auch eher abseitige Orte, etwa der Felsen, auf den Jesus die fünf Brote und zwei Fische legte, der Feigenbaum des Zöllners Zachäus oder das Feld, das Christus eigenhändig eingesät hatte und das seitdem doppelten Ertrag brachte. Auch alttestamentliche Geschichten wurden in die Sakraltopografie aufgenommen: die Spuren der Streitwagen des Pharao im Sand, der Standort des Goldenen Kalbs und die bittere Quelle, die Mose trinkbar machte. Außerdem wurden die überlieferten jüdischen Gedenk-orte wie Hebron weiterhin besucht. Ab dem 7. Jahrhundert aber wurden Palästina, Syrien und Ägypten durch die arabische Invasion unsicher und bis zur Jahrtausendwende kaum noch besucht. Generell kamen die Fern-wallfahrten mit dem Zusammenbruch des mediterranen Verkehrsnetzes am Ende der Antike zum Erliegen.

51

Pilgerfahrten zu Heiligen

Zu den biblischen Orten kommen von Anfang an als Wallfahrtsziel Personen der Kirchengeschichte hinzu. Verehrt werden Märtyrer wie auch heiligmä-ßig lebende Mönche, Asketen und Wundertäter, etwa die ägyptischen Wüs-tenväter. Sie haben während ihres Lebens wie auch danach durch ihre Reli-quien Menschen angezogen. Zum bekanntesten Wallfahrtsziel wurden der Eremit Simeon Stylites und die Säule, auf der er in Nordsyrien lebte. Obwohl Maria große Verehrung genoss, sind marianische Stätten bis weit ins Mit-telalter nicht zu Wallfahrtszielen geworden. Die Wallfahrten konnten durch Fasten, Betteln und Schlafentzug sehr asketische Formen annehmen oder durch Jahrmärkte und gestiftete Festmähler sehr gesellig werden.

Schon bald entwickelten sich auch im Bereich der Westkirche Wallfahrts-ziele, an erster Stelle Rom. Hier wurden im 4. Jahrhundert auch liturgische Kalender erstellt, die Jahrestage, Feste und Kultorte der Heiligen festhielten und so zu einem kirchlichen Jahreskreis formten. Zugleich greift die Kirche reglementierend ein: Sie nutzt die Gelegenheit zur Belehrung, verbietet unter Hinweis auf das römische Recht der Totenruhe den Reliquienhandel und übernimmt die Aufsicht über die Formen der Heiligenverehrung. So werden etwa die vom Heidentum übernommenen Totenmähler in die Spei-sung der Armen umgeformt. Da Wallfahrten aus der Frömmigkeitspraxis, ›von unten‹ entstanden sind, sind sie stark von der Volksfrömmigkeit ge-prägt. Das gilt etwa für die sehr dingliche Vorstellung von Heil: Es ist in den materiellen Relikten der Heiligen gegenwärtig und kann durch die Nähe zu diesen – also durch den Aufenthalt an ihren Grabstätten – aufgenommen werden. Auch die Berührung der Gebeine und das Mitnehmen von Wasser, Öl oder gar Staub, die durch die physische Nähe geheiligt waren, entspringt dieser sehr verdinglichten bis magischen Vorstellung von Heil. So wurden Gegenstände vor und nach der Berührung mit den Reliquien gewogen, um zu sehen, ob sie mit der Kraft des Heiligen durchtränkt waren – was natürlich der Fall war. Dagegen war kirchlicherseits auf den geistlichen Zweck der Wallfahrt zu verweisen. So mahnt bereits um 400 der Kirchenvater Hieronymus:»Nicht ›Jerusalem gesehen zu haben‹ verdient Lob, sondern in Jerusalem ein heiliges Leben geführt zu haben.« Dennoch bleibt die Reliquienfrömmigkeit *der* Motor und *das* Ziel mittelalterlicher Wallfahrt.

Ab dem 8. Jahrhundert erlebte die Wallfahrt im Abendland einen großen Aufschwung, vor allem da es die volkstümlichste Form der Frömmigkeit war. Während die Bibel den meisten Menschen, die zum großen Teil Analphabeten waren, verschlossen blieb, die Messe sehr auf den Priester konzentriert und die mönchische Konsequenz ein zu anspruchsvolles Ideal war, bot die Wallfahrt viele Beteiligungsmöglichkeiten und Gestaltungsspielräume und war durch ihre geselligen Anteile attraktiv. Eine Neuerung machte den Besuch der Reliquien einfacher: Blieben die Gebeine bisher meist unversehrt und durch die kirchlich verordnete Totenruhe am Ursprungsort, so wurden nun Zerteilungen und Überführungen üblich. Jetzt mussten die Pilger nicht mehr zu den Reliquien, da diese zu ihnen kamen. Das erübrigte jedoch nicht die Fernwallfahrten – weil viele Pilger einen bestimmten Heiligen aufsuchen wollten, erlebten sie sogar einen starken Aufschwung. Die Reliquien gewannen an Attraktivität, da sich gegen das (griechische) symbolische Denken das (keltisch-germanische) realistische Denken durchsetzte: Wirklich war nur, was konkret und materiell war. Man fragte sich weniger, was ein Ding symbolisch bedeutet, wie es auf eine Ursprungsidee hinweist, sondern betrachtete es an sich – so wird auch die Frömmigkeit realistischer, man will das Heil in den Reliquien anfassen und in der Prozession die Hostie anschauen.

Entwicklung der mittelalterlichen Wallfahrtszentren

Die Blütezeit erreichte das Wallfahren im 11. und 12. Jahrhundert. Die Kreuzzüge – als Verbindung von Heidenkampf und Pilgerfahrt – wurden besonders für ritterlich-adlige Gruppen populär. Das Heilige Land wurde wieder leichter zugänglich und durch den Vierten Kreuzzug kam mit der

Plünderung Konstantinopels ein großer Reichtum an Reliquien in den Westen. Das Abendland weitete sich durch die spanische Reconquista, die Eroberung Siziliens und die Integration Ungarns und Skandinaviens geografisch aus. Insbesondere nachdem im Jahr 1300 für Rom die »Heiligen Jahre« eingeführt wurden, die einen vollständigen Ablass brachten, steigerte dies die Attraktivität der Wallfahrt nach Rom. Oftmals wurden die großen Wallfahrtszentren durch kleinere Wallfahrtsorte ergänzt. Häufig entstanden sie als ›Transitheiligtümer‹ auf dem Weg zu den großen Zielen, konnten sich dann aber auch zu eigenständigen Zentren entwickeln. Die kleinen Wallfahrtsorte haben ihre Funktion besonders in der Behebung kleinerer und alltagsnaher Probleme, oft wurde dafür auch mit dem lokalen Schutzheiligen eine vertraute Person aufgesucht. Im ausgehenden Mittelalter gibt es eine Vielzahl an Wallfahrtsorten und entsprechend kleinräumigere Wallfahrtsströme. Neu entstanden Devotionszentren, die sich nicht an Heiligen und ihren Reliquien orientierten, sondern an wundertätigen Erscheinungen. Außerdem waren Ablässe und eucharistische Wunder ab dem 13. Jahrhundert wichtige Kriterien für die Wahl des Pilgerzieles. Durch die um 1200 aufblühende Marienverehrung entstanden zahllose der Jungfrau geweihte Heiligtümer.

Um 1500 ist eine religiös-kulturelle Krise des Wallfahrens zu bemerken. Sie betrifft nicht nur die Gebiete der Reformation – und hat ihren Grund weniger in reformatorischer Kritik –, als in einer Dekadenz des Wallfahrens selbst. Darum wurde in der katholischen Kirche durch das Konzil von Trient (1545–1563) die Praxis des Wallfahrtswesens und der Ablässe reformiert. Dadurch konnte das Wallfahren in der Zeit der Gegenreformation eine kirchlich geförderte Blüte erreichen und zum Markenzeichen des Katholizismus gegenüber den reformatorischen Kirchen werden. Manche Marienorte wie Maria-Taferl in Niederösterreich zogen mit jährlich bis zu 400 000 ebenso viele Besucher an wie Rom nur in den Heiligen Jahren. Einschneidende Reglementierungen brachten ab der zweiten Hälfte des 18. Jahrhunderts die aufklärerischen Regierungen des Josephinismus. Ihre an Nützlichkeit orientierte Rationalisierung der Gesellschaft wollte die Wirtschaftskraft steigern und stärkte die ethische Orientierung des Glaubens zulasten der Frömmigkeitspraxis. Insbesondere zeitaufwändige und schwer zu kontrollierende Fernwallfahrten wurden unter dem Verdacht ungezügelten Vagabundierens reglementiert. Konnte die Volksfrömmigkeit sich dem oft erfolgreich widersetzen, so fügten die französische Revolution und Napoleon den Wallfahrtseinrichtungen selbst immensen

Schaden zu: Säkularisierung und Auflösung der Orden vernichteten die Infrastruktur.

Trotzdem wurde das 19. Jahrhundert in quantitativer Hinsicht zum Jahrhundert der Wallfahrten. Die Romantik bewirkte einen Umschwung der öffentlichen Meinung. Die Verkehrsinfrastruktur verbesserte sich insbesondere durch die Eisenbahn enorm. Im Zusammenhang mit den marianischen Dogmen entstanden besonders in Frankreich wichtige Marienorte. Wallfahrten wurden zum konfessionellen Bekenntnis katholischer Kirchlichkeit gegen den aufgeklärt-liberalen Staat. Auch heute zählen quantitativ – die meist unterschätzten – Wallfahrten (anders als die meist überschätzte Anzahl der Einzelpilger) zu den verbreitetsten Reisearten. Die Deutschen Evangelischen Kirchentage können als eine Art evangelische Neuinterpretation des Wallfahrtsgedankens interpretiert werden.

Wohl auf Sankt Jakobs Straßen – Geschichte und Praxis eines Pilgerweges

Die Entstehung eines Pilgerziels und die Entwicklung des Pilgerwesens im Mittelalter und der Neuzeit sollen exemplarisch am Beispiel des Jakobsweges nachvollzogen werden. Typische Momente, die auch auf andere Ziele übertragbar sind, lassen sich an ihm gut aufzeigen. Zudem ist der Jakobsweg darüber hinaus durch seine herausgehobene Stellung als eine der drei *peregrinationes maiores* neben Rom und Jerusalem und durch seine aktuelle Popularität von besonderem Interesse.

Anfänge des Jakobsweges

Am Beginn dieses Pilgerziels stehen – was ist Henne, was Ei? – ein politisches Interesse und Reliquien. Der legendarische Fund der Reliquien des Jakobus um 800 wurde aktiv gefördert durch den Ortsbischof Theodemiro und König Alfons III. Bereits im 10. Jahrhundert gewann Santiago überregionale Bedeutung, die bald zu einer Massenbewegung führte, die über die Pyrenäen bis nach Mitteleuropa schwappte. Bereits im 12. Jahrhundert wurde über »überfüllte Kathedralen und verstopfte Straßen« geklagt. Diese Resonanz kann nicht allein durch Jakobus' Wundertätigkeit begründet werden. Vielmehr ist sie in hohem Maße dem massiven Interesse der nordspanischen Königreiche geschuldet, die den Weg als Gegengewicht gegen die auf der iberischen Halbinsel präsenten Muslime förderten, um

Anschluss an das christliche Europa zu finden. Jakobsweg und Reconquista profitierten gegenseitig voneinander: Die Reconquista schützte den Weg militärisch und viele Ritter, die zum Kampf gegen die Mauren nach Spanien gekommen sind, verstanden dies als Pilgerfahrt und besuchten auch Santiago.

Das Jakobuspilgern hat also insgesamt entscheidend die abendländische kulturelle Identität der nordspanischen Königreiche gestärkt. Die unzähligen Pilger förderten den Kulturimport und die kirchliche Anbindung an Mitteleuropa. Handwerker und Kaufleute wurden ins Land gezogen und siedelten in den Städten am Jakobsweg. Die römische Liturgie und Kirchenordnung wurden eingeführt, die Cluniazenser und mit ihnen die Benediktsregel verbreiteten sich und die übliche karolingische Schrift ersetzte die alte westgotische. Ohne den Jakobsweg wäre diese Europäisierung Spaniens undenkbar gewesen. Die nordspanischen Königreiche förderten das Pilgern durch eine hervorragende Infrastruktur. Sie bauten Brücken und Wege, stifteten Kirchen, Hospitäler, Herbergen und Klöster und erließen Privilegien für Pilger und die zu ihrer Versorgung benötigten Immigranten. Nur so konnte Santiago als sehr abseitig gelegener Ort potenziellen Pilgern schmackhaft gemacht werden, insbesondere denjenigen, denen die Schifffahrt nach Jerusalem zu teuer und Rom zu sehr von der kirchlichen Hierarchie bestimmt war.

Jakobus-Pilgerfahrten im Mittelalter

Wie kann man sich eine Pilgerfahrt im Mittelalter vorstellen? Nicht nur wegen der großen Bandbreite von armen bettelnden bis zu adligen berittenen Pilgern ist dies schwer zu rekonstruieren. Zwar sind einige Reiseberichte erhalten, aber diese lassen von der Praxis oft nur indirekt etwas erkennen. Als Quelle besonders wichtig ist der *Liber Sancti Jacobi* aus dem 12. Jahrhundert, das Jakobsbuch, das große Verbreitung gefunden hat. Aber nur wenige Pilger werden es gelesen, geschweige denn mit auf die Reise genommen haben. Meist war man nur rudimentär informiert und auf Erzählungen anderer angewiesen, kannte im Ausland weder Sprache noch Sitten und war allerlei Risiken ausgeliefert. Oft schlossen sich die Pilger deswegen zu kleinen Gruppen zusammen, manche Orte konnten sich als Sammelpunkte etablieren. Entgegen dem heute üblichen Sprachgebrauch gab es keine speziellen Jakobswege – benutzt wurden die üblichen Handelsstraßen. Auch Landkarten mit einem vermeintlich historischen Netz an Jakobswegen können irritieren. Oft basieren sie auf den im Jakobsbuch geschilderten vier Sammelpunkten in Frankreich: Le Puy, Vezelay, Paris und Arles und den von ihnen ausgehenden vier Routen, die sich bei den Pyrenäen zum Camino Francés vereinen. Dabei scheint es sich jedoch mehr um ein Idealkonstrukt zu handeln, das wichtige Gnadenorte hervorheben will, während die tatsächlich gewählten Routen gestreuter sind.

An einigen Orten wurden bestimmte Riten zur Gewohnheit. Beim Pyrenäenaufstieg nahe dem Kloster Roncesvalles wurden in Erinnerung an Karl den Großen Kreuze aufgestellt. Auf den Rabanal schleppte man einen die Sünden symbolisierenden Stein und legt ihn dort in der Erwartung der Vergebung bei einem Kreuz ab. Aus Triacastela nahm man einen Stein bis Castañola mit, wo er zu Kalk für die Kathedrale in Santiago verarbeitet wurde. Kurz vor dem Zielort in Lavacolla wuschen die Pilger sich »aus Liebe zum Apostel«. In Santiago wurden sie frisch eingekleidet und die alte Kleidung auf dem Dach der Kathedrale verbrannt. Das Botafumeiro – ein riesiges Weihrauchfass in der Kathedrale – ist wahrscheinlich eine Reaktion auf die mangelhaften hygienischen Zustände, die es ratsam machten, die Ausdünstungen der Pilger zu überdecken. Die erste Nacht wurde wachend in der Nähe des Apostelgrabes verbracht. Vom bunten Treiben in der Kathedrale berichtet das erwähnte Jakobsbuch: »Nur mit seinen Landsleuten vollzieht jeder die Nachtwache, manche spielen Leier, Lyra, Pauke, Quer- und Blockflöte, Posaune, Harfe ..., manche singen ..., manche bereuen ihre Sünden, lesen Psalmen oder geben Almosen.«[5]

Besonders in den Heiligen Jahren muss es in Santiago turbulent zugegangen sein, also immer dann, wenn der Jahrestag des Heiligen, der 25. Juli, auf einen Sonntag fällt. Man kann für diese Jahre von einigen Hunderttausend Gläubigen ausgehen (was verglichen mit den über zehn Millionen Besuchern heute wiederum recht wenig ist). In der Volksfrömmigkeit lebte ein Rankenwerk von Mirakeln und verwunderlichen Riten, während kirchlicherseits versucht wurde gegenzusteuern, hin zu einem von falschem Beiwerk gereinigten geistlichen Vollzug.

Die Leistungsfähigkeit der Pilger muss – wohl wegen schlechterer Wege, Verpflegung und Ausrüstung – deutlich geringer gewesen sein als heute. An Pässen wie dem Rabanal oder dem Somport, die heute ohne größere Probleme überstiegen werden, gab es wegen der großen Strapazen das Recht auf drei Übernachtungen in der Klosterherberge – sonst musste sofort am Folgetag weitergezogen werden. Für die 2000 Kilometer ab Deutschland war samt Rückweg mit mehr als einem halben Jahr Reisedauer zu rechnen.

Die Reise barg große Risiken, und mit dem Todesfall unterwegs wurde gerechnet, weshalb vorab gewöhnlich ein Testament gemacht wurde. Eine Reihe von Pilgerfriedhöfen am Weg lassen auf Todesfälle schließen. Auch richtete man für Pilger, die erschöpft abbrechen mussten und Santiago nicht mehr erreichen konnten, schon unterwegs in Leòn und Villafranca del Bierzo *Puertas del perdon*, also Ablass gewährende Gnadenpforten, ein. Vielfach wird von Nachstellungen betrügerischer Wirte, Zöllner und Geldwechsler berichtet. Über Fährleute heißt es im Jakobsbuch:»Oftmals lassen die Fährleute, nachdem die Pilger bezahlt haben, eine große Menge in das Boot einsteigen, damit das Schiff kentert und die Pilger im Wasser ertrinken. Dann freuen sie sich hämisch und bemächtigen sich der Habe der Toten«. Auch wird vor Einheimischen gewarnt, die zum Tränken der Pferde vergiftetes Wasser empfehlen, um sich später des Fleisches und der Haut der verendeten Tiere bemächtigen zu können. So werden die Pilger ihren Weg vielfach als *Peregrinatio* erlebt haben: als notvolles Durchziehen einer fremden unverständlichen und gefährlichen Welt.

Beweggründe der Jakobspilger

Die Ausstattung der Pilger lässt sich gut anhand von Darstellungen aus dem hohen Mittelalter rekonstruieren. Typisch ist der breitkrempige Hut und ein ärmelloser Umhang, die Pelerine (vom französischen *Pelerin*, Pilger). An Hut oder Pelerine hat der Pilger eine Muschel befestigt, die er in Santiago erwirbt und die seine Pilgerfahrt belegt. Übliche Utensilien sind auch Stab und Kalebasse für Wasser – oder Wein, wie es in einem Sprichwort heißt: »con pan y vino se ande el camino« (mit Brot und Wein läuft der Weg). Der Pilgerausweis wurde oft in der Heimatpfarrei ausgestellt und unterwegs abgestempelt – wie ein Geleitbrief wurde er für den Grenzübertritt und zur Aufnahme in den Herbergen benötigt.

Dabei darf man sich die Jakobspilger nicht als homogene Gruppe vorstellen. Sie sind hinsichtlich ihrer Motivation sehr disparat. Zuerst sind unfreiwillige Formen des Pilgerns zu nennen: Nach dem kanonischen Recht kann seit dem 11. Jahrhundert das Pilgern als Buße auferlegt werden. Sie wird meist bei Totschlag verhängt und zielt durch das Gebet für den Getöteten und das Anrufen der Heiligen auf Versöhnung. Seit dem 14. Jahrhundert findet dies in der Sühnewallfahrt des weltlichen Rechts seine Entsprechung. Die Strafwallfahrten sind zugleich Justiz und Sozialhygiene: Teils wurde wegen geringfügiger Delikte zum Pilgern verurteilt, um Aufwendungen für Gefängnisse zu sparen oder Bettler aus der Stadt zu vertreiben. Gelegentlich zwingen akute Sorgen wie die Pest, Schulden oder Exkommunikation, die Heimat zu verlassen. Auch gibt es das stellvertretende oder Delegationspilgern, mit dem verurteilte Strafpilger sich freikaufen oder Reiche ihr Gelübde einlösen konnten. So kommt es sogar zum berufsmäßigen »Mietlingspilgern«.

Die Mehrzahl der Pilger dürfte aber freiwillig unterwegs gewesen sein, häufig ist die Bittwallfahrt. Für manche Orte nimmt man an, dass für 80% der Pilger die Bitte um körperliche Gesundheit die Motivation gewesen ist. Gerade die Berichte von Heilungswundern sind also Werbung neuer Pilger gewesen – oft in Absetzung von den Wallfahrtszielen konkurrierender Heiliger. Ein Mirakelbuch berichtet, wie Martin von Tours zwar zu Lebzeiten Tote auferweckt habe, Jakobus ihn aber an Wirkmacht überbiete, da ihm dies auch als Totem noch gelungen sei. König Alfons X. – ein großer Marienverehrer – dichtete mehrere Lieder, in denen Maria Pilgern beistand, denen Jakobus nicht helfen konnte. Neben die Bitt- trat die Dank- oder Gelübdewallfahrt für bereits empfangene Hilfe.

Wieder eine andere Gruppe der Pilger auf dem Jakobsweg bildeten Ritter, die als Teil ihrer Kreuzfahrt zur Reconquista, die den Jakobsweg sicherte, Santiago besuchten. Für das hohe Mittelalter lassen sich auch literarische Pilgerwanderungen nachweisen. Felix Fabri schrieb um das Jahr 1500 Berichte von Pilgerreisen nach Santiago, Rom und Jerusalem. Die Dominikanerinnen von Ulm hatten ihn darum gebeten. Sie verlangten nach einer geistlichen Pilgerfahrt auf der Basis einer wirklich durchgeführten Reise. Wenngleich oft aus der Not der Nonnen geboren, ihr Kloster nicht verlassen zu dürfen, seien diese sogar vorzuziehen, da sie ohne alle »leiplich ausschweifung« zum himmlischen Jerusalem führen. Die Abschnitte des Textes sind als fiktive Tagesetappen gestaltet und nehmen so anschaulich mit auf den Weg. Dieses hörende Pilgern integriert Elemente des existenziellen Pilgerns, insofern es vom konkreten Vollzug abstrahiert und den Ertrag für die christliche Lebensführung extrahiert.

In der beginnenden Neuzeit kommt die *peregrinatio caballeresco* (ritterliche Pilgerfahrt) auf, deren Motor Fernweh, Reiselust und Neugierde war. Sie ist ein Vorläufer der modernen Bildungsreise. Hier wurde erstmals das Unterwegssein in der Fremde nicht mehr als notvoll erlebt, sondern zum Selbstzweck.

Eine weitere Gruppe bilden die Pilgerkaufleute. Diese nutzten die Förderung des Pilgerns durch Zollfreiheit für ihren wirtschaftlichen Nutzen:

Obwohl Kaufmann, verkleideten sie sich als Pilger, um die Waren zollfrei transportieren zu können.

Krisen des Jakobspilgerns

Die Auflistung der Motivationen und Formen des Pilgerns macht deutlich, dass längst nicht alle *devotionalis causa* – also aus Glaubensgründen – unterwegs waren. Besonders ab der zweiten Hälfte des 15. Jahrhunderts führte dies zu einer Krise des Jakobspilgerns. Diese war zunächst nicht quantitativer – die Pilgerzahlen blieben noch stabil –, sondern qualitativer Natur: Das Pilgern bekam einen schlechten Ruf durch steigende Kriminalität, gelangweilte Berufspilger, sich durchschnorrende Arme und neugierige Adlige. Immer öfter wurde ohne Interesse an der Sache die gute Infrastruktur ausgenutzt und das Pilgern so in Misskredit gebracht. Die reformatorische und humanistische Kritik hat im Verhältnis dazu dem Jakobspilgern nur geringfügig zusetzen können.

Die Krise des Jakobsweges hatte neben der Dekadenz des Pilgerstandes später auch andere, vor allem politische Gründe: Südfrankreich wurde hugenottisch und bot darum den Pilgern keine Unterstützung mehr. Immer häufiger machten Kriege Europa unsicher. Und vermehrt reglementierten die neuzeitlichen Staaten das Pilgern. Zum einen wollte man den massenhaften Verlust an Arbeitskräften unterbinden, zum anderen waren Bürokratie und Inquisition misstrauisch gegenüber den ungeordnet vagabundierenden Menschen, die sich kaum kontrollieren ließen. Darum wurden die Pilger verstärkt überwacht und gegängelt. Die aufkommende Aufklärung sah den Sinn des Glaubens in der Sittlichkeit und im guten Tun, weshalb sie keinen Sinn für Frömmigkeitspraxis hatte und diese als müßiggängerischen Verlust an Arbeitszeit kritisierte.

Dennoch gab es seit der Gegenreformation in der Neuzeit auch für den Jakobsweg einen erneuten Aufschwung – Indiz dafür ist der barocke Neubau der Kathedralenfassade in Santiago, der ohne zahlreiche Spenden nicht denkbar gewesen wäre. Besonders in Deutschland, der Schweiz und Frankreich blieben viele Bruderschaften aktiv. Die politische Lage fügte dem Jakobsweg ab dem 18. Jahrhundert wieder schwere Rückschläge zu: Die Französische Revolution brachte viele Bruderschaften zum Verschwinden und löste die Orden auf. Spanien verstaatlichte 1836 in der sogenannten *Desamortisation* – ähnlich der Säkularisierung in Deutschland – einen großen Teil des Kirchenvermögens. Die Klöster verloren so die wirtschaftliche

Grundlage für die Pilgerversorgung, wodurch die Infrastruktur für die Pilger enorm geschwächt wurde. Zwar blieben die Zahlen der iberischen Pilger recht hoch, aber die ausländischen Pilger fehlten in der Folge fast vollständig – der Jakobsweg verlor seinen Charakter als europäischer Weg.

Die politische Funktion des Jakobsweges

Über die Jahrhunderte hatte die Gestalt des Jakobus eine doppelte Funktion, die sich auch in den bildlichen Darstellungen zeigt: Jakobus wird als Pilger mit Pellerine, Stock und Muschel dargestellt, aber auch hoch zu Ross mit Schwert als *Matamoros*, als Maurentöter. Diese Abgrenzung gegen alles Heidnische blieb über die Jahrhunderte bestimmend für das spanische Selbstverständnis. Daran knüpfte Franco an, der Jakobus 1937 erneut zum Nationalheiligen Spaniens erklärte. Diese Rolle hatte Jakobus bereits bis ins 19. Jahrhundert gehabt, ehe sie ihm von der liberal-antikirchlichen Regierung aberkannt wurde. Franco stellte damit seinen antirepublikanischen Bürgerkrieg in die Geschichte der christlichen Selbstbehauptung Spaniens. Auch in der nach-francistischen Demokratie ist an dem Patronat und der jährlichen *offrenda* – der staatlichen Opfergabe – an Jakobus festgehalten worden.

Suche nach Seelenheil

Reliquienfrömmigkeit im Mittelalter

Der mittelalterliche Mensch lebte voller Wundererwartung und Angst um sein Seelenheil. Beides ist für heutige Menschen oft nur schwer nachvollziehbar und sorgt für irritierte Distanzierung und Kritik an der damaligen Frömmigkeit. Um Pilgern bzw. Wallfahrten zu verstehen, ist es jedoch wichtig, sich in die Frömmigkeit der Menschen hineinzuversetzen, die das abendländische Wallfahrtswesen in seiner Blütezeit geprägt haben – schließlich haben sie den Grund gelegt, der auch die heutige Praxis noch durchdringt. Auch wird der heutige Pilger mit den mittelalterlichen Kirchenbauten und Bildern, Altären und Berichten nur dann etwas anzufangen wissen, wenn er die historischen Hintergründe kennt. Überdies sind Reliquien und Ablass als zentrale Motive mittelalterlicher Wallfahrt nicht nur von historischem Interesse. Teils gelten sie heute noch: Der Ablass der Heiligen Jahre zieht auch heute deutlich mehr Besucher nach Rom oder

Santiago. Auch deuten sich weitere mittelbare Parallelen zum mittelalterlichen Kult an: Wenn von mythischen oder Kraftorten gesprochen wird oder der Energie des Jakobsweges, dann begegnet auch heute die Idee besonderer religiöser Aufladung von Materie. Ist das körperliche Sich-etwas-Abverlangen ganz vom Sühnedenken frei? Warum wird Orientierung und Sinn gerade auf religiös geprägten Wegen und an Wallfahrtsstätten gesucht? Aber nicht alles, was sich religiös gibt, kann sich auf die Geschichte christlichen Pilgerns berufen. Der Besuch heiliger Orte ist dem Christentum nicht in die Wiege gelegt. Gott will das reine Herz, die Anbetung im Geist und in der Wahrheit, die Nachfolge im handelnden Gehorsam, also den geheiligten Menschen, nicht den heiligen Ort. Als sich dann doch ein Bewusstsein hervorgehobener Orte entwickelte, beruhte dies nicht auf Vorstellungen einer naturgegebenen oder kosmischen Heiligkeit, sondern auf dem Segen heiliger Personen. Darum sprachen die Christen auch nicht vom *sacrum* – dem von sich aus Heiligen –, sondern bevorzugten das Wort *sanctum*, das Heilig-gemachte. Heilig ist ein Ort nicht von sich aus, sondern durch Christi Heilstat oder die Verdienste der Heiligen. Aller numinosen natur- oder kosmoshaften Heiligkeit stellt sich das Christentum entgegen: »locus non sanctificat hominem, sed homo locum« – der Ort heiligt nicht den Menschen, sondern der Mensch den Ort. Nur deswegen werden die Stätten von Jesu Heilshandeln aufgesucht (und entwickelten die Franziskaner dafür den Brauch des Kreuzwegs) und später die Wirkungsstätten der Heiligen.

Zu Orten ihrer bleibenden Wirksamkeit wurden die Reliquien. Bestand an den sterblichen Überresten der ersten Märtyrer wie Petrus, Paulus oder Stephanus noch kein Interesse, begann man Mitte des 2. Jahrhunderts mit der Aufbewahrung des Leichnams der Märtyrer. 386 wurde mit dem Grab des Bischofs und Märtyrers Polycarp erstmals im Westen ein Märtyrergrab geöffnet, um seine Gebeine auf den Altar einer Kirche zu übertragen. Grundlegend war dabei die Vorstellung, dass der irdische Leib bleibend in Verbindung steht mit der Seele im Himmel und die himmlische Kraft der Seele auf den Leib ausstrahlt. Die schon mit Gott regierende Seele überträgt den Überfluss ihrer Heiligkeit auf alles zu ihr Gehörende. Auch wenn die fromme Verehrung sich scheinbar auf etwas sehr Dingliches wie Knochen bezieht, ist sie letztlich auf eine Person und die von ihr ausgehende Kraft ausgerichtet. Sie geht nicht davon aus, dass bestimmt Orte oder Dinge von Natur aus eine besondere Heiligkeit besitzen. Dies wäre ein dem Christentum fremder Gedanke. Vielmehr geht es um die Teilhabe an dem heiligen

Leben und der davon ausgehenden Kraft. Das Aufsuchen der Heiligengräber versprach Heilung, Hilfe und Bußerlass. Seit dem 10. Jahrhundert entwickelte sich eine volksfromme Bewegung mit Heiligenfesten und Reliquienprozessionen, Mirakelbüchern und Kirchenneubauten, die im spätmittelalterlichen Wallfahrtsfieber gipfelte.

Bußtheologie und Ablass

Im Spätmittelalter wurde der Ablass zur dominanten Pilgermotivation. Seine Geschichte ist untrennbar verbunden mit der Sünden- und Erlösungstheologie, deren Wurzel im Bußverständnis des Neuen Testaments liegt. Dem Hebräerbrief zufolge ist nach der in der Taufe zugesprochenen Sündenvergebung eine zweite Umkehr nicht mehr möglich:

>»Denn es ist unmöglich, die, die einmal erleuchtet worden sind ... und dann doch abgefallen sind, wieder zu erneuern zur Buße, da sie für sich selbst den Sohn Gottes abermals kreuzigen und zum Spott machen.«
(Hebr 6,4–6)

Einen Ausweg fand die Kirche in der Buße: Für die nach der Taufe begangenen Sünden hatte der Sünder in persönlicher Buße aufzukommen, zuerst im Martyrium, dann auch in Gebet, Fasten und Almosengeben als Lösegeld für die Sünden. In der frühen Kirche war nur eine einmalige Buße möglich, die ein langwieriger und öffentlicher Prozess war. Deswegen wurden Taufe und Beichte oft auf das Sterbebett verschoben und wurden somit für die Lebenspraxis wirkungslos.

Im Mittelalter kamen mit der angelsächsischen Mission Bußbücher auf, die eine mehrmalige Beichte zuließen. Sie halfen, die eigenen Sünden aufzudecken und zu bearbeiten. Diese Beichtpraxis war getragen von einem kosmischen Weltbild, nach dem jede Sünde ein Ungleichgewicht in die Schöpfungsordnung trägt. Die Sündenschuld kann durch Beichte und Absolution zwar vergeben werden – das Ungleichgewicht in der gestörten Schöpfungsordnung wirkt aber solange fort, bis es durch eine Bußleistung, ein gutes Werk ausgeglichen wird. Darum wurden den Büßern Sündenstrafen auferlegt, die das kosmische Gleichgewicht wiederherstellen sollten.

Durch festgelegte Bußtarife erlaubten es die Bußbücher, die sogenannten Poenitentialien, Bußleistungen objektiv vergleichbar zu machen. Die Strafen wurden in Fastenzeiten bemessen, konnten aber auch durch Almosen,

Beten, Wallfahren oder Messstiftungen beglichen werden. Strafen konnten durch Buß-Äquivalente so angepasst werden, dass es jedem möglich war, seine Bußleistungen zu erbringen. Doch bestand immer die Gefahr, dass die Leistungen auf (bezahlte) Stellvertreter übertragen werden.

Betrachtet man die Leistungen des mittelalterlichen Bußwesens aus einer praktisch-ethischen Sicht, so kann man sagen, dass das Bußsakrament über die Jahrhunderte einen nicht zu überschätzenden Beitrag zur sittlichen Entwicklung der Gesellschaft geleistet hat, indem es zur Selbstkontrolle anleitete. Die Buße hatte immer auch einen heilend-therapeutischen Zweck zu erfüllen, indem durch Ermahnung und Reue die Gesinnung erneuert wird. Aristoteles' Einschätzung »Strafen sind Heilmittel« aufgreifend stellt Thomas von Aquin fest: »Genugtuung … ist ein Heilmittel, welches die in der Vergangenheit begangenen Sünden heilt und vor zukünftigen bewahrt.«

Doch erst im vorgerückten Mittelalter wurde die Gesinnungsänderung zum zentralen Thema der Buße. Die Unterscheidung von Handlung und Intention führt dazu, den entscheidenden Schritt bereits im Wollen zu sehen: Nicht erst der vollzogene Ehebruch, sondern bereits der lüsterne Gedanke, die Intention zählt. Darum ist nicht erst der Verstoß an sich, sondern die zugrundeliegende Gesinnung zu ahnden. Dies bewirkt eine Verinnerlichung, in der das Gewissen erforscht und bearbeitet wird. Während die Bußleistungen auch durch Stellvertreter erledigt werden kann, ist die Gesinnungsänderung nicht übertragbar.

Thesaurus ecclesiae

Bei der Genugtuung ist der Mensch nicht allein auf sich gestellt. Die »Sündenschuld« vergibt Gott im Zuspruch des Absolutionswortes. Nur an der Tilgung der »Sündenstrafe« in der Buße muss der Mensch mitwirken. Sündenschuld meint die Verletzung des Verhältnisses zu Gott, die das ewige Heil betrifft. Mit den (zeitlichen) Sündenstrafen sind die durch die Schuld bedingten geschichtlichen Folgen gemeint. Sie sind Strafen, weil sie Folgen der Sünde und ein Gericht für sie in einem sind. Sündenschuld und Sündenstrafe wurden in der katholischen Theologie immer streng unterschieden, in der Volksfrömmigkeit aber immer wieder verwischt. So konnte die Absolution fälschlich zugleich als Freisprechen von den Sündenstrafen verstanden werden, was die Wiedergutmachung und Gesinnungsänderung erübrigt. Um die gute Schöpfung zu erhalten, muss aber der äußerliche Schaden ausgeglichen und auch die böse Haltung des Sünders durch Buße geheilt werden. Dabei wird der Sünder zwar unterstützt durch das in Jesu Kreuzestod erworbene Heil und die Kirche, aber im Letzten ist er unvertretbar. Wenn die Kirche Bußstrafen auferlegt, bestraft sie nicht eigentlich, sondern macht nur die bereits mit der Tat erwirkte Strafe sichtbar. So bahnt sie einen Weg zur Behebung des äußeren Schadens und zur inneren Umkehr.

Die Unterstützung bei der Loslösung von den kirchlich auferlegten zeitlichen Sündenstrafen geschieht aus dem *thesaurus ecclesiae*, dem »Schatz der Verdienste« der Kirche, über den der Papst verfügt. Der Kirchenschatz ist gefüllt mit dem durch Jesus und die Heiligen erworbenen Heil. Wie aus einem großen Solidarfonds werden die Schwachen durch Ablässe gefördert, auch hinsichtlich der im Fegefeuer abzubüßenden Strafen. Wurden anfangs nur konkret umgrenzte Ablässe gewährt, verbreiteten sich seit dem auf Drängen von Franziskus eingeführten Portiunkula-Ablass für Assisi die vollkommenen, sogenannten Plenar-Ablässe. Sie reagierten auf den Wunsch der Sünder, der vollständigen Vergebung gewiss zu sein. Problematisch sind sie darin, dass sie den Eindruck erwecken können, dass Gott von allen weiteren Forderungen absieht und die Unterscheidung von vergebener Sündenschuld und noch abzutragender Sündenstrafe verwischt wird.

Angst um das Seelenheil und der Wunsch nach Buße sind die zentrale Motivation zum Pilgern. Die Durchführung symbolisiert diesen Weg der Erlösung: Im Sündenbekenntnis vor dem Aufbruch, den Mühen unterwegs und der Verehrung am Grab gewinnt der Pilger Anteil an der durch den verehrten Heiligen bewirkten Gnade. Dennoch wurde auch vor einer Überbewertung der Pilgerfahrt als Bußleistung gewarnt, wenn sie ohne Wiedergutmachung bleibt, so 1189 der Engländer Radulfus Niger:

> »Die Mühe einer Pilgerfahrt kann zur Buße und Genugtuung dienen; aber ich meine doch nicht, dass ein Zahn zur Herstellung einer ganzen Säge genügt. ... denn eine Pilgerfahrt ersetzt nicht alle anderen Akte der Buße. ... Ein Räuber oder Dieb zum Beispiel, der das Geraubte oder Gestohlene behält und nicht zurückgibt, wird durch das apostolische Wort aufgrund seiner Pilgerfahrt solange nicht frei von Schuld, wie er das unrechte Gut nicht zurückgibt.«[6]

Selbst evangelischerseits kann heute der Erfindung des Ablasses eine Spur des Evangeliums zugestanden werden, da er von der exorbitanten Last der Sündenstrafen wirksam befreit, die durch die rigorosen Bußbestimmungen entstanden ist. Nicht päpstliche Geldgier stand am Anfang dieser Entwicklung. Vielmehr scheinen alle frühen Bußbücher nie von einer kirchlichen Autorität verordnet, sondern der volksreligiösen Suche nach Heilsgewissheit entflossen zu sein. Die Ablässe waren besonders im hohen Mittelalter jederzeit gegenwärtig, fanden lebhaften Zuspruch und wurden als befreiende Wohltat erlebt, auch wenn das unersättliche Verlangen nach gnadenhaften Amnestien der Sünden, den Indulgenzien, aus heutiger Perspektive irritiert. Dabei darf aber nicht der Ursprung des Ablasses aus der Auflockerung altkirchlicher Bußpraxis vergessen werden, die den Versöhnungsgedanken des Evangeliums pastoraltheologisch umsetzen möchte.

Die Gnade vor Augen: Der Portico de la Gloria

Die Sehnsucht nach Erlösung prägt auch die kirchliche Kunst entlang der Pilgerwege. Am Hauptportal der wichtigsten Pilgerkathedrale, dem *Portico de la Gloria* in Santiago, kann dies exemplarisch gezeigt werden. Er wurde Ende des 12. Jahrhunderts errichtet. Während in den Kirchen unterwegs am Westportal oft die furchterregende Darstellung des Weltgerichts bestimmend ist, findet sich hier im Zentrum der thronende Christus. In einer der frühesten Darstellungen überhaupt zeigt er seine Wundmale. Segnend schaut er dem eintretenden Pilger entgegen, um ihn herum die Leidenswerkzeuge der Passion, mit denen er für den Menschen das Heil erworben hat. Die Bestien und Monster der Sockelzone, die die Welt von Sünde und Hölle kennzeichnen, überbietet der darüber thronende Christus. Die sonst zentrale Weltgerichtsdarstellung rückt an das Seitenportal und wird bezeichnenderweise in der ›Offenbarung der Erlösermacht Christi gegenüber der Vorwelt‹ auf der gegenüberliegenden Seite aufgewogen. Deutlich wird hier ein erlösungstheologisches Programm abgebildet. Ist der sündhafte Mensch unfähig, sein Heil durch eigene Anstrengung zu erwerben, macht die Drohung mit der Höllenqual keinen Sinn mehr. Vielmehr muss auf die Versöhnung durch die Wundmale des leidenden Christus gebaut werden. Durch die Nachfolge im Leiden der Pilgerfahrt wird der Pilger an der Liebe Christi teilhaftig. Am Ziel wird er willkommen geheißen durch die »Heerscharen der Erretteten«, mit denen er sich identifizieren kann.

Auffällig ist, dass Jakobus – obwohl Patron der Kathedrale von Santiago – im Portal Christus eindeutig untergeordnet ist. Zur Entstehungszeit des *Portico de la Gloria* ist die Erlösung noch ganz auf Christus konzentriert. Erst 100 Jahre später verbreitet sich die Lehre des durch die Heiligen gefüllten

Gnadenschatzes der Kirche. Santiago kann auch deshalb seine Beliebtheit wahren, weil es diese theologische Entwicklung mitvollzieht und sich das Recht auf Gewährung eines vollständigen Ablasses aus dem Gnadenschatz der Kirche verbriefen lässt. Die Heiligen Jahre werden sogar viel häufiger als in Rom, nämlich jedes siebte Jahr gewährt und lassen die Pilgerzahlen regelmäßig in die Höhe schnellen. Schätzungsweise 14-mal so viele Pilger wie sonst reisten dann nach Santiago. Gegenwärtig treffen zu den Heiligen Jahren sogar über zehn Millionen Menschen ein. An der Heiligen Pforte informiert sie eine Tafel – zuerst in lateinischer Sprache – über die »Gratia spiritualis Iubilaei Compostellani«, ein jeden Tag möglicher vollkommener und auch auf die Toten anwendbarer Ablass, der unter folgenden Bedingungen gewährt wird: Besuch der Kathedrale und Teilnahme an Liturgie bzw. Gebet/Meditation sowie Verrichtung des Credos, des Vaterunsers und eines Gebetes nach der Intention des Papstes. Dazu müssen die Sakramente der Buße und der Eucharistie empfangen werden. In der übrigen Zeit wird nur ein Partialablass gewährt, der sich nicht auf Todsünden erstreckt. Die Art der Anreise – ob aus eigener Kraft oder motorisiert – ist unerheblich.

»laß raisen, wer da wil, bleib du dahaim« – Luthers Wallfahrtskritik

Seit es Wallfahrten gibt, werden sie auch kritisiert. In der Alten Kirche finden wir drei Hauptargumente dagegen:[7] 1. Gott ist in der Gemeinde anwesend: »Viel vermag die Gemeinschaft der Kirche, ... es ist nicht notwendig, dass man übers Meer fährt, dass man eine lange Wallfahrt macht, in der Kirche und zu Hause lasst uns eifrig zu Gott beten, und er wird die Bitten erhören.« (Chrysostomos); 2. Gott lebt im gläubigen Herzen: »Der dich erhört, ist nicht außer dir. Gehe nicht in weite Fernen, steige nicht in die Höhe, als ob du ihn so gleichsam mit Händen greifen könntest.« (Augustinus); 3. Gott ist nur im Glauben, nicht in der Sichtbarkeit zu erkennen: »Es ist nicht recht, dass du meinst, deinem Glauben fehle etwas, weil du Jerusalem nicht gesehen hast.« (Hieronymus – obwohl er selbst die Heiligen Stätten Palästinas aufgesucht hatte.) Jedoch blieben Volksfrömmigkeit und die Interessen der Wallfahrtsorte über die Jahrhunderte stärker.

Erst mit Luther und der Reformation hatte die Kritik durchschlagenden Erfolg. Sie hat das Pilgern in den reformatorischen Gebieten für die folgenden Jahrhunderte fast vollständig zum Erliegen gebracht. Wie wichtig das

Thema Wallfahrt für Luther gewesen ist, erkennen wir daran, dass sich über 250 Stellen nachweisen lassen, in denen er gegen die Pilgerfahrten vor allem nach Rom und Santiago angeht. Er selbst hat sich 1510 – als er noch ungebrochen in der katholischen Frömmigkeit lebte – auf eine Fußwallfahrt nach Rom begeben. Diese Erfahrung fließt später in seine Wallfahrtskritik ein:

>»Zum zwölften, dass man die Wallfahrten gen Rom abtäte. ... Das sage ich nicht darum, dass Wallfahren böse sei, sondern dass sie zu dieser Zeit übel geraten, denn sie zu Rom kein gutes Exempel, sondern eitel Ärgernis sehen, und wie sie selbst ein Sprichwort gemacht haben: ›Je näher Rom, je ärgere Christen‹, bringen sie mit sich Verachtung Gottes und von Gottes Geboten.«

Geht es hier nur um das schlechte Vorbild in Sitte und Lebenswandel, das die Römer geben, so hat Luther später das Wallfahren radikaler kritisiert. Grundsätzlicherer Natur ist die Ablehnung des Pilgerns wegen der damit verbundenen Heiligenverehrung, die auf die Fürbitte der Heiligen abzielt. Nach Luther aber ist jeder Christ unmittelbar und unvertretbar vor Gott: »Denn es ist *ein* Gott, und *ein* Mittler zwischen Gott und den Menschen, nämlich der Mensch Christus Jesus« (1 Tim 2,5). Da die Heiligen keine besonderen Vollmachten haben, sind ihre Reliquien unwirksam. Bezüglich der Reliquien von Jakobus in Santiago kommt hinzu, dass die Bibel nichts vom Wirken des Apostels in Spanien berichtet. Darum ist es mehr als ungewiss, ob seine Gebeine dort tatsächlich liegen. Selbst wenn dies so wäre, ignoriert man sie am besten:

>»Wie er (Jakobus' Leichnam) in Hispaniam kommen ist gen Compostel da die groß walfahrt hin ist, da haben wir nu nichts gewiß von dem. ...
>Darumb laß man sy ligen und lauff nit dahin, dann man waißt nit ob sant Jakob oder ain todter hund oder ein todts roß da liegt, ... laß raisen wer da wil, bleib du dahaim.«

Auch Luthers Ablehnung des Ablasswesens greift die Frömmigkeitspraxis seiner Zeit in ihrem Kern an. Der Vorwurf der Werkgerechtigkeit, das heißt die vereinfachte volkstümliche Vorstellung, durch Ablässe die Gnade Gottes zu erwerben und so am eigenen Heil mitwirken zu können, widerspricht diametral dem »Allein aus Gnade« der Reformation. Für Luther stand fest: Was nicht der geistlichen Umkehr dient, ist »kindisch unnötig Werk«,

»verrückt und unnütz«. Es kann sogar das Heil gefährden, da es verunsichert und irritiert. Wallfahrt zwecks Heilserwerbs leugnet Gottes Erlösungsvollmacht und deswegen sind entsprechende Gelübde hinfällig. Darum empfahl Luther in seiner Jakobus-Predigt:

»Hat aber jemand ein Gelübde getan, zu Sankt Jakob zu reisen oder an andere Orte, der lass es hinfahren. Es ist ein Gelübde wider deine Seligkeit, denn Gott hat keinen Gefallen an den Narrenwerken noch an solchen Gelübden. Doch sollst du solch ein närrisch und ungöttlich Gelübde bereuen und Gott um Gnade bitten, dass er dir solche Unwissenheit und Unglauben wolle verzeihen.«[8]

Des Weiteren spricht die Alltagsorientierung lutherischer Spiritualität gegen das Wallfahren – der Christ soll sich in Beruf, Familie und Gesellschaft bewähren und nicht aus dem Alltag fliehen.

»Nun ist das ja gewiß, daß solch Wallfahrten uns nicht gepoten, auch nicht vonnoten, weil wir's wohl besser haben mugen und ohn all Sunde und Fahr lassen mugen. Warum läßt man denn daheimen eigen Pfarr, Gottes Wort, Weib und Kind etc., die notig und geboten sind, und läuft den unnotigen, ungewissen, schädlichen Teufelsirrwischen nach, ohne daß der Teufel den Papst geritten hat, solchs zu preisen und bestätigen, damit die Leute ja häufig von Christo auf ihr eigen Werk fielen und abgottisch wurden, welchs das Ärgeste dran ist?«[9]

Nicht nur die Werkgerechtigkeit und die Vernachlässigung bürgerlicher Pflichten – auch der fehlende Bezug zur heimischen Kirchengemeinde und zu Gottes Wort wird kritisiert. Luther möchte den Glauben lieber in den bewährten Bahnen des Gewöhnlichen sehen, als dass er das Spektakuläre sucht:

»Niemand will die richtige gemeine Straße göttlicher Gebote wandeln; jedermann macht sich selbst neue Wege und Gelübde, als hätte er Gottes Gebote alle vollbracht.«[10]

Der Christ hat mit dem Erfüllen des Normalen vollauf zu tun – er soll sich nicht einbilden, er könne oder solle sich darüber hinaus besonders hervortun. Luther hat sich auch sonst gegen geistliches Schwärmertum gewandt und die Existenz eines besonderen geistlichen Standes abgelehnt, der über das Maß des Christlichen hinaus einen besonderen Grad an Heiligkeit lebt.

»Aber die Papisten schreien darwidder und sprechen: Ej wiltu die kirchen finden, so lauffe zu S. Jacob, gehe gen Ach, gehn Trier, do unsers herrn Christi rock sein sol, gehn Jherusalem zum Heiligen grab, gehn Rohm zu S. Peter und Paul, gehn Loreth zu S. Maria oder zur Maria gen Regensburg oder zur Eichen, wie den der Walfart keine gewiße Zahl gewesen ist, alles darumb, das man vergebung der sunden erlange, die der Babst in diese orth gesteckt hat. Antwortte du aber also drauff: Hore, du wirst keinen bessern schatz finden doselbst, dan du albereit daheim in deiner pfarkirchen hast. Iha es ist dort bej den walfartten alles verfelschet, und ist des Teuffels religion, da ist keine Taufe, kein abendmal, vergebung der sunde noch Euangelium, das von diesen Stucken lehrete.«[11]

Entscheidend für den Glauben sind die lutherischen Sakramente Taufe, Abendmahl und Beichte – die Luther auch (und sogar besser) in der Heimatgemeinde geboten sieht. Sicher spielt auch seine Angst vor einer Rekatholisierung der Evangelischen eine Rolle, da sie unterwegs von katholischen Geistlichen betreut werden. Auch gebietet die Bibel das Wallfahren nicht. Zudem scheint ein deutlicher Vorbehalt gegen das Umherziehen durch. Als Augustinermönch ist Luther durch die Regel der *stabilitas loci* geprägt, die die Beständigkeit an einem Ort vorschreibt.

Seine Kritik am Wallfahren spiegelt sehr deutlich die Grundlinien lutherischer Spiritualität wider. Sie ist geprägt durch eine Konzentrationsbewegung[12] auf das vierfache *solus*: solus Christus (allein Christus und nicht auch noch die Heiligen), sola scriptura (allein die Bibel und nicht Tradition und Legenden), sola gratia (Heil allein aus Gnade und nicht durch eigene Werke) und sola fide (der subjektiv angeeignete Glaube und nicht bloß der äußerliche Vollzug). Daran knüpfen die vier grundlegenden Kritikpunkte an: Wer die Fürbitte der Heiligen sucht, gibt seine Unmittelbarkeit zu Gott auf und schwächt die Konzentration allein auf Christus (vgl. solus Christus). Reliquien- und Heiligenkult basiert nur auf Legenden und Tradition (vgl. sola scriptura). Als verdienstliches Werk widerspricht die Wallfahrt dem alleinigen Vertrauen auf Gottes Gnade (vgl. sola gratia). Wallfahrt kann ein bloß äußerlicher Vollzug ohne innere Beteiligung sein (vgl. sola fide). Zur lutherischen Frömmigkeit gehört auch die Nivellierung der Grenze zwischen Sakralem und Profanem, die Familie, Beruf und Gesellschaft als

Felder christlicher Lebensführung neu wertschätzt. Daran knüpfen die eher konkreten Kritikpunkte an: Wallfahrt hält von der Erfüllung der bürgerlichen Pflichten ab. Stattdessen bringt sie in Kontakt mit schlechtem Lebenswandel, der zur Untugend führt. Sie ist Sensationssucht und Suche nach dem Besonderen, statt sich mit dem Gewöhnlichen zu begnügen. Das Entscheidende für den Glauben – Wort und Sakrament – ist genauso in der Heimatgemeinde zu finden.

Auch die anderen Reformatoren haben ähnlich über die Wallfahrt geurteilt. Sie gebe Anlass zu unsittlichem Lebenswandel in Trunksucht, Hurerei und Müßiggang und vernachlässige die neuzeitlichen Werte: Stabilität, Arbeit, Geld, Familie und Moral. Calvin bezeichnet sie als Erzeugnis einer »offensichtlichen Gottlosigkeit«. Auch wird das Beispiel des Alten Testamentes

herangezogen: Um Saras und Rebekkas Unfruchtbarkeit zu beenden, riefen ihre Männer allein Gott an und hüteten sich, sie »auf Reisen oder auf eine Wallfahrt, dahin und dorthin, zu unbekannten Göttern« zu schicken. Deutlich wird der Argwohn gegen die Begegnung mit fremden Konfessionen und Gebräuchen, die die eigene Identität relativieren könnte. Polemisch äußert sich Erasmus – obwohl er selbst zweimal eine Wallfahrt machte. In einem Dialog heißt es ironisch gegen den Betrug und die Geldschneiderei an den Pilgern: »Ich bitte dich, was hat Jakobus geantwortet, als du dich bei ihm (für die Geburt deines Sohnes) bedankt hast?« Worauf der Pilger Ogygius (»der Verstaubte«) antwortet: »Nichts; aber wie ich ihm meine Gabe darbrachte, schien er zu lächeln und ein wenig mit dem Kopf zu nicken. Zugleich streckte er mir diese hohle Muschel hin.«[13]

Pietistische Verinnerlichung des Pilgerns

In völlig veränderter Form konnte das Pilgern später im Protestantismus doch noch Karriere machen, indem es an wichtige Anliegen des Pietismus anknüpft: Es wird verinnerlicht und zur eschatologischen Grundhaltung. Man reist nicht mehr zu einem konkreten Ziel, sondern gestaltet sein ganzes Leben als Weg zu Gottes Reich. So wird das Diesseits zur Durchgangsstation relativiert. Johann Sebastian Bach lässt in seiner Kreuzstabkantate singen »Mein Wandel auf der Welt ist einer Schifffahrt gleich«, beschreibt dann die vielfältigen Wellen, die an sein Schiff schlagen, um zu enden: »Und wenn das wütenvolle Schäumen sein Ende hat, so tret ich aus dem Schiff in meine Stadt, die ist das Himmelreich«. F. A. Lampe dichtete 1719:

»Mein Leben ist ein Pilgrimstand, / ich reise nach dem Vaterland, …
Israels Hüter, Jesu Christ, / der du ein Pilgrim worden bist,
Bin ich in diesem fremden Land / der blinden Welt schon unbekannt.
Mein Heiland, komm, o bleib nicht lang, / hier in der Wüste wird mir
bang.«[14]

Auch im aktuellen Evangelischen Gesangbuch bleibt das Motiv der lebenslangen Pilgerfahrt erhalten, etwa in EG 529 »Ich bin ein Gast auf Erden«,
das Paul Gerhard 1666 dichtete. Besonders in Liedern von Gerhard Tersteegen (1697–1769) begegnet uns dieser Topos. Sein Abendlied »Nun sich der
Tag geendet« (EG 481) spricht vom täglichen Unterwegssein zur Ewigkeit:

»Ein Tag, der sagt dem andern, / mein Leben sei ein Wandern / zur Großen Ewigkeit. / O Ewigkeit, so schöne, / mein Herz an dich gewöhne, /
mein Heim ist nicht in dieser Zeit.«

Den Geist des Pietismus atmet noch deutlicher das – ebenfalls von Tersteegen gedichtete – Lied EG 393, das zur Weltentsagung ruft:

»Kommt, Kinder, lasst uns gehen, der Abend kommt herbei;
es ist gefährlich stehen in dieser Wüstenei.
Kommt, stärket euren Mut, zur Ewigkeit zu wandern
von einer Kraft zur andern; es ist das Ende gut.

Es soll uns nicht gereuen der schmale Pilgerpfad;
wir kennen ja den Treuen, der uns gerufen hat.
Kommt, folgt und trauet dem; ein jeder sein Gesichte
mit ganzer Wendung richte fest nach Jerusalem.

Geht's der Natur entgegen, so geht's gerad und fein;
die Fleisch und Sinnen pflegen, noch schlechte Pilger sein.
Verlasst die Kreatur und was euch sonst will binden;
lasst gar euch selbst dahinten, es geht durchs Sterben nur.

Man muss wie Pilger wandeln, frei, bloß und wahrlich leer;
viel sammeln, halten, handeln macht unsern Gang nur schwer.
Wer will, der trag sich tot; wir reisen abgeschieden,
mit wenigem zufrieden; wir brauchen's nur zur Not.«

Im Pietismus kamen zaghaft auch äußerlich vollzogene Reisen wieder auf: Man suchte die Wirkungsstätten großer Pietisten wie August Hermann Francke in Halle auf und auch lebende Personen. Diejenigen, die bei den Blumhardts in Württemberg Heilung von ihren seelischen und körperlichen Gebrechen erhofften, suchten aber keinen heiligen Ort, sondern Stärkung und Klärung im Glauben. Auch möchte man vom gelebten Glauben der Vorbilder lernen. An die Stelle dinglich-magischer Vorstellungen sind eher pädagogische getreten.

Auch in der pietistischen Erbauungsliteratur findet sich der Topos des irdischen Lebens als Pilgerfahrt zum Gottesreich. Hier ist vor allem auf John Bunyans »The Pilgrim's Progress« von 1678 hinzuweisen. In über 200 Sprachen übersetzt gehört es zu den weltweit am meisten verbreiteten Büchern.

Bunyan schildert in seinem Buch – angeregt durch seinen eigenen sehr hindernisreichen Lebenslauf mit Phasen der Niedergeschlagenheit – das Leben als Weg zum Heil: Der Protagonist »Christian« bekommt durch »Evangelist« den Hinweis, dass diese Welt durch vom Himmel fallendes Feuer zerstört wird. Nur Flucht kann Rettung bieten. Die Nachbarn »Nachgiebig« und »Eigensinnig« wollen ihn aufhalten, im Sumpf der Verzagtheit wird ihm seine Sündhaftigkeit bewusst. Er gelangt in einen verstaubten Raum – sein von der Erbsünde verunreinigtes Herz. »Förmlichkeit« und »Heuchelei« wollen ihn vom Weg abbringen, aber die christlichen Tugenden rüsten ihn mit den geistlichen Waffen. Das Tal des Todesschattens stellt ihm Prüfungen und längs des Weges liegen die Knochen der Pilger, die den gefahrvollen Weg nicht schafften. Die Bürger der Stadt »Nichtigkeit« mit ihrem Jahrmarkt der Eitelkeiten verspotten ihn. Der Riese »Verzweiflung« mit seiner Frau »Mangel an Selbstvertrauen« nehmen ihn gefangen, aber »Gottvertrauen« hilft ihm aus dieser Glaubenskrise. Er übersteht die Anfechtungen von »Atheist« und entkommt den Fangnetzen von »Schmeichler«, bis ihn nach Durchquerung des Todesflusses endlich Engel in die himmlische Stadt geleiten.

Bunyan zeichnet die Gefahren des Glaubensweges erfahrungsnah nach. Es geht um die bohrende Frage der Heilsgewissheit. Da das Heil nicht durch gute Taten verdient werden kann, sucht Bunyan durch verschärfte Selbstbeobachtung nach Zeichen, die die vorherbestimmte Erwählung verbürgen. Obwohl das Erbauungsbuch einen äußerlichen Pilgerweg beschreibt, ist alles nur das Bild eines rein innerlichen Geschehens. Der Glaubensweg ist vollständig psychologisiert, alles spielt sich in der Innerlichkeit des Individuums ab, das sich in immer stärkerer Introspektion erforschen will.

Evangelisch pilgern?

Gegenwärtig sucht evangelische Spiritualität wieder deutlicher eine ganzheitliche Religiosität, die mehr als ein bloßes Bewusstseinsphänomen ist. Gesucht werden Formen und Handlungen, die etwas erleben lassen und dem Inneren einen Halt am Äußeren geben. Darum wurde in den letzten Jahren auch das Pilgern im evangelischen Bereich immer populärer. Aber die Tatsache der Popularität verbürgt noch nicht die Richtigkeit des Tuns. Darum ist auf dem oben erarbeiteten Hintergrund lutherischer Wallfahrtskritik zu fragen, wie gegenwärtig evangelisch verantwortetes Pilgern aussehen könnte. Einerseits werden wir die Grundlinien lutherischer Spiritualität und die sich daraus ergebenden Kritikpunkte an Wallfahrten zugrunde legen müssen. Das genügt jedoch nicht. Die Kritik setzt nur Grenzen, zeigt, was nicht geht. Sie vermag aber nicht positiv das Potenzial des Pilgerns auszuleuchten, also das, was das Pilgern nicht nur gestattet, sondern empfiehlt. Um die Chancen des Pilgerns wertschätzen zu können, müsste es evangelischer Theologie gelingen, zu zwei Bereichen der Frömmigkeit eine Beziehung aufzubauen, die ihr bisher fremd geblieben sind: der Tradition und der Volksfrömmigkeit. Anders als durch die katholische Theologie werden evangelischerseits diese Bereiche weitgehend ausgeblendet und so faktisch vorhandene Anknüpfungspunkte für den Glauben verschenkt.

Neue Impulse aus der Tradition

Evangelische Theologie hat kein Raster entwickelt, die geistliche Bedeutung von Tradition wahrzunehmen und mit ihr umzugehen. Rigoristisch wurde das »Allein die Schrift« dem katholischen Traditionsprinzip entgegengestellt und nicht wahrgenommen, dass auch in der evangelischen Kirche Glaubenstraditionen wichtige Funktionen haben. Dies gilt insbesondere für die geistliche Kraft sakraler Räume. Auch wenn hinter die biblisch-reformatorische Einsicht, dass es keine an sich heiligen Orte gibt, nicht zurückgegangen werden soll: Kirchen bieten besondere Atmosphären, zeigen Gebrauchsspuren der Frömmigkeit und von Besuchern wird das Potenzial der Räume wahrgenommen, in denen seit Jahrhunderten gebetet wird. Auch evangelische Christen haben dafür ein Gespür, dass im Kirchenraum vielfältige Symbole präsent sind, die die eigene Andacht rahmen und stützen. Sie lernen von außen nach innen, lassen sich Dinge – auch unbewusst – einprägen und merken, dass der Glaube nicht allein auf eigenen Beinen stehen kann, sondern vom Zuspruch der Tradition lebt.

Pilgerwege sind Traditionsräume. Wallfahrten und ihre Riten erhalten sich über Jahrhunderte, weil sie sich bewähren, wie die vielen Wunderberichte schildern. Sie beglaubigen sich durch ihren Erfolg – und gelingendes Leben ist ein starker Antrieb zur Frömmigkeit. Längst nicht alle Texte, Riten und Bilder sind den Gläubigen verständlich. Wer seinen Glauben verantworten will, schreckt vor dem zurück, was er nicht versteht und persönlich beglaubigen kann. Aber Glaube lebt davon, mehr zu sagen, als der einzelne verstehen und verantworten kann, etwa indem er in die großen Worten und Gesten der Tradition mit einstimmt. Wer Gott mit alten Liedern lobt, selbst wenn er zweifelt, tut dies auf Kredit, auf Hoffnung hin, dass sein Glaube wachsen möge. Darum ist es legitim, überkommene Pilgerriten mitzumachen. Natürlich soll es nicht beim bloßen Nachspielen von Tradition bleiben. Was als vorläufiges Experimentieren beginnt, will persönlich anverwandelt werden. Dafür muss man unterscheiden können, was dem eigenen Glauben förderlich ist. Wer weiß, dass nicht generell Bilder, sondern nur deren Vergötzung abzulehnen ist, kann auch vor einer Marienstatue guten Gewissens beten. Und man kann Legenden von Jakobus' Wundern lesen – solange diese auf Christus als Wirkenden zurückgeführt werden. Maßgeblich bleibt die altkirchliche Unterscheidung zwischen erlaubter Verehrung von Glaubensvorbildern und der allein Gott vorbehaltenen Anbetung.

Neue Wertschätzung der Volksfrömmigkeit

Ebenso tut sich evangelische Theologie mit der Volksfrömmigkeit schwer. Mit der Messlatte der reinen Lehre bewertet, kann vieles nicht bestehen und wird meist abgelehnt und ausgeschlossen. Ohne die Frischluftzufuhr des Unorthodoxen wird das geistliche Leben aber leicht steril. Auch hier ist die katholische Kirche oft flexibler, die vieles integriert, um so Auswüchse unterbinden zu können, etwa wenn in Lourdes ausufernde Marienfrömmigkeit christologisch korrigiert wird.

Volksfromme Wallfahrten sind dicht an den Anliegen der Gläubigen, die vor allem konkrete Hilfe im Leiden erwarten. Diese sehr handfesten Interessen an unmittelbarem Eingreifen einer transzendenten Macht haben oft eine enorme Kraft und sind Ausweis eines tiefen Vertrauens, das wertzuschätzen ist. Vor falschen Hoffnungen zu warnen und vor einem magischen Missverständnis zu schützen, ohne die konkrete Gläubigkeit bloßzustellen, wäre Aufgabe einer verantwortlichen Pilgerpastoral. Auch bietet das Pilgern Möglichkeit für unkonventionelle und unbürgerliche Frömmigkeitsstile, die sonst außerhalb der Kirche ihre Wege suchen. Der alltagsferne Freiraum unterwegs lässt viel Spielraum, eigenes auszuprobieren. Statt sich abzugrenzen, könnten unverbindliche und niederschwellige Anknüpfungsmöglichkeiten geboten werden, die evangelische Anliegen zumindest perspektivisch realisieren.

Pilgern macht Sinn, weil es die Kraft der vertrauenden Erwartung auf Gott aufnimmt und die Glaubenserfahrung der Tradition aufgreift, bewahrt und zugleich auf eine neue Ebene hebt. Dieses Potenzial darf aber die Grenzen nicht vergessen machen, die durch die reformatorische Kritik bleibend gesetzt sind: Heiligenfürbitte oder Ablass, Erlebnis- versus Alltagsorientierung und die ethische Dimension.

Neues Verständnis von Heiligenfürbitte und Ablass

Die beiden grundlegendsten Kritikpunkte Luthers waren die Heiligenfürbitte und das Ablasswesen. So sehr in der Linie Luthers die Heiligen als Fürbittende abzulehnen sind, da sie die Unmittelbarkeit zu Christus unterbrechen, haben sie ihre Berechtigung als Vorbilder und Ausdruck der füreinander einstehenden christlichen Gemeinschaft. Das Bewusstsein dafür ist gestiegen, dass man an konkreten Menschen und ihrem Beispiel lernen und dies leicht auf das eigene Leben anwenden kann. Darum sollten vermehrt evangelische Vorbilder gepflegt und ihre Orte für die Wallfahrt erschlossen werden. Über die Märtyrer des 20. Jahrhunderts hinausgehend ist weiter zurückzugehen, um die Geschichtlichkeit des eigenen Glaubens und der Kirche zu verdeutlichen.

Auch für den Ablass empfiehlt sich eine differenzierte Aufnahme. Hier hat die neuere katholische Theologie – insbesondere Karl Rahner – notwendige Klärungen erreicht, die auch für evangelische Christen eine Brücke bauen. Ablass darf kein bloß äußerlich abzuleistendes Werk sein, das die innere Umkehr erübrigt. Er darf die eigene Erneuerung nicht ersetzen, sondern bezweckt diese. Von diesem personalen Prozess kann man nicht dispensiert werden, aber andere können die Bereitschaft dafür fördern, beim Ausleiden unterstützen, die Beseitigung der Folgen erleichtern und kritisch begleiten. In Fürbitte und Rat, Ermutigung und mitleidender Anteilnahme weisen sie Wege aus dem verfehlten Leben. Dass die Umkehr nicht rein individuell geschieht, nimmt ernst, dass die Sünde überindividuellen Schaden zufügt und darum auch ein gemeinschaftliches Interesse an ihrer Bearbeitung besteht. So provoziert die Lüge auch nach ihrem Eingeständnis noch

Misstrauen und untergräbt die Verlässlichkeit von Gemeinschaft. Ablass ist darum – ausgedrückt auch in der Lehre vom Gnadenschatz der Kirche – ein Akt der Solidarität. Kirche zeigt sich darin als Gemeinschaft der Heiligen über Zeit und Raum, die füreinander einsteht.

Der Ablass hat immer weniger Bedeutung für die Wallfahrtspraxis, außerhalb katholischer Traditionsmilieus spielt er kaum noch eine Rolle. Darum wird er vielfach als irrelevant, als durch die fehlende Praxis erledigtes Problem ad acta gelegt. Die evangelische Ablasskritik scheint zum Ziel gekommen zu sein. In Vertauschung der üblichen Rollen könnte aber nun – im Wissen um die zu kritisierende geschichtliche Praxis – evangelischerseits gefragt werden, ob mit dem Ablass nicht eine an sich sinnvolle Intention verloren geht und darum aktiv nach einer angemessenen Transformation gesucht werden sollte. Denn der Wunsch nach Gnade und Erlösung ist ein urevangelisches Anliegen. Der bloße Verweis auf Gottes Gnade bleibt oft abstrakt und blass. Hilfreich sind anschauliche und spürbare Riten der Lösung, Foren des öffentlichen Bekenntnisses und Hilfen beim Umgang mit den Sündenfolgen. Hierfür fehlen – nicht zuletzt aufgrund fehlender Beichtpraxis – in der evangelischen Kirche Formen. Pilgern als verwandelnder Weg, als körperlich vollzogene Orientierung und Umkehr könnte einen guten Rahmen bieten für eine noch zu entwickelnde evangelische Bußpraxis.

Die Nachhaltigkeit des Außerordentlichen

Luther hat sich gegen die Sensationslust gewendet und betont, dass das zum Heil notwendige, Wort und Sakrament, besser in der Heimatgemeinde gesucht werden solle. Pilgern hat heutzutage durchaus Eventcharakter. Erwartet wird intensives Erleben, Abenteuerlust, der Kick des Ungewohnten, die Stimmung an belebten Pilgerstationen und die Aussicht auf soziale Anerkennung spielen eine große Rolle. Wenn das die Motivation für das Pilgern ist, so ist die bloße Durchführung und das intensive Erleben des Augenblicks – auf Kosten der Nachhaltigkeit – dominant. So bleibt Pilgern unverbindliche Ablenkung, wird zur Flucht auf Zeit aus den Zumutungen der kalten Moderne.

Bei aller Kritik an der Oberflächlichkeit sollte aber immer auch das berechtigte Interesse hinter der Suche nach (religiöser) Erlebnisintensität wahrgenommen werden. Luthers Welt war religiös geprägt, viele öffentliche und private Lebensvollzüge haben durch selbstverständliche religiöse Symbolisierungen den Glauben stabilisiert. Heute verschwinden die Zeichen des christlichen Glaubens immer mehr aus dem öffentlichen Leben. Religion wird unsichtbar, nicht mehr von außen nahegelegt. Die reine Diesseitigkeit erscheint als normal. Religiös getränkte Kontexte gibt es nur noch in Nischen und Menschen suchen diese Biotope des Glaubens als Raststätten einer anderen Welt – vom Klosterwochenende bis zum Kirchentag, in Sakralbauten und natürlich auf Pilgerwegen und Wallfahrten. Die gegenwärtige und zeitübergreifende Gemeinschaft der gottsuchenden Pilger hilft aus der Isolierung religiöser Individualisierung, die im Alltag kaum qualifizierten Austausch über Glaubensfragen ermöglicht. Pilgerkirchen sind Orte konzentrierter Sakralität, die gegen die Rationalität der modernen Lebenswelt das Versprechen göttlicher Nähe verbürgen.

Diesem legitimen Interesse an der Einprägung des Glaubens von außen sollte nachgekommen werden, ohne dass die Resakralisierung den Eindruck vermeintlich magisch wirksamer Kraftorte erweckt, die bloß äußerliches Dagewesensein ohne selbstverantwortete geistige Umkehr erfordern. Auch darf die Unterscheidung von profan und sakral nicht so weit getrieben werden, dass der Eindruck entsteht, Gott sei nur in bestimmten Bereichen der Welt zu finden und man könne das Profane sich selbst überlassen. Immer sollte auch die religiöse Spitzenerfahrung des Pilgerns auf die dauerhafte Praxis hin ausgerichtet werden. So wenig ein Weihnachtschristentum ausreicht, genügt die jährliche Pilgerfahrt. Ihr Sinn ist Stärkung und Reflexion der alltäglichen Glaubenspraxis. Sie kann darum nicht aus der verbindlichen und dauerhaften Gemeinschaft der Heimatgemeinde entlassen.

Der dritte Bereich von Luthers Kritik betraf Fragen der Ethik: Unterwegs komme der Pilger in Kontakt mit schlechten Sitten, während er selbst seine bürgerlichen Pflichten zu Hause vernachlässige. Das Kennenlernen anderer Lebensweisen und der kulturelle Austausch wird heute wertgeschätzt. Auch kann Pilgern in Zeiten, in denen Urlaub normal ist, nicht mehr als Pflichtversäumnis kritisiert werden. Aber auch hier bleibt die Frage der Nachhaltigkeit. Wie kann die unterwegs genossene Schöpfungsnähe im umweltverträglichen Handeln zu Hause ihre Konsequenz finden? Was bedeutet die Beschränkung des Gepäcks auf das Notwendige für das Leben in einer Gesellschaft materieller Verschwendung? Legt die unterwegs erlebte Gastfreundschaft im Alltag ein anderes Verhältnis Fremden gegenüber nahe? Nicht nur die Pilgerfahrt selbst hat – z.B. durch den Verzicht auf die Anreise mit dem Flugzeug – bestimmten ethischen Standards zu genügen, sondern die Alltagsorientierung evangelischer Frömmigkeit zeigt sich darin, dass alle Bereiche des Lebens nach Gottes Maß gestaltet werden.

Pilger(wege) heute

Das Feld der Wege, Anbieter und Initiativen ist unüberschaubar und wächst jährlich. Googelt man das Stichwort »Pilger«, so findet man über zwei Millionen Einträge, allein zum Jakobsweg wird eine siebenstellige Anzahl von Seiten genannt. Zu dieser Unübersichtlichkeit trägt auch die Unklarheit bei, was Pilgern eigentlich ist. Natürlich kann der Pilgerbegriff nicht geschützt werden, aber die Deutsche St. Jakobus-Gesellschaft etwa versucht, Kriterien für Jakobswege zu entwickeln. Dazu gehört die Orientierung an historischen Routen. Dies dient u. a. als Schutz vor Vereinnahmung durch Tourismusverbände, die möchten, dass der Weg die eigene Ferienregion möglichst spät und erst nach etlichen Windungen verlassen soll. Denn immer mehr Anbieter springen auf den gut fahrenden Zug auf und wollen vom Label Pilgern profitieren: Tourismusverbände, Kirchen, Reiseveranstalter und viele mehr. So bemühen sich Tourismus- und Gastgewerbeverbände um die Entwicklung neuer Wege, die zwar als Jakobsweg deklariert werden, aber Vermarktungsinteressen kaum verbergen können. Inspiriert durch eine Weinlage »Bechtheimer Pilgerpfad« wurde etwa der »Jakobs-Pilgerweg Wonnegau« eingerichtet, der gar nicht Richtung Santiago verläuft. So drängt sich der Eindruck auf, dass es nur um den Absatz heimischen Weines geht. Umstritten ist, wie weit die mittelalterliche Motivation zum Pilgern – Suche nach Heil – beibehalten oder durch andere Themen ergänzt bzw. ersetzt werden soll. Im Sinn der historischen Authentizität wäre eine starke Orientierung an dem, was früher Pilgern ausgemacht hat, angemessen. Andererseits ist der heutige religiöse und kulturelle Horizont der Nutzer ein anderer als im Mittelalter.

Pilgern heute – Statistik

Pilgern ist (wieder) ein Massenphänomen geworden. Gerade seit Hape Kerkelings Bestseller wird immer wieder gefragt, ob der Jakobsweg nicht völlig überlaufen sei. Doch der Eindruck täuscht: Zwar führte die starke Steigerung der letzten Jahre dazu, dass 2006 am Ziel des Jakobsweges erstmals mehr als 100 000 Pilgerurkunden (Compostelas) ausgestellt wurden. Andere Wege liegen weit darunter; für den Weg Loccum–Volkenroda werden jährlich etwa ein Hundertstel der Pilgerpässe ausgestellt wie Compostelas in

Santiago. Die Zahlen der tatsächlichen Pilger nehmen sich bescheiden aus im Verhältnis zur Medienresonanz, die das Thema genießt. Kerkelings »Ich bin dann mal weg« verkaufte sich in den ersten eineinhalb Jahren seit seinem Erscheinen im Frühjahr 2006 weit über zwei Millionen Mal – aber nur 8 000 deutsche Pilger wurden 2006 in Santiago registriert. Das Phänomen Pilgern bleibt also weitgehend ein Interesse am Pilgern der anderen, eine sekundäre und medial vermittelte Teilhabe. Es genügt, um die Möglichkeit dieses Abenteuers zu wissen, man muss die Mühen nicht zwingend selbst auf sich nehmen.

Diese Diskrepanz von medialer Präsenz und tatsächlicher Durchführung gibt es auch bezüglich der Wallfahrt – nur umgekehrt: Wenige sprechen davon, aber viele tun es: Nach Lourdes sind jährlich etwa eineinhalb Millionen Wallfahrer unterwegs – immerhin so viele, wie als Touristen nach Tunesien fliegen. Schätzungsweise gehen weltweit jährlich etwa 250 Millionen Menschen auf Wallfahrt. Im Verhältnis zu den etwa 800 Millionen Touristen zeigt sich, dass Wallfahren – anders als das Pilgern – keine Nischenerscheinung ist. Die gegenwärtig frequentiertesten christlichen Wallfahrtsziele sind Guadelupe in Mexiko mit jährlich ca. 14 Millionen Besuchern, San Giovanni Rotondo (der Sterbeort Padre Pios) mit ca. sieben Millionen sowie Lourdes, Assisi, Tschenstochau, Santiago und Fatima mit etwa fünf Millionen Besuchern. Diese Größenverhältnisse gilt es im Hinterkopf zu behalten, wenn vom Pilgern als Massenphänomen die Rede ist.

Der Jakobsweg in Zahlen

Ich werde mich im Folgenden bei der quantitativen Analyse der Pilgerzahlen auf die (spanischen) Jakobswege beschränken, denn nur für diese Wege liegt hinreichend umfangreiches statistisches Material vor[15]. Dies basiert auf den Angaben des Pilgerbüros in Santiago, in dem sich die Pilger registrieren, um ihre Pilgerurkunde, die Compostela zu erhalten. Pilger, die unterwegs abbrechen oder solche, die keine Urkunde wünschen, werden also nicht erfasst. Dennoch ergibt sich ein relativ zuverlässiges Bild: Von 5 000 Pilgern im Jahr 1990 ist die Zahl auf 100 000 im Jahr 2006 hochgeschnellt. Die Heiligen Jahre bilden jeweils Ausreißer nach oben, wobei ihre Bedeutung relativ abnimmt: Noch 1993 stellte gegenüber dem Vorjahr eine Verzehnfachung dar (100 000 statt 9 700), 1999 kamen fünf Mal so viele Pilger wie im Jahr zuvor (154 000 statt 30 000) und 2004 zweieinhalb Mal so viele (180 000 statt 74 000).

Dabei ist der Zuwachs fast ausschließlich auf spanische (und teilweise südamerikanische) Pilger zurückzuführen, während andere Nationen sich von den Heiligen Jahren fast unbeeindruckt zeigen. Vielleicht ist dies darauf zurückzuführen, dass die Ablassfrömmigkeit im traditionellen Katholizismus Spaniens noch am ehesten erhalten ist. Die Konfession der Pilger wird nicht erfasst, doch – obwohl viele sich als wenig konfessionell einschätzen – sind die katholischen Länder besonders stark vertreten. Dies deckt sich damit, dass auch in Deutschland die Jakobusgesellschaften in katholischen Gebieten stärker sind und sie – obwohl formal nicht kirchlich gebunden – viel stärkere Beziehungen zur katholischen Kirche und Frömmigkeit aufweisen.

Die Radfahrer machen – mit abnehmender Tendenz – gegenüber den Fußgängern ein Drittel bis ein Fünftel der Pilger aus. Während über lange Jahre

im Juli und August jeweils ein Drittel der Pilger ankamen, verteilen sie sich jetzt gleichmäßiger über das Jahr. Auch in der Altersverteilung gibt es merkliche Verschiebungen: Anfang der 1990er Jahre lag die Gruppe der unter 35-Jährigen deutlich vorn, danach standen die ›Mittelalten‹ an erster Stelle (deren Gewicht inzwischen wieder zurückgeht), während in den letzten Jahren die Zahl der über 60-Jährigen enorm zugenommen haben. Stellten bis zur Jahrtausendwende die Spanier zwei Drittel der Pilger (im Heiligen Jahr 1993 sogar 95%), ist ihr Anteil seit 2005 auf 50% zurückgegangen.

Die beliebtesten Einstiegsorte sind symptomatisch für zwei Gruppen von Pilgern: An erster Stelle steht Sarria, das 100 Kilometer vor Santiago liegt, der Mindestdistanz, um die Compostela zu erhalten. Es folgt St. Jean Pied de Port an den Pyrenäen, wo die klassische 800 Kilometer lange Route der Fernpilger beginnt. Es gibt eine Tendenz vom billigen Studentenurlaub für Spanier hin zum Fernpilgern, gerade von Menschen am Übergang zum Ruhestand.

Unterschiedliche Motivationen

Das Nebeneinander sehr heterogener Milieus ist nicht immer spannungsfrei. Wer aus Deutschland kommend sich über Wochen an Stille und Einsamkeit gewöhnt hat, empfindet den Betrieb ab den Pyrenäen oft als oberflächlichen Rummel. Dennoch bleibt der Hauptweg Camino Francés die mit Abstand beliebteste Pilgerroute, über die 85% der Pilger Santiago erreichen – die gute Infrastruktur und das vom Pilgern geprägte Umfeld scheinen sehr attraktiv. Auch verhindert die Konzentration der Medien auf diesen Weg, dass Alternativrouten zum Camino Francés bedacht werden.

Konfliktlinien verlaufen zwischen Gruppen- und Einzelpilgern, Pilgern und Touristen sowie zwischen technisch am äußeren Vorankommen und geistig am inneren Wandel orientierten Pilgern. Teilnehmer von Gruppen sind oft schlechter vorbereitet und werden darum als weniger ernsthaft angesehen.

Allen Animositäten zum Trotz stehen Pilger und Touristen in einem symbiotischen Verhältnis: Für Touristen machen die Pilger die besondere Atmosphäre des Weges aus – man ist nicht nur auf Relikte vergangener Pilgerepochen bezogen, sondern bewegt sich in einem lebendigen (religiösen) Feld. Darum wird die Pilgerinfrastruktur auch stark von den regionalen Tourismusverbänden unterstützt. Viele Pilger wiederum leben von der Anerkennung und auch der Unterscheidung von den Touristen. Pilger auf der Suche nach existenziellen Neuorientierungen distanzieren sich oftmals von solchen, die an der bloßen Durchführung interessiert sind. Gerade Radfahrer mit ihren Mountainbikes und ihrem sehr technisch wirkenden Outfit stehen schnell im Verdacht bloßer Äußerlichkeit. Ihnen wird unterstellt, dass der Straßenverkehr sie ablenke. Die verminderte Aufmerksamkeit auf die innere Suche verhindere spirituelle Erfahrungen. Vermehrt gibt es Ängste über »Verflachung« und »Touristifizierung« des Weges. Verschärfte Auswahlkriterien für »echte« Pilger werden zwar diskutiert, wurden aber noch nicht eingeführt. Einige machen die Dekadenz des Jakobspilgerns daran fest, dass es immer strukturierter, gruppenorientierter und organisierter geschieht, wodurch touristische Elemente Einzug halten. Gruppen – so heißt es – grenzen sich eher nach außen ab und zeigen in den Refugios eine stärkere Anspruchshaltung.

Die Situation auf dem Camino Francés ist nicht zu vergleichen mit der auf anderen Pilgerwegen. Auf diesen wird der Pilger weniger durch andere gestört, hat aber auch kaum Gelegenheit zum Austausch mit Gleichgesinnten. Während einige Pilger die größere Ruhe und die schwächere Prägung des Raumes durch das Jakobspilgern als größere Ursprünglichkeit genießen, fehlt anderen dort etwas: Der Kontext prägt ihnen weniger die Rolle eines Pilgers ein, sodass sie stärker auf sich selbst zurückgeworfen sind.

Die Motivation der Pilger ist erst wenig untersucht. Es gibt lediglich Studien, die aus Interviews oft Spitzenaussagen herausschälen und somit für die breite Masse der Pilger nicht aussagekräftig sind. Statistische Umfragen an prominenten Wallfahrtsorten ergeben folgendes Bild: An erster Stelle steht die Verehrung heiliger Orte und Personen, gefolgt vom religiösen Erlebnis, persönlicher Notlage und dem Interesse an fremden Ländern. Verschiedene

Wallfahrtsorte haben jeweils ein eigenes Profil: In Lourdes ist die Suche nach einem Gnadenerweis Gottes besonders ausgeprägt, in Fatima die Herzensänderung zu solidarischer Mitmenschlichkeit und in Medjugorje Sinn- und Gottsuche. Um nicht nur oberflächlich die bewusste Motivation festzustellen, bräuchte es weitere methodisch anspruchsvolle Untersuchungen.

Moderne Übersetzungen des Pilgerns

Insgesamt wird heute merklich anders gepilgert als in der Geschichte. Es geschieht deutlich individualisierter und ist kaum noch von kirchlichen Formen geprägt. Entscheidend ist der Wegcharakter, aber nicht das Erreichen von heiligen Ortes oder Reliquien. Rituale oder materiale Ziele stehen hinter der Subjektivität der Pilger zurück. War Pilgern früher Ausdruck des Glaubens, steht der Weg jetzt für eine Suchbewegung nach sich selbst. Dabei führt das Pilgern oft zur Sehnsucht, seinen Lebensstil grundlegend zu ändern. Häufig beobachten Pilger bei sich eine größere Loslösung von materiellen Dingen, Freiheit und Zentriertheit im Hier und Jetzt, größere Selbsterkenntnis und Toleranz und Mitgefühl gegenüber anderen Menschen. Die Herausforderung einer nachhaltigen Lebensänderung meistern eher diejenigen, deren Erfahrungen eine spirituelle Dimension berührt hat.

Die Auseinandersetzung mit Schuld bleibt ein wichtiges Thema auf Pilgerwegen. Einige moderne Wege nehmen darum schwierige Momente der Geschichte auf. So führt etwa der Ökumenische Pilgerweg zum Konzentrationslager Buchenwald, während der erwähnte Wonnegau-Weg das KZ Osthofen – wohl um die Wonnen des Wonnegaus nicht zu stören – ignoriert. Andere nehmen bewusst Fragen von Ökologie und Schöpfungsbewahrung auf, wie der Weg von Loccum nach Volkenroda. Die Fahrten des Arbeitskreises Konziliarer Prozess Niedersachsen lösen sich gänzlich von historischen Bezugspunkten und thematisieren ausschließlich Orte zweifelhafter gegenwärtiger Politik. Indem Stätten schuldhafter Verstrickung aufgesucht werden, wird das überlieferte Muster von Besinnung, Buße und Neuorientierung – wenngleich nicht unbedingt explizit religiös – fortgeführt. Auffällig ist, dass weltliche Organisatoren schwierige Orte eher ausblenden. Auch umgehen sie oft die christlichen Aspekte des Pilgerns und des jeweiligen Weges, sprechen allgemein von Spiritualität und meist noch unspezifischer von der kulturellen Dimension. Bemühungen um Neutralität können so leicht umschlagen in enthistorisierende Vernachlässigung der christlich-religiösen Dimension.

Jakobswege in Deutschland

Die Mehrzahl auch der in Deutschland entstehenden Initiativen geht aus vom Jakobsweg: Der Landschaftsverband Rheinland markiert seit 2001 fünf Wege mit zwischen 150 und 300 Kilometern Länge, die alten Jakobswegen folgend in die historische »Niederstraße« münden, die Richtung Spanien führt. Weitere viel begangene Jakobswege führen von Nürnberg nach Konstanz und von Würzburg nach Ulm. Einer der größten Wege ist der »Ökumenische Pilgerweg« durch Mitteldeutschland. Er folgt über 450 Kilometer dem historischen Verlauf der Via Regia von Görlitz über Leipzig und Erfurt bis Eisenach und Vacha.

Um den Jakobsweg gruppiert sich eine Vielzahl von Jakobsvereinen, welche in der Tradition der Bruderschaften stehen, die es im Mittelalter in allen Ländern Mittel- und Westeuropas gab. An erster Stelle ist die Deutsche St. Jakobus-Gesellschaft zu nennen, die sich durch Tagungen und Publikationen insbesondere für die historische Erforschung einsetzt. Daneben dürfte es allein in Deutschland über 20 weitere Vereine geben. Einen guten Überblick geben eine Vielzahl miteinander verlinkter Homepages. Die Vereine informieren Interessierte und bieten Austauschmöglichkeiten, stellen Pilgerausweise aus und schulen Hospitaleros, die ehrenamtlichen Betreuer der Pilgerherbergen. Viele Vereine pflegen auch eigene Pilgerwege vor Ort und bieten Gruppen-Pilgerwanderungen an. Eine herausragende Informationsquelle ist die Versandbuchhandlung Zentgraf, die derzeit mehrere hundert Medien zum Jakobsweg führt.

Auch wenn Pilger meist individuell reisen, gibt es doch einige Spezialanbieter für Pilgerwanderungen auf dem Jakobsweg. Das breiteste Angebot hat das Bayerische Pilgerbüro, das inzwischen fast die durchgängige Route von Deutschland bis Santiago als Individual-, Gruppen- oder Studienreise anbietet. Zu nennen ist auch das reformierte Pilgerzentrum St. Jakob in Zürich und die Evangelische Erwachsenenbildung Beuggen, die schlichte geistlich profilierte Pilgerwanderungen anbietet.

Andere Pilgerwege

Neben Jakobus ist es vor allem Franziskus, dem sich viele Wege widmen. Die Interfranziskanische Arbeitsgemeinschaft nennt auf ihrer Homepage allein für Deutschland zehn Besinnungswege zum Sonnengesang. Dies sind kurze Wege, die mit Texten und Bildern Anregungen zur Meditation geben. Daneben werden in Umbrien entlang franziskanischer Stätten nach Assisi

Pilgerwanderungen angeboten. Während Franziskus durch seine Spiritualität und den reichen Legendenschatz diese Pilgerwanderungen stark zu prägen vermag, ist dies auf Jakobuswegen durch Jakobus nicht der Fall – dort wird eher das Pilgern selbst und die Geschichte des Weges thematisiert. Versuche, nicht nur einzelne Gruppenwanderungen, sondern dauerhaft markierte Wege nach Assisi anzubieten, bleiben vorerst lückenhaft.

Anlässlich des Elisabethjahres 2007 wurden die Wege nach Marburg erweitert, sodass man nun von Köln, Frankfurt und Eisenach – alte Pilgerrouten aufgreifend – dorthin wandern kann. Mit dem ökumenischen Pilgerweg und dem Elisabethpfad ist ein durchgehender Pilgerweg quer durch Deutschland von Görlitz bis Aachen entstanden. Einem ähnlichen Konzept folgt der 2004 eingerichtete Bonifatiusweg zwischen Mainz und Fulda. Ebenfalls einem historischen Weg folgt die Via Francigena von Canterbury nach Rom. Ein kleines, aber avanciertes Vorhaben ist der »Ökumenische Frauenpilgerweg für ein gemeinsames Europa«, der getragen wird vom Ökumenischen Forum Christlicher Frauen in Europa. Seit dem Jahr 2005 werden in zehn Jahren durch zehn Länder besonders an der Peripherie Wanderungen durchgeführt. Sie beziehen sich auf Egeria, eine Nonne des 4. Jahrhunderts, die von Nordspanien nach Jerusalem pilgerte und den ältesten Pilgerbericht einer Frau hinterließ.

Eine wichtige kirchliche Neugründung eines Pilgerweges ohne direkte historische Vorläufer ist der bereits genannte Weg Loccum–Volkenroda. Die Evangelisch-lutherische Landeskirche Hannovers hat einen 300 Kilometer langen Weg markiert und eine Pilgerpastorin eingesetzt. Er verbindet die Klöster Loccum und Volkenroda und greift thematisch deren zisterziensische Tradition auf. Jährlich werden etwa 1000 Pilgerpässe ausgegeben. Als weitere evangelische Landeskirche in Norddeutschland hat die Nordelbische Kirche einen Pilgerweg eingerichtet: Der 350 Kilometer lange »Mönchsweg« soll die Kirchen- und Missionsgeschichte widerspiegeln.

Die genannten »neuen« Wege orientieren sich in ihrer Anlage deutlich am spanischen Jakobsweg, der die Standards setzt, wenngleich die Nutzerzahlen wesentlich geringer sind: Es gibt einen markierten Weg, spezielle Pilgerunterkünfte und (offizielle) Wegführer, die auf Infrastruktur und Sehenswürdigkeiten hinweisen. Die kirchlichen Projekte haben einen anderen Zuschnitt als die staatlichen: Sie betonen die religiöse Dimension des Pilgerns und überhaupt Fragen der Identitätsentwicklung, während weltliche Organisatoren mehr auf Erholung und Genuss sowie allgemeine touristische Faktoren setzen. Kirchliche Wege kooperieren auch stärker mit

Non-profit-Einrichtungen wie Kirchengemeinden und Familien, die Übernachtungsplätze anbieten. Auffällig ist das starke evangelische Engagement in diesem Bereich: Der Mönchsweg und Loccum-Volkenroda sind evangelische Projekte. Auch die Ökumenische Arbeitsgemeinschaft Pilgerwege ist stark von Initiativen aus dem evangelischen Bereich geprägt. Hinter sich ›ökumenisch‹ nennenden Projekten stehen nicht selten primär evangelische Träger. Die Katholiken scheinen durch ihre Wallfahrten diesen Bereich bereits abgedeckt zu haben, während die evangelischen Kirchen einen deutlichen Nachholbedarf erkennen.

Kriterien für Pilgerwege?

Die genannten Wege gehören zu den inhaltlich anspruchsvolleren. Gerade künstlich entwickelte Wege haben eine offene Flanke: zu reinen Marketingveranstaltungen zu werden. So hat der Merian-Verlag einen Führer »Pilgern in Deutschland« veröffentlicht, dessen Routen allein nach dem Kriterium entwickelt zu sein scheinen, ob sie zu den Hotels der augenscheinlich an der Konzeption beteiligten Verbände führen. Andere Wege nehmen das Konzept der Themenrouten mit neuer Etikettierung auf. Pilgern wird dabei zum modischen Begriff für das Wandern oder das Unterwegssein überhaupt, selbst mit dem Auto.

Hilfreich wäre es, Mindeststandards für die sinnvolle Verwendung des Begriffs Pilgerweg nennen zu können. Das ist aber bei einem Phänomen, das bereits im Mittelalter sehr vielschichtige Motivationen und Ausprägungen gehabt hat, sehr schwierig. Die im Folgenden genannten Kriterien können also nicht mehr als ein Beitrag zu einer noch offenen Diskussion sein:

* Pilgerwege wollen die Frage nach Sinn, Halt und Orientierung unterstützen, gerade auch im religiösen Horizont. Damit führen sie ihre im Mittelalter geprägte Aufgabe – der christlichen Suche nach Heil – unter den Bedingungen einer veränderten religiösen Landschaft weiter.

* Sie sollen aus eigener Kraft – also in der Regel zu Fuß oder mit dem Rad – zurückgelegt werden.

* Sie müssen – zumindest wenn sie sich nicht als Jakobswege ausgeben – nicht zwingend historischen Pilgerrouten folgen, wohl aber müssen sie der geschichtlich gewachsenen christlichen Prägung des Kontextes gerecht werden.

* Pilgerwege können zeitgenössische Fragen (etwa nach Frieden, Gerechtigkeit und Bewahrung der Schöpfung) aufgreifen und entsprechende

Orte besuchen. Dabei ist darauf zu achten, dass dies auf das Kernkriterium der Auseinandersetzung mit sich selbst hinführt und nicht davon ablenkt. Der Besuch eines Kernkraftwerkes oder eines Asylbewerberheimes sollte sich auf die kritische Reflexion der eigenen Rolle richten, um die Fahrt von einer Themenroute oder Demonstration zu unterscheiden.

- Pilgerwege gehen über eine längere Entfernung und führen den Pilger aus dem vertrauten Raum heraus. Sie beschreiben keinen Rundweg, sondern sind auf ein Ziel hin orientiert.

- Anders als Besinnungswege mit einer dichten Abfolge von künstlich installierten Stationen mit Kunst oder Texten bezieht sich der Pilgerweg stärker auf das bereits Vorfindliche und fokussiert die Wahrnehmung der Pilger weniger stark auf äußere Anlässe.

Pilgern in der Gegenwartsliteratur

Auf Pilgerwegen sieht man nachmittags häufig Pilger beim Tagebuchschreiben. Das Erlebte wird schreibend festgehalten und reflektiert. Gedanken und Erfahrungen sind für Pilger so gewichtig, dass sie für die Zeit zu Hause bewahrt werden sollen. Immer wieder entstehen daraus Reiseberichte, die als Buch veröffentlicht werden. Von der vierstelligen Anzahl deutschsprachiger Pilgerbücher ist die häufigste Gattung die des Reiseberichts. Neben Hobbyliteraten finden sich auch Autoren von Weltrang wie Cees Nooteboom (Der Umweg nach Santiago) und der meistpublizierte Gegenwartsautor, Paulo Coelho. Auch das auflagenstärkste Sachbuch, das jemals in Deutschland gedruckt wurde, ist ein Pilgerbericht: Hape Kerkelings »Ich bin dann mal weg« stand monatelang ununterbrochen auf Platz eins der Bestsellerlisten. Durch Kerkelings Buch erreichte das Pilgern eine beeindruckende Medienpräsenz und ungeahnte Popularität.

Die zeitgenössischen Pilgerberichte sind vor allem deswegen interessant, weil sie zeigen, wie Pilgern heute erlebt und interpretiert wird. Diese Beschreibungen prägen wiederum Erwartungen, mit denen Leser sich selbst auf den Weg machen. Und diese Erwartungen haben einen erheblichen Einfluss auf die tatsächliche Durchführung und sogar auf das eigene Erleben von Pilgern. Wenn Pilger ein Geschäft für Schirmmützen aufsuchen, weil Kerkeling dort seine ausgetauschte Kappe zurückließ, dann ist das nur die Oberfläche. Meist geschieht die Prägung durch Gelesenes viel subtiler: Coelho berichtet von einem besonders angriffslustigen Hund im Dorf Foncebadon. Auch wenn die Hunde dieses Dorfes nicht wirklich anders sind als die vielen frei herumlaufenden Hunde entlang des Weges, dürfte es kein Zufall sein, dass Jahre später Kerkeling (und mit ihm unzählige andere Pilger) in eben diesem Dorf wieder mit dem gleichen Phänomen zu kämpfen hat.

Interessant ist, dass trotz des breiten Interesses an Pilgerberichten nur ein Bruchteil der Millionen Leser selbst aufbricht. Dennoch sind Pilgerberichte ein wichtiger Indikator dafür, wie Pilgern gemeinhin verstanden wird. Denn gekauft werden Bücher, die den Zeitgeist treffen, die anknüpfen an verbreitete Sehnsüchte und Bedürfnisse. So ist Kerkelings Erfolg sicher auch darauf zurückzuführen, dass sich in der Art seiner Sinnsuche viele Menschen wiederfinden können.

Aus der Fülle an Pilgerberichten habe ich vier auf dem Camino Francés spielende Bücher ausgewählt, die genauer analysiert werden sollen im Blick auf den Pilger, der als Typ dahinter steht: seine Anliegen, seine Art und Weise zu pilgern, der Ertrag seines Pilgerns, seine Spiritualität und wie er den Jakobsweg sieht.

Bereits die Titelbilder dieser Bücher verweisen auf die unterschiedliche Akzentuierung des Pilgerns: Kerkeling blickt wie in einem typischen Urlaubsfoto freundlich in die Kamera, während Coelhos Cover durch Kirchenfenster hindurch den Blick in eine andere Welt öffnet; Rohrbach zeigt die Weite einer offenen Landschaft und Hoinacki wandert über den bloßen Erdboden, auf den auch sein Schatten fällt. In allen untersuchten Büchern spielen religiös-spirituelle Fragen in je eigener Ausprägung eine große Rolle: Paulo Coelho erzählt mystifizierend von einer Initiation in die Selbstermächtigung. Hape Kerkeling pilgert menschlich-alltagsnah und zeigt einen erfrischend unbefangenen Umgang mit Religion. Carmen Rohrbach entwickelt ihr materialistisch-rationales Weltbild weiter zu einer Naturmystik. Lee Hoinacki bindet Tradition und Theologie ein in ein Verständnis von Gegenwärtigsein in der Schöpfung. Obwohl bis zu zwanzig Jahre auf dem Markt, stehen besonders die ersten beiden Bücher in den Verkaufslisten immer noch auf den oberen Plätzen, können also zu Recht als Klassiker angesehen werden.

Paulo Coelho: Pilgern als Kampf

Paulo Coelho schildert in »Auf dem Jakobsweg« (Augsburg 1993) die Wanderung auf dem Camino Francés als mythische Initiation. Sie weicht deutlich von einer gewöhnlichen Pilgerwanderung ab und scheint sich in einer geheimnisvollen, fast mittelalterlichen Welt abzuspielen, die von der Kühle und Sachlichkeit der Moderne noch unberührt ist. Religiöse Formeln, Initiationsriten der Tempelritter, Dämonenaustreibungen und Hexer werden kaum gebrochen präsentiert. Der Leser gewinnt den Eindruck, dass der Jakobsweg auch dem aufgeklärten Gegenwartsmenschen ermöglicht, in eine andere Welt einzutauchen, in der Initiation, wirklicher Wandel geschehen kann.

Einige Jahre vor der Pilgerwanderung wurde der Autor von einem Fremden aufgefordert, in die katholische Kirche zurückzukehren und dann pilgern zu gehen. Nach Jahren in einer mittelalterlichen Bruderschaft bricht Coelho

1986 auf, um das Schwert seiner Meisterweihe zu finden. Die Reise kulminiert im Wiederauffinden des Schwertes an einem leeren Gipfelkreuz, vor dem ein Lamm steht.

»Es versinnbildlichte das Schicksal, das der Mensch nicht seinem Gott, sondern sich selbst auferlegt. ›Herr‹, konnte ich endlich beten. ›Ich bin nicht an dieses Kreuz geschlagen, und auch Dich sehe ich dort nicht. Das Kreuz ist leer und soll es für immer bleiben, weil die Zeit des Todes vorüber ist und jetzt in mir ein Gott aufersteht. Das Kreuz war das Symbol für die unendliche Macht, die wir alle besitzen, die wir aber ans Kreuz geschlagen und getötet haben. Jetzt wird diese Macht wiedergeboren, die Welt ist gerettet«. (257)

Das Auffinden des gesuchten Schwertes, also das Ziel der spirituellen Suche und somit des Pilgerweges, ist das Wiedergewinnen der eigenen Stärke und Macht. Überwunden werden musste die Weigerung, sich seiner eigenen Stärke zu bedienen:

»Du (sc. Gott) hast uns gezeigt, wozu wir fähig sein könnten, wenn wir nur wollten, aber wir wollten nicht.« (258)

Die Selbstermächtigung lässt den Menschen Gott überwinden, aufheben, selbst zu Gott werden. In einer Revision christlicher Kreuzestheologie wird der Mythos einer Selbsterlösung erzählt:

»Wir haben dich ... gekreuzigt, weil wir uns davor fürchteten, unsere eigenen Fähigkeiten anzuwenden. Wir haben dich gekreuzigt, weil wir Angst hatten, Götter zu werden.« (258)

In Coelhos Selbsterlösungsmythos begegnet dem Leser eine Neuauflage von Nietzsches »Willen zur Macht«: Durch Kämpfen erschafft und bereichert der Mensch sich selbst. Der »Übermensch« ist hart und mitleidlos auch zu sich, sucht Härte und Konflikte und verschmäht ein einfaches, glückliches, angepasstes und risikoloses Leben. Moral als Schwächung des Lebenstriebes wird ausgehöhlt zugunsten eines schöpferischen Willens, der auch – andere wie sich selbst – überwindet und vernichtet. Darum unterwirft sich Coelho auch den extrem herausfordernden Übungen seines Meisters.

Die wiedergewonnene Stärke, das Schwert, steht für das ungebremste Ausleben des eigenen Wollens.

Der Leser begegnet durch Coelho einer von übernatürlichen Mächten durchwalteten Welt, zu der er aus der eindimensionalen Rationalität der Moderne fliehen kann. So außergewöhnlich sie ist, so fiktiv der Bericht erscheint: Diese Welt ist ein konkreter und erreichbarer Ort, der Jakobsweg. Er ist mehr als ein eingebildetes Gefühl oder frommes Fantasiegebilde. Auf ihm gibt es auch heute noch die Möglichkeit einer dramatischen Lebenswende. Dementsprechendes Pilgern ist zutiefst männlich und kämpferisch geprägt und steht so im Gegensatz zu den heute verbreiteten »weichen« Formen von Spiritualität, die Harmonie und Wohlfühlen durch Öffnen und Loslassen suchen. Es hat auch nichts mit der meist Schwäche und Scheitern thematisierenden und Schutz und Trost bietenden kirchlichen Verkündigung zu tun, sondern macht ein Angebot für religiös oft heimatlose selbstbewusste und starke Menschen einer Leistungsgesellschaft. Anstrengung und Leid haben Sinn, denn das Ziel des Pilgerns besteht gerade in der Überwindung der eigenen (eingebildeten) Schwäche. Fast scheint Coelho das mittelalterliche Pilgerideal der gefährlichen Unbehaustheit in der Fremde, das unbestreitbar zu den prägenden Momenten des Jakobsweges gehört, als Identitätsangebot für heutige selbstbewusste Menschen aktualisieren zu wollen. Nicht übersehen werden darf die radikale – christlicher Erlösungslehre widersprechende – Umkehrung: Statt Gott an sich wirken zu lassen, beseitigt der Pilger Paulo Coelho seine Schwäche durch die Kraft seines Willens und erschafft sich selbst neu. Im Sieg über den schwächlichen Willen und Körper beseitigt der Mensch Gott, wird sich selbst zu Gott.

Der Pilgertypus, den Paulo Coelho in mystisch angehauchter Verdichtung vorstellt, kann als Typus des männlichen Pilgerns verstanden werden. Gerade Männer finden einen ihnen gemäßen Weg asketisch-herausfordernder Spiritualität, die sie in ihrer Stärke und ihrem Selbstbewusstsein anspricht. Statt sich einzufühlen, handelt der Pilger, er sucht nicht Empathie, sondern strebt nach Aktivität und Macht. Er ist nicht wie ein Kind, das sich in Gottes Armen birgt, sondern kämpft sich frei von einem Vater-Gott und dessen Normierungen, um ein autonomer Erwachsener zu werden. Ein solcher Pilger bildet mit seiner Umwelt keine Symbiose, sondern steht ihr und sich selbst gegenüber. Er schwingt sich nicht ein, sondern folgt einem Auftrag und Plan, den er zielstrebig und mit viel Einsatz verfolgt. Aus der Grundhaltung des Kampfes folgt, dass er sich nicht einfühlend von der Situation bestimmen lässt, sondern sie überwindet und bezwingt. Dafür sucht er Selbstdisziplin und -kontrolle, will sich selbst als Produkt eigener Formung gewinnen, Herr seiner selbst sein. Dazu gehört gerade mentale Kompetenz, denn meist hindert nicht fehlende Kondition am Weitergehen, sondern der »innere Schweinehund«: der lockende Schatten, die Lust auf einen Kaffee oder das Nachgeben bei Ermüdung. Statt vor dem Leistungsdruck des Alltags in eine entspannte Idylle zu fliehen, sucht er die extreme Herausforderung, um sich an ihr zu trainieren und so Autonomie und Macht über sich selbst zurückzugewinnen.

Hape Kerkeling: Pilgern als spiritueller Lernweg für jeden

Ausgelöst durch einen Hörsturz und Burnout machte sich der Moderator und Komiker Hape Kerkeling 2001 auf den Weg. Er selbst bezeichnet das Buch »Ich bin dann mal weg« (München 2006) als authentischen Bericht seiner Wanderung. Anrührendes bricht sich in ironischer Distanz und amüsant plauderndem Ton. Gerade dass religiöse Erlebnisse zugleich persönlich und leicht geschildert werden, hat vielfach positive Resonanz hervorgerufen. Schnoddrig und unterhaltsam schreibt Kerkeling und zugleich ernsthaft, genau beobachtend, ehrlich und vor allem sehr persönlich. Ton und Inhalt, Ausdruck und Aussage hängen aufs Engste zusammen: Hape Kerkeling jongliert mit den Dingen, übernimmt experimentell und spielerisch Rollen, in die er sich hineinbegibt, um sie dann ebenso überraschend wieder zu verlassen. Religion wird nicht mit letztem Ernst, aber auch nicht aus der Warte des Distanzierten betrieben, sondern als beteiligter Spieler. Genauso wechselt der Ton zwischen persönlichem Bekenntnis und Karikatur, Ringen und Ironie.

Bereits der Einstieg ist unkonventionell.

> »[Ich] suche – frei nach dem Motto: Ich will mal weg! – nach einem passenden Reiseziel. Das erste Buch, was mir mehr oder weniger vor die Füße fällt, trägt den Titel ›Jakobsweg der Freude‹.«(14)

Auch unterwegs lässt er sich von windigen und unverhohlen konstruierten Begründungen leiten: Kerkeling überlegt angesichts der Strapazen abzubrechen, da hört er am Morgen kurz vor dem Aufbruch im Radio Stevie Wonders:

»»Don't go too soon!‹ ... Meinetwegen! Es ist zwar ein bisschen verrückt, seine Entscheidung von einem zufällig gedudelten Lied abhängig zu machen, aber bitte, ich richte mich danach und bleibe also.«(240)

Das Zeichen wird als Zufall erkannt, aber trotzdem als sinnvoller Wink genommen. Darum muss eine Pilgerwanderung nicht Frucht eines religiösen Reifungsprozesses sein, sondern kann dem Zufallsfund in einer Buchhandlung überlassen werden. Nicht Überzeugungen oder Konventionen entscheiden, sondern der Augenblick und die Intuition des Subjekts.

Ebenso zufällig kommt Gott ins Spiel – und bleibt es auch: Der Fahrkartenkauf an seinen Einstiegsort droht daran zu scheitern, dass die Verkäuferin den Bahnhof als nicht existent bezeichnet. Nur Beharrlichkeit verhilft Kerkeling zur Fahrkarte – und der Erkenntnis:

»Ich vermute, dieser Ort existiert nur, weil ich so insistiert habe. Vielleicht habe ich ja Glück und mit Gott geht's mir genauso?«(17)
»In der Wissenschaft wird das doch auch so ähnlich gemacht. Also stelle ich eine Hypothese auf: Es gibt Gott! Es wäre doch sinnlos, meine wertvolle begrenzte Zeit damit zu verplempern, nach etwas zu suchen, was am Ende vielleicht gar nicht da ist. Also sage ich, es ist da! Ich weiß nur nicht wo. Und für den Fall, dass es einen Schöpfer gibt, wird er restlos begeistert davon sein, dass ich nie an ihm-ihr-es gezweifelt habe.«
(21f)

Kerkeling lebt eine situative Theologie, die ergebnisoffen experimentiert. Bereits seine – durchaus überzeugende – Selbstcharakterisierung als »Buddhist mit christlichem Überbau«(20) zeigt, dass ihm Basteln mehr liegt als Konsistenz. Weitere Festlegungen – etwa ob dieser hypothetische Gott Person, Sache oder Weltgesetz ist – sind nicht notwendig: »Es ist ausreichend auf der spirituellen Suche zu sein. Und das bin ich.«(20)
Immer wieder gibt Kerkeling Begebenheiten am Wegesrand die Chance, gleich einer Offenbarung seine Schritte zu lenken. Zum Zeichen wird ihm die Aufschrift auf der Schirmkappe einer dramatisch überforderten Mitpilgerin:

»›Der Herr ist mein Hirte!‹ Dieses Gottvertrauen ist sagenhaft und ich verbiete mir ab sofort, meine schmerzenden Füße zu erwähnen oder auch nur zu spüren!«(70)

Kerkeling startet als Suchender:»Anscheinend weiß ich ja nicht einmal so genau, wer ich selbst bin. Wie soll ich da herausfinden, wer Gott ist?«(22) Unerwartet wird ihm unterwegs Glauben geschenkt:

>»Ja, und dann ist es passiert! Ich habe meine ganz persönliche Begegnung mit Gott erlebt. ... Eigentlich ist mein Camino hier beendet, denn meine Frage ist eindeutig beantwortet.«(240f)

Rückblickend deutet er in der Schlussbetrachtung das Spielerische seines Glaubens, das vorderhand als Unverbindlichkeit erscheinen mag, als Folge seines Gottvertrauens. Es hat ihn gehalten, bevor er es gemerkt hat, und ist ihm Grund aller Leichtigkeit gewesen:

>»Der Schöpfer wirft uns in die Luft, um uns am Ende überraschenderweise wieder aufzufangen. Es ist wie in dem ausgelassenen Spiel, das Eltern mit ihren Kindern spielen. Und die Botschaft lautet: Hab Vertrauen in den, der dich wirft, denn er liebt dich und wird vollkommen unerwartet auch der Fänger sein. Und wenn ich es Revue passieren lasse, hat mich Gott auf dem Weg andauernd in die Luft geworfen und wieder aufgefangen. Wir sind uns jeden Tag begegnet.«(345)

Am Anfang steht die Frage:»Wer bist du?«(3) Am Ende steht das Gottesbekenntnis:»Wir sind uns jeden Tag begegnet.« (345) Die Frage nach sich selbst, seiner Identität, führt Kerkeling – erst fragend und hypothetisch, dann immer bestimmter – zu einer religiösen Antwort. Wenn Kerkeling als Motto seinem Buch voranstellt»Der Weg stellt jedem nur eine Frage:›Wer bist du?‹«(3), dann könnte das von tiefsinniger Doppeldeutigkeit sein. Denn es bleibt offen, ob mit dem»du« Gott oder Kerkeling (oder der Leser) gemeint ist. Die Fragen nach Gott und sich selbst sind zirkulär, setzen einander gegenseitig voraus, motivieren und forcieren einander. Allerdings trägt diese durch starke Selbstbezüglichkeit gewonnene Gottesbeziehung Scheuklappen: Leiblichkeit und Beziehungen gewinnen ein ungleich größeres Gewicht als etwa Geschichtlichkeit und Natur.

Kerkeling begegnet vielem mit lächelnder Leichtigkeit, so etwa den Regeln des Pilgerns, denen gegenüber er sich große Freiheiten herausnimmt: Er übernachtet im Hotel statt in der Herberge, legt Etappen motorisiert zurück und genießt morgens einen Cappuccino nach dem anderen, statt sich eifrig auf den Weg zu machen. Auch sehr intensive spirituelle Erlebnisse beschreibt er auf diese Weise, was aber nicht mit Spott verwechselt werden darf. Kerkelings Ironie erscheint hier als freundliche Form, übertriebene Ansprüche liebevoll zurückzuweisen. Während er in der Schlusspassage ernsthaft von Gott spricht, verweigert er der menschlichen Religiosität Ehrfurcht und Demut. In dieser relativierenden Funktion erscheint Kerkelings ironische Grundhaltung als spezifisch religiös: Sie hält die Differenz bewusst zwischen Letztem und Vorletztem, Gott und unserem Glauben an ihn. In diesem Sinn wird Kerkelings Ironie zum religiösen Programm. Alles bleibt vorläufig, ist menschliches Experiment und öffnet dem Leser so einen Raum eigenen Ausprobierens. Das entspricht dem Pilgern, das ein Vorübergehen und Leben im Vorläufigen ist.

Kerkelings Pilgerweg ist ein Exodus. Er verlässt eine Welt der Ordnung zugunsten eines Raumes freier Entfaltung. Das tut er aus Not, denn Stress und Leistungsdruck machen ihm zu schaffen. Kerkeling nimmt sich eine Auszeit, in der Festlegungen irritiert werden durch spielerisches Experimentieren. Zugleich geschieht diese Befreiung in dem traditionellen Rahmen eines vorgegebenen Pilgerweges. Der ehemalige Ministrant vertraut sich der geschichtlich gewachsenen Route an. Er schlüpft – wenngleich in großer Freiheit – in die Rolle des Pilgers. Sie zeigt ihm eine Möglichkeit, den Alltag zu transzendieren und seine noch diffuse Sehnsucht zu entfalten. Kerkelings Exodus weiß, wovon er weg muss, und der Weg wird zum ihn wandelnden Ziel.

Dichter als die anderen Pilgerberichte ist »Ich bin dann mal weg« an der gewöhnlichen Erfahrungswelt. Auch für spirituell Normalbegabte ist er anschlussfähig. Kerkeling ist ahnungslos wie jedermann, aber voller Sehnsucht. Kerkeling will nicht Experte sein, sondern Suchender, ein religiöser Einsteiger wie andere auch, der entlastend zuspricht: Du musst nichts können, um Gott und dich selbst zu finden.

Ein Komiker zeigt, wie Glaube lustvoll, authentisch und doch ohne Schwere aussehen kann. Er nimmt den Leser mit, spricht ihn an, involviert und motiviert zu einem Glauben, der weiß, dass er nie am Ziel ist, sondern immer unterwegs bleibt. Nicht mehr die ganze Welt wird geordnet und gerettet, aber es werden Inseln möglichen Lebens geschaffen. Wer Kerkelings Buch gelesen hat, weiß am Ende nicht mehr über das Leben als vorher. Aber er ist neugieriger geworden, etwas herauszufinden.

Der Pilgertypus, der bei Hape Kerkeling vorgestellt wird, zeichnet sich durch eine dauernde Gemengelage von Nähe und Distanz, von Ergriffenheit und Ironie, von spiritueller Suche und Zufallsfunden aus. Er nimmt seine Pilgerexistenz an wie eine Rolle, in der er sich selbst – kritisch – beobachtet. Dadurch hat sie eine gewisse Leichtigkeit, die sich zugleich durch Offenheit für Unerwartetes und das Wagnis, Ungewohntes zu tun oder zu denken, auszeichnet. Auch religiös ist alles offen. Kerkeling lebt die Beziehungen zu den Mitpilgern, denn er ist kein einsamer Kämpfer, sondern bleibend bedürftig auf andere ausgerichtet – Menschen und Gott –, die ihn tragen. Er ist nicht das alleinige Subjekt seines Weges, sondern Zufälle und Chancen sind wie seine momentane Befindlichkeit Akteure. Darum bildet der Weg auch keine stringente Kontinuität, er gliedert sich in einzelne Episoden, Spiele im Moment, ohne hohen Einsatz und Verbindlichkeit. Dieser Pilgerweg symbolisiert nicht den roten Faden, sondern einen flexiblen Lebenslauf, der sich auf immer veränderte Situationen einzustellen weiß.

Das Pilgern wird mit der Person des Pilgers erfunden, indem er selbst die Spielregeln setzt, was Komfort, Anspruch und Ziel angeht. Darum kann dieser Pilgertypus auch als das Spiegelbild des postmodernen Menschen gesehen werden, der sich mehr ahnend und suchend auf den Pilgerweg begibt, ohne zu wissen, wohin er möchte.

Carmen Rohrbach: Eingehen in den Kreislauf der Natur

Carmen Rohrbach, die Autorin des 1991 erschienenen Reiseberichts »Wandern auf dem Himmelspfad« (München 1999) ist gelernte Biologin. Als atheistisch aufgewachsene ehemalige DDR-Bürgerin steht sie für ein dezidiert nicht-religiöses Begehen des Weges, das zugleich ausdrücklich einer Sinnsuche geöffnet ist.

Einen guten Eindruck in Rohrbachs Pilgererfahrung gewährt eine längere Textpassage über das Ankommen in Finisterre (dem »Ende der Welt«, einem westlich von Santiago gelegene Kap am Antlantik) auf den letzten Seiten des Buches:

> »Meine Vorstellung sträubt sich gegen eine seßhafte Lebensweise, gegen Dauer und Beständigkeit. ... Zweimal übernachte ich zwischen Ginster und Heidekraut. Dabei habe ich immer dieses Gefühl der Sicherheit und der Geborgenheit in der Natur. Solange ich mich ihr einfüge, schützt sie mich. ... Das Leben in der Natur ist eindeutig, es gibt keine Zweifel, keine Missverständnisse, keine Heuchelei, keine Lügen

und keine Liebe. Denn kein Lebewesen ... ist wichtig als Individuum, aber sie alle haben Teil an dem großen, nicht sinnbezogenen Kreislauf des Entstehens und Wiedervergehens. Wenn ich in der Natur bin, vergesse ich, die Sinnfrage zu stellen. ... Weil der Mensch sich von der Natur entfernt hat, mystifiziert er sie. Weil er selbst urteilt und verurteilt, unterstellt er ihr einen Sinngehalt, den sie doch niemals haben kann. ... Ich ziehe mich aus und schwimme ins Meer hinaus. ... Wie schön, ein Mensch zu sein! ... Das Ende der Welt ist nicht hier, es ist nirgendwo. Ich breite die Arme aus und grüße die Elemente. ... Ich bin glücklich mit dem Gedanken, daß es für mich nirgendwo einen Platz auf der Erde gibt, denn das bedeutet, ich bin überall zu Hause. ... Nun bin ich angekommen und gehe wieder ... Das Leben ist eine ständige Weiterbewegung, die doch nirgendwo hinführt. ... Realität und Traum. ... Ich muss unterwegs sein, nicht um anzukommen, sondern um immer wieder neu mich selbst zu finden und zu erfinden. Das Meer, es dringt in mich ein, ich nehme seine Farbe auf ... Ich habe Zeit, alle Zeit des Lebens.« (280–82)

Auffällig ist, dass die stärksten Naturerlebnisse, die Rohrbach beschreibt, sich an naturräumlichen Kanten abspielen: an einem Abbruch in der Meseta und an der Küste des Atlantiks. An beiden Stellen steht Rohrbach vor einer indifferenten kontur- und grenzenlosen Atmosphäre. Sie geht im fiktiven Fliegen und im tatsächlichen Schwimmen in einer Art Aura auf. Während das Pilgern einem Weg folgt und im Vorwärtsstreben besteht, befindet sie sich hier in einem amorphen, endlosen und richtungslosen Raum. Darum kann sie hier die der Natur zugesprochene Interesse- und Richtungslosigkeit in besonderem Maß erleben. In und zu diesem Raum ist kein Verhalten mehr möglich – man geht in ihm auf, ist einfach in ihm da. Gerade dieses schlichte Dasein ist für Rohrbach Erfüllung. Das materialistische Weltbild einer sinnlosen Natur kippt in deren Resakralisierung. Dieser Augenblick changiert zwischen Ewigkeit und flüchtigem Moment. Hier kommt das Leben auf den Punkt, muss aber zugleich wieder aufgehoben und dem ziellosen Kreislauf unterworfen werden. Erfüllung bleibt fragmentarisch, flüchtig und vorübergehend.

Für Rohrbach zentral ist das Moment der Ziellosigkeit und damit des Unterwegsseins um seiner selbst willen. Damit verbunden ist eine Naturorientierung, die auf ein Verschmelzen im Ganzen der Natur zielt. Dabei fällt das explizite Fehlen von Ziel und Sinn in eigenartiger Weise zusammen mit dem Erreichen von Glück und Erfüllung im Naturerleben, das von der Sinnfrage und dem Zwang der Unterscheidung befreit:

>Ich gehe weiter. Wie flüchtig doch die Beziehungen zu den Menschen sind, wenn man unterwegs ist ... Auf einer Reise tritt die Vergänglichkeit unseres Lebens am schärfsten hervor. Ich gehe und gehe, und gehe an allem vorbei. Nur für einen Augenblick werde ich gestreift, berührt, getroffen, dann bin ich schon wieder weitergegangen, fort.«(218)

Glück zeigt sich beim Eintauchen in das ziellose Unterwegssein, das weder die Bindung an eine Heimat noch an ein Ziel kennt. Rohrbach beschreibt sich als Suchende, die gerade das Offene der Ziellosigkeit schätzt. Trotz der Ziellosigkeit macht sie sich auf den Weg, denn sie hat eine objektlose Sehnsucht in sich:

>Das Laufen ist mir zur Gewohnheit geworden. ... Ein schönes, ein einfaches, ein sinnvolles Dasein. Ich hatte so ganz im Gegenwärtigen gelebt ..., daß ich das Ziel ganz vergessen hatte. Ich will gar nicht ankommen. Wie schön wäre es, immer so weiter zu wandern, einem Ziel entgegen, das gar nicht existiert oder daß sich im gleichen Maße entfernt, wie man ihm näher kommt.«(194)

Ausführlich thematisiert Rohrbach die Wirkung des Laufens. Sie wird aufnahmebereit und durchlässig, und zwar nicht nur sensuell. Sie schreibt:

>... mir öffnen sich noch andere Ebenen der Wirklichkeit. Es entsteht ein Gleichklang zwischen mir und der Umwelt. Vom Rhythmus der Schritte getragen tauche ich ein, verschmelze mit der Landschaft. Und während sich die Konturen meines Körpers verlieren, erfahre ich mich innerlich geweitet bis zum Horizont.«(152)

Das Außer-sich-Sein, in dem sie den Elementen unterlegen, der Landschaft ausgeliefert und von ihr überwältigt ist, erreicht sie nicht durch kontemplative Beschaulichkeit, sondern durch eigene Aktivität. Selbst die mystische Erfahrung des Selbstverlustes kommt nicht über sie – sie bleibt auch hier die souverän und autonom Handelnde. Durch das Laufen gliedert sich Rohrbach in die Natur ein, die sie als großen »Kreislauf des Entstehens und Vergehens« (280) versteht, der weder Ziel noch Sinn kennt. In ihrer skeptischen Grundhaltung verneint sie nicht nur religiösen Glauben, sondern Sinn überhaupt:»Nicht nur, daß ich an keinen Schöpfer mehr glauben kann, ich sehe auch keinen übergeordneten Sinn im Leben.«(29) Es gibt kein Jenseits, aber das Diesseits wird bis ins Unendliche geweitet und ausgelotet. Die Welt ist ein leerer und offener Möglichkeitsraum, in den der Pilger grenzenlos frei ausschreiten kann. Dies könnte als eine Art materialistische Naturmystik bezeichnet werden, in der ein naturwissenschaftlich-rationales Weltbild mit religiöser Sehnsucht verbunden wird.

In diesem Reisebericht zeigen sich viele Motive, die für Pilger anknüpfungsfähig sind: Unterwegssein, Bindungslosigkeit, prozessuale Identität, Wertschätzung der Natur, Zivilisationskritik, Schwinden der Körpergrenzen, leibliches Verschmelzen, Einswerden, Strapazen, Grenzen der Belastbarkeit, Selbstüberwindung, Fremdheit, Gemeinschaft, Bewusstseinsveränderung durch das Laufen, Landschaftswahrnehmung, Weite, Frage nach Ziel und Motivation, kirchliche Religiosität und freie Spiritualität und lassendes Hingeben.

Leser finden in Carmen Rohrbach eine selbstbewusste, starke und mutige Frau, die ihren Weg geht. Dabei steht auch sie in spezifischer Weise in der postmodernen Gegenwart mit ihrem Fehlen eines einheitlichen Sinnuniversums, das klar orientiert: So sehr der Gewinn an Freiheit genossen wird, leidet der postmoderne Mensch auch unter der Unübersichtlichkeit der Welt, die viele überfordert.»Wandern auf dem Himmelspfad« zeigt, wie Pilger in der Natur selbstevidente Eindeutigkeit und Klarheit finden können.

Während Religionen, Weltanschauungen und Sinnangebote heute oft als Konstruktionen wahrgenommen werden, suggeriert Rohrbach, dass die Klarheit der Natur wie ein Naturgesetz vor aller menschlichen Kultur einfach da ist. Erfüllung muss dabei nicht durch den Verlust von Mündigkeit und Selbstständigkeit erkauft werden. Ohne»eingebildeten« Sinn und ohne spirituellen Kitsch leben zu können, die Kargheit einer rationalen Welt auszuhalten, hat etwas Aufrichtiges und Starkes. Hier finden sich Pilger wieder, die selbstbewusst und frei ihren Weg gehen, wenngleich offen bleibt, wie tragfähig die von Rohrbach in der sinnfreien Naturgesetzlichkeit erlebte Erfüllung ist.

Der Pilgertypus, den Carmen Rohrbach vorstellt, ist der des getriebenen Menschen, eine Identitätsfigur für Pilger, die Freiheit suchen. Ihr Pilgern ist in erster Linie ein Unterwegssein, das kein Ziel kennt. Dieser getriebene Pilgertypus will einfach unterwegs sein. Nahrung findet die Seele im Naturerleben: Die Natur scheint endlos, in sich bergend, man möchte und muss sich nicht unterscheiden. Die elementare Körpererfahrung des Pilgerns, das Ausgesetztsein an Wind und Wetter, an körperliche Bedürfnisse, aber auch Erfahrungen der Weite, der Stille und der Verbundenheit mit der Erde, auf der man geht, ist ausreichend. Ein weiteres Ziel gibt es nicht, der Pilger gleicht sich vielmehr dem ziellosen Kreislauf der Natur an. Diese materialistische Naturmystik verbindet ein naturwissenschaftlich-rationales Weltbild mit religiöser Sehnsucht. Der Weg soll in seiner Intensität erfasst und erlebt werden, es geht um Verbindung mit dem Weg, der Natur, mit sich selbst.

Lee Hoinacki: Eingliedern in Schöpfung und Tradition

Lee Hoinacki, befreiungstheologisch orientierter Dominikaner, lebte 15 Jahre als Subsistenzfarmer in den USA und lehrte an mehreren Universitäten. 1993 pilgerte der 65-jährige Hoinacki den spanischen Jakobsweg und verfasste einen Reisebericht, der ihn als reflektierten Theologen, Soziologen und Philosophen ausweist:»El Camino – ein spirituelles Abenteuer«(Freiburg 1997).

Hoinackis zentrale Einsicht, die er druch den Camino gewonnen hat, ist, die Welt als Schöpfung wahrzunehmen. Schöpfung meint mehr als eine Beziehung von Mensch und Umwelt: Der Mensch wird zu einem Teil der Welt.»... ich blicke nicht auf eine Szene, ich bewege mich in das hinein, was ich sehe.«(31) Er verzichtet auf die mit der menschlichen Weltoffenheit gegebene Fähigkeit, seine Situation zu transzendieren, sie auf Alternativen hin zu öffnen. Er möchte sich – beinahe instinktiv – von der Natur bestimmen lassen. So verhält er sich nicht als Subjekt zu einem von ihm getrennten Objekt, er steht nicht distanziert außerhalb, sondern agiert intuitiv als Teil eines Lebenszusammenhanges. Solches Eingliedern bietet sich an, weil die Welt sinnvoll geordnet ist:»Es gibt keine Unfälle, keine Zufälle in der Schöpfung; es gibt nur Geschenke als Schmerz oder als Verstehen.«(58) Die Schöpfung ist kein bloßes Material, sondern Trägerin des Sinns, den der Pilger durch Nähe, durch Sein in der Schöpfung aufnimmt. Je ursprünglicher das Erleben, je dichter an den vier Grundelementen Erde, Luft, Wasser und Feuer, desto kräftigender und unmittelbarer ist es zum Sinn.

Hilfreich ist für Hoinacki das Beten des Rosenkranzes, weil er merkt,»daß dieses Gebet mit dem *camino* verbunden ist, daß es übereinstimmt mit dem Rhythmus des Wanderns.«(47) Weil Atemzug und Wort genau entsprechen, »wurde das Gebet ein Teil meines Körpers auf eine neue Weise; es gehörte zu mir, ... es wurde *mein* Gebet.«(59) Der Rosenkranz verbindet Dinge und

Geist, Vergangenheit und Gegenwart, Konkretes und Umfassendes. Seine Erfahrungen bündelt Hoinacki zu einem Credo, in dem die Schöpfung auffälligerweise nicht zum Hinweis auf einen dahinterstehenden Schöpfer wird, sondern selbst Bezugspunkt des Glaubens ist:

»Alles, was ich in diesen Wochen gefühlt und empfunden habe, hat mich dazu gebracht, mit noch größerer Gewissheit an die Schöpfung zu glauben. ... Es ist mir auch klar, daß die Schöpfung allumfassend ist – ich existiere ebenso nur als Teil eines größeren Ganzen wie alles, durch das ich mich bewege. Nichts ist sein eigener Schöpfer, nichts existiert aus sich selbst.« (224)

Hoinacki legt damit ein pantheistisches Bekenntnis ab, das in allen Erscheinungen der Welt das Göttliche sieht. Für ihn hat der jeweilige Ort eine große Bedeutung. Die Orte auf dem Camino sind keine auswechselbaren Stereotypen und Kopien, die genauso gut anderswo begegnen könnten. Sie unterscheiden sich, sind einmalig und haben darum etwas Festes an sich, das den Pilger vergewissert:»Es gibt nur den Ort, an dem ich bin, dessen Einzelheiten ich fühle« (30), denn nur das Am-Ort-Sein ermöglicht Berührung zum Sinn dieses Ortes. Das überrascht gerade angesichts der Flüchtigkeit des Pilgers, der in einem fort seinen Ort wechselt. Dies würde den Gedanken der Vergänglichkeit, des beliebig auswechselbaren Raumes nahelegen, von dem her der Pilger gerade keine Stütze für seine Identität erfährt. Hoinacki erfährt aber Selbstvergewisserung, weil er durch die immer neue Wahrnehmung der Einmaligkeit des jeweiligen Ortes dessen Bedeutsamkeit aufnimmt. Jeder Ort – und mit ihm der Pilger – wird so zu einem Teil der Schöpfung. Die Unbegrenztheit der Meseta in ihrer konturlosen Weite empfindet Hoinacki als verstörend, in der Weite fühlt er sich verloren. Der Begrenzung auf einen konkreten Ort kommt bei ihm fast moralische Bedeutung zu. Horizont steht hier gerade nicht für grenzenlose Weite und Offenheit, sondern für begrenzende und maßgebende Einbettung. In universaler Weite verliert sich der Mensch im Abstrakten; erst ein Horizont gibt seinem Leben orientierende Koordinaten. Zwar verändert der Horizont sich laufend, aber das Gehen erdet ihn am jeweiligen Ort:

»Obwohl der Horizont immer ›dort draußen‹ ist, anscheinend so fern, weiß ich doch, daß er nah ist, ich bin in seiner beruhigenden Umarmung.« (173f)

Wenn die Wahrnehmung des Hier und Jetzt, des konkreten Ortes entscheidend ist, dann bekommt das leibliche Spüren eine zentrale Funktion für die Erkenntnis. Erst das leibliche Spüren – das sich am stärksten in unangenehmem Erleben zeigt – macht die Dinge real:

»Der Schmerz schafft alle leere Fantasie oder Sentimentalität fort. Die geatmeten Worte schließen alle täuschende Intellektualität aus.« (110f)
»Ich bezweifle nicht, daß der Schmerz und der *camino* innig verbunden sind.« (280)

Hoinacki gibt dem eine tiefgründige theologische Begründung: Wer an der Liebe Gottes teilhaben möchte, muss auch an der schmerzensreichen – im Kreuz geschehenen – Liebe Gottes zu den Menschen teilhaben. Wie Gott die Leiden der Menschen teilt, so teilt der Pilger die Leiden der Schöpfung im Schmerz des Gehens. Gegen eher seichte Vorstellungen esoterischer Harmonie zeigt sich Hoinacki als Befreiungstheologe: Einssein geht nur durch aktive Empathie mit der gefallenen Schöpfung, die wie die und mit den Menschen leidend ihrer Vollendung harrt (vgl. Röm 8,22). Hoinacki verortet sich nicht nur im geografischen, sondern auch im zeitlichen Sinn. Er gliedert sich ein in die Tradition, die »große Kette des Seins« (65). Häufig stellt er seinen Eindrücken ausführliche und kenntnisreich ausgewählte Zitate historischer Pilgerberichte an die Seite. Er möchte sich in die Geschichte des Glaubens auf dem Jakobsweg einordnen. Damit unterscheidet er sich von einer Großzahl der Pilger, die den Weg seiner historischen Tiefendimension berauben, indem sie ihn zu einem Steinbruch religiöser Selbstkonstruktion machen. Hoinacki sucht eine Symbiose aus Geschichte und Pilger, in der jedoch die Tradition prägend bleibt:

»Durch das Studium der Vergangenheit hoffe ich den Santiago zu finden, der in meine Welt paßt, nicht weil ich ihn passend mache, sondern weil ich sehe, wie ich mich selbst für seine Wahrheit passend mache.« (126)

Auch hier begegnet wieder Hoinackis Grundimpuls, sich – in Ort und Zeit, in die Schöpfung – einzugliedern, um am Leben teilzuhaben.
Umso mehr fällt auf, dass er sich von Mitpilgern und Lektüre fernhält, da er sie als Ablenkung ansieht. Auch Kirchenbauten und Kunst sind ihm artifizielle Konstrukte der Zivilisation, die ihm zu vieldeutig sind. Er befürchtet, durch sie von der Schöpfung entfremdet zu werden. Hoinackis

Verhältnis zur Religion ist zwiespältig. Einerseits ist er beheimatet im Ritual des Rosenkranzes, andererseits meint er, dass der Glaube ohne die äußeren Formen der Religion auskommen müsse. Solcher Glaube lebt ohne äußeren Halt, denn er hat das Gewand der Formen ausgezogen, lebt unbehaust und nackt, allein auf sich gestellt. Darin sieht Hoinacki eine Analogie für die alte Pilgerformel ›nudum Christum nudus sequere‹ (dem nackten Christus nackt folgen). Der äußeren Unbehaustheit des Pilgers entspricht die innere des form- und schutzlos gewordenen Glaubens. Der im Pilgern eingeübte Glaube ist »ein Sprung ins Ungewisse, absolutes Vertrauen in den anderen, Tod des Ich« (163).

Die Schlussbetrachtung des Autors gibt seine wesentlichen Einsichten des Pilgerweges wieder:

»Ich habe etwas in diesen einunddreißig Tagen der Einsamkeit und der Stille verstanden: daß ich nicht allein bin, daß ich nicht einmal als eine Art selbstbewußtes Individuum existiere, daß ich kein unabhängiges Ich bin und die in mir liegenden Möglichkeiten verwirklichen kann. Sondern ich existiere nur insoweit, wie ich an den unzähligen Handlungen teilnehme, die in ihrer Summe die lebendige Tradition begründen, die mein Erbe ist, das meine Eltern und die Pilger mir gegeben haben.« (312)

Der Pilgertypus, der sich bei Hoinacki herausschälen lässt ist der Pilger, der sich in den Weg eingliedert und der nicht experimentiert und autonom entscheidet, wie er mit den Möglichkeiten des Weges umgeht. Der Weg ist keine beliebige Bühne, auf der der Pilger sich je nach gusto selbst aufführen kann. Er macht nicht nur auswählbare Angebote, sondern ist selbst Subjekt, dem der Pilger sich überlassen soll. Darum wäre es widersinnig, in kritische Distanz zu gehen, wie ein Zuschauer zu beobachten. Darum steht diese Art zu pilgern in einem inneren Zusammenhang mit dem Kern des Christentums, der Inkarnation. Wie Gott am Geschick der Menschen teilnimmt, so partizipiert der Pilger, der leiblich in den Ort hineingeht und ihn berührt, an der Schöpfung wird er selbst Schöpfung.

Pilgertypen

Das Profil der Pilgertypen erschließt sich am deutlichsten durch Gegenüberstellung: Kerkeling und Coelho zeigen zwei weitgehend entgegengesetzte Typen des Pilgerns. Zwar berichten beide von einem Weg der Wandlung und Selbstfindung, aber die für Kerkeling zentralen Momente der Jedermannsreligion und der spielerischen Ironie weisen in eine gänzlich andere Richtung. Coelho strebt voran als Einzelkämpfer, er ist ein Widerstände martialisch überwindender Held, der seine Macht steigert und zuletzt selbst Gott wird. Kerkeling lebt aus der sozialen Begegnung mit den Mitpilgern, er ist und bleibt ein bedürftiger Mensch wie du und ich, von Gott getragen. Kerkeling startet aus einer Situation der Schwäche, genötigt zu einem Exodus, während Coelho zu einer Eroberung aufbricht. Coelho hat Plan und Auftrag, für den es sich zu engagieren und zu quälen gilt, und der ihm Orientierung, Klarheit und Kontur gibt. Kerkeling hingegen lebt aus der Situation; er kann seiner momentanen subjektiven Befindlichkeit nachgeben, einfach gelassen und spielerisch in den Tag gehen. Offenheit für Zufälle und Chancen stehen Coelhos Festigkeit gegenüber, vager Glauben beständiger Sicherheit. Dafür greift Coelho auf Versatzstücke des Mittelalters zurück, die ein geschlossenes Weltbild assoziieren lassen, das Gewissheit gibt und darum letzten Ernst und Einsatz fordern kann. Kerkeling hingegen ist ein typisches Kind der Postmoderne, nicht Gegen-, sondern Abbild der Gegenwart: Es gibt nicht mehr das eine umfassende Weltbild, dafür episodisches Spielen im Moment, ohne hohen Einsatz und Verbindlichkeit, das trotzdem für den Moment erfüllend sein kann.

Auch die Gegenüberstellung von Rohrbach und Hoinacki kann beide gegenseitig profilieren. Sie zeigen sich ähnlich kritisch gegenüber Kultur und technischer Zivilisation; sie suchen Natur und Leiblichkeit und haben hier ihre stärksten Erlebnisse. Sie pilgern durchaus anspruchsvoll, betonen anders als Kerkeling den Wert von Herausforderung und Schmerz, aber bleiben dabei erreichbare Identifikationsfiguren. Beide Pilgertypen zeigen neben den Gemeinsamkeiten entgegengesetzte Ausprägungen, die durch Einbindung (Hoinacki) bzw. Erweiterung (Rohrbach) beschrieben werden können. Hoinacki möchte sich in die Schöpfung integrieren, indem er Teil des konkreten Ortes und seiner Tradition wird. Dafür braucht er umrissene Orte mit Konturen und einen umgrenzend-bergenden Horizont. Das Berühren der Schöpfung ermöglicht ihm, sich nicht mehr als selbstständiges, aus sich heraus existierendes Subjekt zu erleben, sondern als Beziehung und Antwort. Hoinacki erfährt beim Pilgern einen Sinn der Schöpfung, der – so unorthodox er erscheint – doch stark christlich geprägt ist. Für Rohrbach steht der Horizont genau entgegengesetzt für grenzenlose und offene ortlos-unbestimmte Weite, in der sich ihre Körpergrenzen auflösen und in die sie sich verlieren kann. Bei ihr führt gerade das unbestimmte Irgendwo, ja das Sinnlose der Natur dazu, dass sie sich umso mehr als selbstbewusster und autonomer Mensch verhält, sich selbst erfindet. Natur wird ihr zum leeren Raum, der Bindung verhindert, aber dem auf eigenen Beinen stehenden Menschen unbegrenzte Weite bietet. Diese fast nihilistische Mystik bietet Berührungspunkte zu Coelho. Rohrbach bleibt aufgeklärte Naturwissenschaftlerin, die im ziellosen Kreislauf des Kosmos, der am Individuum nicht interessiert ist, ziellos wie endlos unterwegs ist. Gerade indem sie sich dem Bodenlosen der Welt stellt, erlebt sie Erfüllung.

Hoinacki wie Rohrbach spiegeln in je eigener Weise die postmoderne Gegenwart und ihre überfordernde Unübersichtlichkeit. Wenn Menschen mit immer mehr Möglichkeiten konfrontiert werden, zwischen immer mehr Sinnangeboten auswählen können, werden kulturelle und religiöse Vorstellungen brüchig und wecken einen neuen Wunsch nach Klarheit und orientierender Beheimatung. Auffällig ist, dass beide Autoren die kulturellen Formen christlicher Religion nicht als Gewissheit stiftend erleben. Sie scheinen konstruiert und dadurch beliebig zu sein. Das ist umso erstaunlicher, als der Jakobsweg durch die reiche mittelalterliche Bausubstanz und Legendenüberlieferung für heutige Verhältnisse einen in sich erstaunlich geschlossenen Sinnkosmos anbietet. Selbst Hoinacki scheint der Sinn für menschlich-kulturelle Kommunikation abhanden gekommen zu sein – seinen Bezugspunkt zum Christentum findet er nicht in dessen »religiöser Oberfläche«, sondern nur in der je subjektiven Religiosität. Evidenz vermittelt vor allem die Natur. Sie verbürgt Eindeutigkeit und Klarheit und kann so eine im letzten vergewissernde Sicherheit bieten. Beide Autoren übersehen dabei, dass auch Naturerleben nicht unmittelbar, sondern durch den jeweiligen kulturellen Sinnhorizont der Menschen geprägt ist, also die angenommene letzte Gewissheit nicht bieten kann. Letztlich findet jeder, was er bereits mitgebracht hat: Rohrbach sieht ihr sinnfreies naturwissenschaftliches Weltverständnis bestätigt, Hoinacki seinen christlichen Schöpfungsglauben. Sie erfahren keinen von sich unabhängigen Grund, sondern vertiefen und erweitern ihr – kulturell vermitteltes – Weltverständnis.

Die vier untersuchten Pilgerberichte zeigen einen sicher gegenwartstypischen Querschnitt durch Erfahrung und Interpretation des Pilgerns. In ihnen begegnen uns gemeinsame Tendenzen wie auch die Weite des beim Pilgern Möglichen. Wenig überraschend ist, dass der Aktivität des Körpers große Bedeutung zukommt. Das Bewusstsein für den Körper wird im

Erleben gesteigert, wobei sich ein Kontinuum von strengem und überwältigendem Pilgern bei Coelho bis zur einladenden bequemen Anspruchslosigkeit Kerkelings findet. Die Erlebnisintensität bewirkt eine Zentrierung im Hier und Jetzt und in der eigenen Subjektivität. Dabei erleben alle Autoren den Jakobsweg als eine andere Welt, die gegenüber dem Alltäglichen einen Überschuss bietet. Das Besondere kann esoterisch als Verdichtung von Energieströmen und eher soziologisch als Freiraum für Rollenexperimente verstanden werden. In jedem Fall wird der Weg als Wandlung erfahren, wobei meist unterschätzt wird, wie sehr das vermeintlich Neue durch den Pilger selbst und seine Vorprägung in die Situation eingetragen wird; tatsächlich ist eher von Vertiefung und Stärkung als von Neuorientierung und Wende zu sprechen. Diese Veränderung der Identität wird durchgängig als positiv und hilfreich eingeschätzt und hat eine religiös-spirituelle Dimension. Während Hoinacki sich zu einem christlich-personalen Gottesverständnis bekennt und Kerkeling vage zumindest ein Handeln Gottes kennt, lehnen die anderen Autoren einen personalen Gottesglauben ab: Coelho überwindet Gott, Rohrbach negiert jeden Sinn.

In der Tendenz dürfte dies mit den Bezugspunkten der Erfahrung zusammenhängen: Alle Autoren wenden sich von Kultur und Kirche ab und finden Anlass und Grund ihrer Identitätsarbeit in der Natur (und Kerkeling in sozialen Beziehungen). Diese vermittelt eher apersonale und monistisch-pantheistische bzw. Sinn generierende Vorstellungen, während Kultur und Tradition eher eine Nähe zur Geschichtlichkeit und zum Gegenüber eines personalen Gottes zeigen. Alle Berichte reagieren auf die durch die Offenheit und Vielfältigkeit unserer Gesellschaft stimulierte Frage nach Orientierung und Halt. Kerkeling und Hoinacki finden diese, indem sie sich einbinden und tragen lassen von einem letzten Grund. Coelho und Rohrbach stellen sich dem Verlust der Gewissheit und erschaffen sich zu starken und autarken Menschen, die auf eigenen Beinen stehen.

Pilgerschritte

Was geschieht beim Pilgern – äußerlich und innerlich? Was auf den ersten Blick eindeutig erscheint, erweist sich bei genauerer Betrachtung als komplexes Gebilde. Wie kann die Vielfalt aus Handeln und Erleben, aus Wirkung und Bedeutung in eine stimmige Form gebracht werden, die verstehen lässt, was Pilgern ausmacht? Zudem gibt es unermesslich viele Variationen: Der Ablauf hängt ab vom Weg, wie er bewältigt wird, seiner religiösen Prägung, Landschaft und Klima, vom gesellschaftlichen und kulturellen Kontext, vom konkreten Anlass sowie vom Einzelnen, seiner Motivation, Verfassung und Intention – bewussten wie unbewussten Faktoren. Doch reicht die Aufzählung der Vielfalt nicht aus. Zum Verstehen braucht es ein allgemeines theoretisches Muster. Gerade um den unterschiedlichen Phänomenen und Ausprägungen Raum zu geben, muss es formal sein. Darum soll als grobes Raster zuerst auf das typische dreigliedrige Schema der meisten Riten zurückgegriffen werden: Lösen, Transformation und Reintegration. Innerhalb des Rahmens von Aufbrechen (Lösen) und Rückkehren (Reintegration) befindet sich der zentrale Bereich des Übergangs (Transformation). Wichtig ist hier die Wirkung des Gehens, wie der Mensch sich weitet und mit seinem Leib und der Natur eins wird, sich dabei seiner selbst vergewissert und Grenzerfahrungen macht. Vor der Analyse der einzelnen Pilgerschritte soll es um das Pilgern als Ritual gehen.

Schwelle und Transformation – Pilgern als Ritual

Um die nachfolgenden Überlegungen einzubetten, möchte ich zuerst ein Verständnis von Ritual entfalten, das sich an den Forschungen des Ethnologen Victor Turner orientiert. Danach sind Rituale Handlungen, die gemeinsame körperliche Präsenz voraussetzen, eine symbolische Bedeutung haben und den Teilnehmern soziale Normen einschreiben. Meist verlaufen sie außerhalb des Bewusstseins und entfalten damit unbemerkt nachhaltige Wirkung, denn sie inszenieren Empfindungen, Wünsche und Sehnsüchte suggestiv und ergreifend. Rituale beziehen sich zuerst auf die Beteiligten, die sie in einen größeren Zusammenhang von Mythen und Weltverständnis einbinden. Wie der Einzelne brauchen auch Gesellschaften oder Kirchen Rituale, um in die Gemeinschaft einzugliedern. Rituale haben auch eine demonstrative

Funktion, sofern sie bestimmte Gedanken und Themen öffentlich präsent halten. Indem sie gemeinsame kulturelle Traditionen aufführen, vergewissern sich Gemeinschaften ihrer selbst und stärken ihren Zusammenhalt. Rituale sind also wiederholbare Handlungen, die durch die Zeiten verwandelnde, aber auch stützende und orientierende Momente haben. Pilgern wird heute kaum mehr als Ritual wahrgenommen. Denn oft hat es die verwandelnde Kraft eines Rituals nicht mehr. Aber in seiner Struktur ist das Pilgern als Ritual erhalten geblieben – zumindest erahnbar. Die Struktur einer Pilgerreise zu verstehen, schärft darum den Blick für den Sinn der einzelnen Elemente einer Pilgerwanderung und kann den individuellen und sozialen Nutzen erklären. Auch werden so mögliche Ansatzpunkte gewonnen, ihre Wirkung zu stärken.

Weg und Wandlung – Phasen des Pilgerns

Um die ritual-ähnlichen Strukturen des Pilgerns aufzuzeigen, soll der Feldforschung einer Ethnologin gefolgt werden. Barbara Haab hat Anfang der 1990er-Jahre auf dem Jakobsweg Interviews mit Fernpilgern geführt. Ihr ist es gelungen, aus der Vielzahl der Einzelbeobachtungen ein typisches fünfphasiges Ablaufschema zu entwickeln. Denn wie Pilger ihren Weg erleben und deuten, ist nicht nur individuell, sondern folgt zugleich einem allgemeinen Muster. Auffällig ist, wie das innere Erleben dem äußeren Weg folgt und die Phasen der persönlichen Wandlung oft parallel zu bestimmten geografischen Streckenabschnitten verlaufen.

Ein erster Abschnitt führt von den Pyrenäen bis San Juan de Ortega. Die Interviewten beschreiben, wie sie von der Naturschönheit der Berge beeindruckt werden. Das Kloster Roncesvalles und später die einsam gelegene Abtei San Juan de Ortega bringen eine spirituelle Öffnung mit sich. Insgesamt ist der Abschnitt durch starke emotionale Schwankungen geprägt wie auch durch ein fortschreitendes Hineinwachsen in das Pilgersein. Dies wird unterstützt von historischen Bauzeugnissen, die den Geist vorangegangener Pilger vergegenwärtigen.

Die zweite Phase geht über Burgos durch die Meseta bis León. Die karge offene Landschaft der Meseta bewirkt bei den Pilgern eine Weitung der Körpergrenzen. Gleichzeitig wird erfahren, wie begrenzt die eigene Leistungsfähigkeit ist. Wichtige Themen sind Grenze und Relativierung, Reinigung und Leerung und ein Ringen um das Abstandnehmen vom Gewohnten, das sowohl die körperliche wie auch die geistige Dimension erfasst.

Loslassen des Alten und Freiwerden für Neues ist kein einmaliges Geschehen, sondern vollzieht sich prozessual in mehreren Anläufen. Der dritte Abschnitt bis zum Cebreiro wirkt als Vertiefung, ausgedrückt etwa im üblichen Ablegen eines Steines am Cruz de Ferro: Der Pilger wirft mit dem hochgetragenen Stein symbolisch sein altes, sündhaftes Sein ab. Von der folgenden Etappe durch Galicien berichten Pilger über den Verlust der Klarheit und des Überblicks. Sie tauchen ansatzweise in das gewöhnliche menschliche Leben wieder ein und beginnen, das in den vorausgegangenen Phasen erfahrene Neue in sich zu integrieren.

In der abschließenden fünften Phase – dem Ankommen in Santiago – erleben die Pilger Auflösung: In der Kathedrale lösen sie sich in spiritueller Hinsicht auf, verlieren sich noch einmal in eine Ahnung des Göttlichen. Mit der Heimfahrt müssen sie sich von ihrer Rolle des Pilgers lösen und plötzlich auf den stützenden Halt des Weges und der Pilgergemeinschaft verzichten.

Natürlich kann dieses Schema nicht jede individuelle Besonderheit erfassen. Aber es fällt auf, wie stark die Pilger – aller behaupteten Unabhängigkeit zum Trotz – von äußeren Faktoren geprägt werden. An erster Stelle sind hier die unterschiedlichen Landschaftsräume zu nennen, in denen die Pilger sich einen Großteil des Tages bewegen und die unmittelbar auf ihr Empfinden einwirken. Die weiten Ebenen der Meseta geben wenig Orientierung und öffnen, während das grüne Hügelland Galiciens eher einem Labyrinth gleicht. Daneben spielen aber auch kulturelle und religiöse Einflüsse eine gewichtige Rolle: Städte werden als unwirtlich erfahren, verunsichern und bewirken Krisen. Kirchengebäude als Zeugen der Tradition verbinden mit dem großen Strom der Pilger. Dabei bewirken einige Sakralräume besonders intensive geistliche Erfahrungen. Hier werden auffällig häufig Kirchen romanischen Stils und insbesondere Zentralbauten erwähnt. Anders als gotische Kirchen sind sie nicht ausgerichtet und himmelwärts strebend, sondern bergend und in sich ruhend.

Verwandlung in Übergangsritualen und Exerzitien

Barbara Haabs fünfschrittiges Schema lässt sich auf das dreistufige Modell des Ethnologen Arnold van Gennep zurückführen, mit dem er sogenannte Übergangsrituale beschrieben hat. Sie bestehen aus Trennungs-, Übergangs- und Wiedereingliederungsphase. Die Trennung und Loslösung vom Alltag geschieht auf dem Jakobsweg mit dem Überstieg des Pyrenäenpasses.

Die Übergangsphase lässt sich unterteilen in die kathartische Krise der Meseta und eine erste Krisenbewältigung, symbolisiert im Steinabwurf am Cruz de Ferro. Sie mündet in eine anfängliche Reintegration im galicischen Hügelland, die am Zielort Santiago kulminiert und zum Ende geführt wird.

Das dreiphasige Modell der Übergangsriten klingt schlicht, aber genau darin liegt seine Stärke, viele verschiedene Riten in ihrem grundlegenden Ablauf erfassen zu können. In der Trennungsphase geht es um die Loslösung vom Alltag. Es geht um die Schwächung der Identität, damit etwas Neues Raum finden kann. Die Übergangsphase ist durch Ambivalenz gekennzeichnet. Man ist zwischendrin, weder noch, nicht mehr der Alte, aber auch noch nicht der Neue. Man befindet sich außerhalb der Zeit, im Transit, steht gleichsam auf der Schwelle, weswegen diese Phase auch als Liminalität bezeichnet wird. Gekennzeichnet ist Liminalität bei vielen Riten durch besondere Verhaltensweisen: Demut, Schweigen, Verzicht auf Sexualität, körperliche Torturen, Fasten und Unterwerfung. Der Sinn dieser asketischen Erniedrigung liegt in der Vorbereitung auf die nachfolgende Erhöhung. Die bereits in der Trennungsphase eingeleitete Schwächung der bisherigen Identität wird zu einem Zwischenstadium der Leere verstärkt, einer *tabula rasa*, damit Raum für etwas Neues entsteht. Zur Übergangsphase gehört auch eine besonders intensive Form der Vergemeinschaftung, die auch als Communitas bezeichnet wird. Hier herrscht egalitäre Kameradschaft, die vorherige (Rang-)Unterschiede schwinden lässt. Die Teilnehmer lernen, selbstlos von sich abzusehen und Strapazen zu akzeptieren. Wird die Eigenständigkeit gebrochen, überlässt man sich ganz dem Geschehen, geht ganz in ihm auf.

Dies hat neben der sozialen auch eine individuelle Folge: Wer Teil des Geschehens wird, erlebt, wie er durch ein inneres Fließen getragen wird. Dies hat der Psychologe Mihaly Csikszentmihalyi als *Flow* bezeichnet. Flow beschreibt das Einssein mit der Situation, das ansteckt, sodass »es« läuft und nicht mehr ich.[16] Das Ich erlebt sich nicht mehr im Gegenüber zum Geschehen, sondern geht darin auf. Die Subjekt-Objekt-Spaltung wird als aufgehoben empfunden und die individuelle Verhaltenssteuerung fällt weg. Die Vollzüge können sich leiblich einschreiben und werden zu einer leiblich verankerten Erfahrung von Sinn.

Pilgern als Übergangsritus ist eine Form, als Mensch verwandelt zu werden. Auffällig sind Strukturparallelen zu einem anderen – v. a. in der katholischen Kirche oft praktizierten – Weg der Verwandlung, den ignatianischen Exerzitien. Sie sind ein geistlicher Übungsweg in mehreren Schritten der

Bibelbetrachtung. Ignatius entdeckte, dass Wandlungs- und Entscheidungsprozesse oft ähnlich verlaufen und einem typischen Schema folgen, das er in vier bzw. fünf Phasen unterteilt. Dies wird durch heutige psychologische Kenntnisse bestätigt. Diese Phasen zeigen eine überraschend ähnliche Struktur wie die oben dargestellte Abfolge der Übergangsriten.[17] Der Exerzitant beginnt mit der Bejahung seines Lebens und der Welt als gute Schöpfung Gottes – ähnlich wie der Pilger in der ersten Phase in seine Rolle als Pilger hineinwächst. Es folgt die Betrachtung der Sünden samt Beichte, also das Wahrnehmen und Ablegen der alten Identität – so wie die Hitze und Kargheit der Meseta den Pilger leer macht und reinigt und er seine alte Identität im Stein am Cruz de Ferro ablegt. In der folgenden Phase trifft der Exerzitant seine Entscheidung, er orientiert sich neu – wie der Pilger an der Schwelle von der Meseta nach Galicien zwischen Loslassen und Neuanfang steht. Die getroffene Entscheidung wird weiter geprüft – ähnlich dem unübersichtlichen Hügelland Galiciens, in dem der Pilger seine neue Identität vor dem Verlorengehen schützt. Ist bei Ignatius die letzte Woche der Freude und dem Genuss des durch die Entscheidung gewonnenen Neuen gewidmet, so kann der Pilger in der Kathedrale von Santiago den Erfolg seiner Fahrt feiern. So unterschiedlich Exerzitien und Pilgern sind, folgen doch beide einer analogen Struktur. Das überrascht, zumal Pilgern stark leibbetont ist, während Exerzitien eher geistig orientiert sind und auf eine klare Willensentscheidung hinzielen.

Die ähnliche Abfolge von Übergangsritualen und Exerzitien dürfen jedoch über einen wesentlichen Unterschied nicht hinwegtäuschen: Exerzitien stärken das Subjekt, indem es sich vor einem anderen verantwortet, während Übergangsrituale tendenziell die Auflösung des Ich in die Communitas intendieren. Diese Gegenüberstellung könnte zwei Modelle des Pilgerns andeuten: Eines, das den Exerzitien ähnelt, in dem sich der Mensch nach Gott ausstreckt; und ein eher spirituell-mystisches, das dem Prozess der Übergangsrituale nähersteht, in dem sich das Subjekt verflüssigt und in einer göttlich geprägten Mitwelt aufgeht.

Exerzitien bieten eine Abfolge für tiefgreifende Umkehr. Die ähnliche Struktur des Pilgerns legt nahe, dass auch dieses eine – wenngleich eher körperlich als geistig-geistlich verankerte – Verwandlung ermöglicht. Nicht zufällig stammt »wallen« von »wandeln« und dieses wiederum von »wenden« ab. Anders als das lateinische *peregrinatio* betont die Etymologie des deutschen Wortes »Wallfahrt« den Aspekt der Verwandlung. Diese ist nicht erst vom Zielort zu erwarten, sondern geschieht bereits unterwegs und findet am Ziel ihre Bestätigung. Wenn Psalm 15 fragt:»Herr, wer darf weilen in deinem Zelt?«, dann setzt er die Läuterung der Wallfahrer bereits unterwegs voraus. Es bietet sich an, solche Umkehr nicht nur allein unbewusst ablaufen zu lassen, sondern durch die bewusste Willensentscheidung zu unterstützen. So können beispielsweise Elemente der ignatianischen Exerzitien in geeigneter Form in das Pilgern übernommen werden. Dabei ist auf die richtige Platzierung der Phasen zu achten, damit sie nicht der zu durchquerenden Landschaft widersprechen, sondern unmittelbar leibliches Spüren und reflektierte Umkehr einander unterstützen.

Die Beschreibung des Pilgerns als Ritual mag Widerspruch hervorrufen: Weckt diese Vorstellung nicht zu hohe Ansprüche und nimmt dem Pilgern alles Leichte und Spielerische? Kann sie den Aspekt der innovativen Verwandlung einfangen? Denn weil das Ritual die Möglichkeit in sich birgt, beständig wiederholt zu werden, scheint es konservativ zu sein und die Teilnehmer rückwärtsgewandt festzulegen. Der Ethnologe Victor Turner konnte zeigen, dass das eine Fehleinschätzung von Ritualen ist. Denn diese verbinden mit der Wiederholung von Handlungen eine erstaunliche Innovationskraft, die die Teilnehmer und letztlich die Gesellschaft beweglich halten. Denn anders als die Zeremonie, die nur wiederholt und so festgelegt ist und festlegt, zielt das Ritual gerade auf Veränderung. Besonders die mittlere, also die Schwellenphase hat einen Gestaltungsspielraum, der Gelegenheit gibt, Neues auszuprobieren. Dieses Potenzial können Rituale entfalten, wenn die Teilnehmer sich auf das Geschehen einlassen und zum Teil der Communitas werden. So ist ein Ritual nicht nur einprägende Abbildung, sondern vielmehr innovativer Möglichkeitsraum.

Diesen Aspekt der Veränderung vertieft Turner, indem er eine innere Verwandtschaft von Ritualen und Grundgedanken des Christentums feststellt. Das eschatologisch orientierte Christentum sei ein permanenter Übergangsprozess, das Vorfindliches auf Zukünftiges, auf das Reich Gottes hin transformiert. Was im Ritual zeitlich verdichtet zur Darstellung kommt, werde im Christentum auf Dauer gestellt. Gewohnheiten werden außer Kraft gesetzt und in der Ethik Jesu scheint das auf, was für die Schwellenphase eines Rituals typisch ist: Man verzichtet auf Besitz, das verwandtschaftliche Beziehungsnetz wird entwertet und Rangunterschiede werden eingeebnet, die Gemeinschaft ist homogen, man lebt einfach und nimmt Leiden hin, ist selbstlos und gibt seine Selbstständigkeit zugunsten der Gruppe auf und lässt sich nicht nur in einzelnen Lebensvollzügen betreffen, sondern sein Leben im Ganzen. Diese Regeln bewirken die Communitas, eine durch Abschleifen individueller Unterschiede erreichte besonders starke Vergemeinschaftung. Viele dieser Elemente jesuanischer Ethik haben sich besonders im Mönchtum erhalten, weil dieses sich in besonderem Maße als permanenter Übergangsprozess von dieser in Gottes Welt versteht. Auch beim Pilgern finden sich viele der genannten Aspekte von Schwellenphasen, die ein starkes Gemeinschaftsgefühl untereinander bewirken und den Transformationsprozess stärken.

Pilgern als Ritual zum »Selberbasteln«?

In dem Maß, wie es populär geworden ist, hat sich das Pilgern in den letzten Jahrzehnten verändert. Es wird immer individueller gestaltet, sodass es mit der durch kollektive Regeln geprägten Wallfahrt nicht mehr viel gemeinsam hat. Damit nimmt das Pilgern an einer Entwicklung teil, die Turner auch für andere Rituale in nachtraditionellen Gesellschaften aufzeigen konnte. Die selbstverständliche Übernahme überlieferter Elemente verschiebt sich zum »Basteln« mit individuell entwickelten Formen. In vormodernen Gesellschaften ist der Rahmen des Rituals vorgegeben und es wird kollektiv und zyklisch zu festgelegten Zeiten durchgeführt. Die Teilnahme am Ritual ist verbindlich, da es für das Funktionieren der Gesellschaft notwendig ist. Rituale moderner Gesellschaften hingegen sind nicht mehr verbindlich, die Teilnahme an ihnen ist freiwillig und sie werden tendenziell individuell hervorgebracht, sodass sie einen pluralistischen, fragmentarischen und experimentellen Charakter gewinnen. Man unterzieht sich nicht einem Ablauf, sondern wählt aus möglichen Formen aus, mit denen gespielt wird.

Damit geht jedoch tendenziell ein mehrfacher Funktionsverlust einher: Übernommene Rituale verändern das Individuum, um es neu in die Gesellschaft einzufügen. Individuelle Entwicklungen leisten diese Integration nicht. Vor allem wird die Communitas geschwächt, was sentimentale Klagen über den Verfall der Pilgergemeinschaft in Zeiten modischen Massenpilgerns bestätigen. Wenn sich nicht alle den gleichen Strapazen unterziehen, wenn die unterschiedlichen Identitäten nicht zugunsten einer Pilgeridentität aufgegeben werden, schwindet der gemeinsame Erfahrungshorizont. Der Gewinn an Freiheit und Individualität wird mit einer Schwächung des Erlebnis- und Erneuerungspotenzials erkauft. Wer zugleich Schauspieler und Regisseur sein will, wird immer wieder aus seiner Rolle herausgerissen. Er bleibt letztlich auf sich selbst bezogen, möchte sich in der Hand behalten und sich keinem anderen überlassen und unterwerfen. Statt etwas einfach zu tun, meint er, die Situation manipulieren und durch Reflexion adeln zu müssen. Wer Ergriffenheit intendiert und inszeniert, unternimmt oft eine Erfolgskontrolle: Erlebe ich wirklich, was ich gewollt habe? Eine starke individuelle Gestaltungsfreiheit hat gewiss den Vorteil, dass die Form des Pilgerns sich nicht verfestigt, sondern den gesellschaftlichen Bedürfnissen folgt. Nicht übersehen werden dürfen aber bedenkliche Konsequenzen: Die Selbstbeobachtung, das refleive Erleben des Erlebens schwächt die unmittelbare Wahrnehmung. Die auf unhinterfragtes Mitmachen aller angewiesene Communitas verflüchtigt sich. Das Pilgern verliert seine sozial-integrative Funktion.

Glücklicherweise vermag diese Tendenz beim Pilgern nur abgeschwächt durchzuschlagen. Das bemühte Streben nach Autonomie endet meist höchst konventionell: Die vermeintliche Eigenentwicklung entpuppt sich als Wiederholung von in Fernsehen oder Zeitschriften aufgegriffenen Stereotypen. Wege und überlieferte Formen bilden ein Gegengewicht: Wegführung und gewisse Normen gelten weithin als selbstverständlich, das Landschaftserleben und die historische Prägung etwa des Jakobsweges oder die thematische Ausrichtung der Wege nach Assisi wirken sich weiterhin auf die Praxis aus. Aber auch das schützt nicht vor Übergriffen: Wenn neue Themenwege das Etikett Pilgerweg erhalten, wenn Essentials wie Einfachheit und Zu-Fuß-Gehen durch Komfort und Autofahren ersetzt werden oder wenn die geistige Dimension einer rein sportlichen Bewältigung zum Opfer fällt, wird der eigene Gestaltungsspielraum auf Kosten der Wirkung überzogen. Mancher Pilger würde mehr erreichen, wenn er sich stärker auf Vorgegebenes einließe.

Aufbrechen – Auch die längste Reise beginnt mit dem ersten Schritt

Aufbruch ins Ungewisse

An den Anfang der Überlegungen zum Aufbruch sei die gleichnamige Parabel Franz Kafkas gestellt. Ihr befremdlicher Dialog spiegelt das Risiko eines ungewissen Ausgangs, der sich von einer verklärenden Pilgerromantik eines sehnsuchts-süßen Beginnens absetzt:

»Ich befahl mein Pferd aus dem Stall zu holen. Der Diener verstand mich nicht. Ich ging selbst in den Stall, sattelte mein Pferd und bestieg es. In der Ferne hörte ich eine Trompete blasen, ich fragte ihn, was das bedeutete. Er wusste nichts und hatte nichts gehört. Beim Tore hielt er mich auf und fragte: ›Wohin reitet der Herr?‹ ›Ich weiß es nicht‹, sagte ich, ›nur weg von hier, nur weg von hier. Immerfort weg von hier, nur so kann ich mein Ziel erreichen.‹ ›Du kennst also dein Ziel‹, fragte er. ›Ja‹, antwortete ich, ›ich sagte es doch: ›Weg-von-hier‹ – das ist mein Ziel.‹ ›Du hast keinen Eßvorrat mit‹, sagte er. ›Ich brauche keinen‹, sagte ich, ›die Reise ist so lang, daß ich verhungern muß, wenn ich auf dem Weg nichts bekomme. Kein Eßvorrat kann mich retten. Es ist ja zum Glück eine wahrhaft ungeheure Reise.‹«[18]

Am Beginn der Reise steht die Einsamkeit: Der Herr kann sich nicht mitteilen, seinen Entschluss nicht plausibel machen – der Daheimbleibende begegnet ihm mit Unverständnis. Ohne Rückendeckung durch andere muss der Herr alleine die Schritte des Aufbruchs tun. Auch die Trompete hört und versteht nur er. Ihr Signal ist unbestimmt, es ruft nicht zu einem bestimmten Vorhaben, weist nicht in eine bestimmte Richtung. Es bleibt uneindeutig, als ob gerade das den wirklichen Aufbruch ausmacht, dass er in eine unbekannte Fremde geht. Die Reise ist grund- und orientierungslos und bietet keinen Halt, sondern bleibt ein »immerfort weg von hier«. Wie ein Abgrund liegt vor dem Herrn, wohin er jenseits des schützenden Rahmens des Stadttores reitet. Ohne Anlass und Grund, ohne Auftrag und Zweck, bloßes Getriebensein ist dieser Aufbruch, der schwindlig macht. Der Verlauf der Reise ist so ungewiss, dass jede Vorsorge scheitern muss. Der Herr bemüht sich gar nicht erst, sich durch einen Essvorrat abzusichern – er kann sich nicht selbst retten. Diese fast schicksalsergebene Haltung wird überraschend kontrastiert mit der Einschätzung des Herrn, dass die Ungeheuerlichkeit der Reise ein Glück sei. Je fremder die Reise ist, je unbeschreiblicher und ungeheurer, desto besser. Ex negativo fällt ein dunkler Schatten auf die Heimat, aus der er fortgeht. Seine Reise hat ein Ziel, aber dieses kann er nicht positiv beschreiben – es ist die Fremde, und die bleibt ihm fremd, unverständlich, ungeheuer.

Der Beginn einer Pilgerwanderung sieht gewöhnlich anders aus. Umso mehr öffnet die Parabel die Augen für das, was Aufbruch heißen kann: ein Stürzen in den Strudel des Ungewissen. Meist haben Pilger heute den Rückhalt von Familie und Freunden, dessen sie sich unterwegs durch Telefonieren vergewissern. Durch Krankenkasse und Kreditkarte sind sie abgesichert. Sie haben präzise Informationen über den Weg und was sie erwartet, können sich vorbereiten und darauf einstellen. Dies alles hat der Kafka-Pilger nicht. Der Punkt, auf den es mir hier ankommt, ist nicht die fehlende Vorbereitung und Zielbestimmung – im Gegenteil. Mir geht es um das »wahrlich Ungeheure« der Reise. Pilgern ist kein zaghaftes Absichern, sondern ein mutiger Schritt in die Fremde. Je ungewisser der Weg, desto intensiver kann der Pilger Bewahrung erfahren; mit Hilde Domins Worten: »Ich setzte den Fuß in die Luft und sie trug.« Auch christlicher Glaube an ein verheißenes Zieles rechnet mit den Unwägbarkeiten des Weges. Der Glaube übt sich in der Zuversicht auf das, was er hofft, ohne es zu sehen (Hebr 11,1). Ein wahrhafter Aufbruch macht Angst, doch nur durch Krisen kommt es zur Verwandlung.

Der Anfang des Ziels

Mit dem ersten Schritt stellt sich die Frage: Wie, als wer und warum starte ich? Viele Pilger beginnen heute mit einer eher diffusen Ahnung von dem, was ihr Vorhaben soll, mit welcher Erwartung sie auf den Weg gehen. Oft fühlen sie sich nicht von vornherein als Pilger und wachsen erst im Verlauf des Weges in die Rolle hinein. Wie sie diese Rolle ausfüllen, ist dann weniger vorab bewusst ausgewählt, als ein reagierendes Aufnehmen der Eindrücke des Weges. Was sich als Offenheit für »den Weg« gibt, führt jedoch allzu oft zur Übernahme aktueller Stereotypen. Dann bleibt das Aneignen der »Pilger-Rolle« oberflächlich, greift Ausstattung und Verhaltensformen auf, ohne deren Sinn zu kennen und eigenständig damit umgehen zu können. Anders als bei der bewussten Aneignung überlieferter Rollen und Muster kommt der Pilger so nicht aus dem Horizont des Eigenen hinaus – er wiederholt einfach aktuelle Strömungen durch sich selbst. Ähnlich wie der Pilger aus seinen alltäglichen Routinen aussteigt, kann er auch versuchen, die dominante kulturelle Großwetterlage zu überschreiten. Was äußerlich der Verzicht auf Technik und Konsum ist, kann innerlich das bewusste Verlassen scheinbarer kultureller Selbstverständlichkeiten sein, etwa indem er bestimmte überlieferte religiöse Haltungen ausprobiert und einübt, die fremd sind. Wer wie Kerkeling – ähnlich einem Last-Minute-Urlaub – mehr zufällig ins Pilgern stolpert, kann erst unterwegs die Koordinaten seiner Sinnsuche abstecken. Wer dagegen wie Abraham von Gott beauftragt ist, dem ist nicht nur der Sinn, sondern auch Vertrauen in den Aufbruch gegeben. Ihm ist seine Rolle zugesprochen, er muss sie nicht erst selbst erfinden. Heute fällt es oft schwer, das vage Sehnsuchtsgefühl in ein klares Ziel zu übersetzen. Man scheut sich, sich festzulegen, ein verbindliches Ziel zu benennen. Dann ist das bloße Unterwegssein, die vage Sehnsucht das Eigentliche, der Weg das Ziel. Sehnsucht trägt aber eher Früchte, wenn der Pilger – am besten vor der Abfahrt – seine Motivation klärt. Wer sich festlegt, sich auf ein bestimmtes Ziel konzentriert, muss zwar manches ausblenden, aber die Erfahrung zeigt: Je konkreter die Intention, desto handfester das Ergebnis. Um ein Ziel zu wissen, nimmt dem Weg nicht das wahrlich Ungeheuerliche – es gibt ihm einen Sinn. Es ist wie ein Leuchtturm, der erst die Fahrt über das weite Meer ermöglicht. Ein gewisses Ziel hilft, sich vom Ufer zu entfernen, befreit von ängstlicher Sorge unterwegs.

Dem widerspricht nicht, dass Spontaneität und Offenheit für das Überraschende zu den schönen Seiten des Pilgerns gehören. Solche Gelegenheiten,

die einem von außen zuwachsen, lassen erleben, dass es auch anders geht, dass man anders sein kann, als man sich selber kennt. Dies macht den Charme der Freiheit von Terminen und Pflichten aus: dass ich der Verlockung einer schönen Wiese folgen, dass ich mich von den Fragen des Mitpilgers aufhalten lassen und dass ich die Einladung zum Kaffee annehmen kann. So heilsam diese Unterbrechungen des Eigenen sind, in denen ich mich von mir wegholen lasse – und die oft zu den nachhaltigsten Erlebnissen gehören: Wer sich nur vom Moment bestimmen, wer sich in den Tag treiben lässt, dessen Pilgern verliert an Spannung, der wird eher zum Flaneur als zum Pilger. Vielmehr ist es gerade die Chance des Ziels, dass es wach macht: wenn ich mir vornehme, an meinem Glauben zu arbeiten, werde ich bewusst Kirchen aufsuchen, sie nicht nur diffus, sondern mit einem bestimmten Interesse wahrnehmen und mehr entdecken. Das Projekt, mit dem ich pilgere, schärft die Sinne und öffnet für das Ungeplante. Es gibt Kriterien an die Hand, auf welche Begebenheiten unterwegs ich mich einlassen möchte, sodass der rote Faden sich nicht verliert, sondern durch dieses »mehr« gestärkt wird.

Das Ziel wird also nicht erst am Ende des Weges relevant. Der erste Schritt kann mehr sein als er selbst, wenn er nicht nur für sich steht, sondern in ihm etwas Größeres angelegt ist. Wie in einem Keim ist in ihm der weite Horizont gegenwärtig. Bereits der Weg lebt vom Ziel:

»Der Weg erweist sich als ein Weg des Ziels, oder er gerät zum unentschiedenen Hin und Her, zum opportunistischen Hier und Da, zum konzeptionslosen Vor und Zurück, zum hektischen Kreuz und Quer. ... Der Weg der Gewissheit, das ist ›Step a Step‹, ... auch jeder nötige

Umweg, das Sich-Verfahren, die steinige Wegstrecke, der Durst und die Unlust, die Müdigkeit und der Zweifel, die Momente der Verzweiflung, die quälende Frage ›Warum?‹ Alles ist überwindbar, wenn die (Aus-) Richtung stimmt. Das Ziel gibt die Kraft, bevor es erreicht ist.«[19]

Jeder Aufbruch hat zwei Seiten: die Sehnsucht nach dem Neuen und das Zurücklassen des Alten. Jeder der beiden Aspekte kann zum Anlass des Pilgerns werden. Letztlich gehören beide Aspekte zusammen: der Gewinn ist ohne den Verlust nicht zu haben, bloßes Aufgeben ohne eine zumindest anfängliche Hoffnung auf Neues wäre destruktiv. Beides kann motivieren: Der Wunsch nach Neuem und der Wille, etwas loszuwerden.

Oft ist die Sehnsucht nur in Form vieler für sich genommen kleiner und wenig bedeutsamer Wünsche und Erwartungen gegeben, die erst auf den umfassenden Horizont eines neuen Lebens hin zu öffnen und zu verbinden sind. Dann verweisen auch die scheinbar ganz alltäglichen Wünsche, etwa nach einer anderen Arbeitsstelle und neuen Beziehungen auf das, was Augustin als letzten Bezugspunkt des Menschseins nennt: »Du hast uns zu dir hin geschaffen, und unruhig ist unser Herz, bis es ruht in dir (Gott).« Über das Hier und Jetzt hinauszugreifen, macht den Menschen als Sehnsuchtswesen gegenüber anderen Lebewesen aus. Der Mensch gibt sich nicht mit dem zufrieden, was ist, sondern strebt danach, sein Leben zu gewinnen. Für Augustin ist klar, dass die Sehnsucht ein Ziel hat, nämlich Jesus. Wenn Jesus in den Seligpreisungen (Mt 5,6) sagt: »Selig sind, die da hungert und dürstet nach der Gerechtigkeit, denn sie sollen satt werden«, gibt er der Sehnsucht ein Ziel und eine Verheißung: »Wer zu mir kommt, den wird nicht hungern« (Joh 6,35).

Übungen des Loslassens

So schön es ist, der eigenen Sehnsucht zu folgen, sie hat auch ihren Preis. Aufbrechen heißt immer auch loslassen. Was für Abraham Vaterland, Verwandtschaft und Weideplätze waren, können heute etwa das eigene Bett, die vertrauten Menschen und Dinge sein. In dem bereits erwähnten Lied von Tersteegen (EG 393) äußert sich eine Erfahrungsweisheit:

»Man muss wie Pilger wandeln, frei, bloß und wahrlich leer; viel sammeln, halten, handeln macht unsern Gang nur schwer. Wer will, der trag sich tot; wir reisen abgeschieden, mit wenigem zufrieden; wir brauchen's nur zur Not.«

Aufbrechen braucht den Abschied, Ausscheiden und Scheiden, das bewusste Sterbenlassen. Bildlich gesprochen: Nur ein leeres Gefäß kann neu gefüllt werden; ein Obstbaum muss beschnitten werden, damit er neue fruchtbare Zweige treiben kann. Pilgern ist ein Akt des Beschneidens. Das »alte Leben« soll möglichst zurückgelassen werden, damit etwas Neues Platz finden kann. Jesus sagt es so: »Wer sein Leben erhalten will, der wird's verlieren; und wer sein Leben verliert um meinetwillen und um des Evangeliums willen, der wird's erhalten.« (Mk 8,35)

Es geht also nicht um Askese als Selbstzweck, sondern das Loslassen zielt auf neue Bindung. Anders als das buddhistische Loslassen, das gerade im Zustand des Lassens bleibt, zielt es im christlichen Sinn darauf, sich Neuem überlassen zu können. Das kann ängstigen, weil das auf einen Zukommende anders werden kann als erwartet. Anschaulich werden die Schwierigkeiten des Loslassens in den Nachfolgeworten Jesu (Lk 9,57–62): Mit dem ersten Wort »die Füchse haben Gruben« macht Jesus unmissverständlich klar, dass Nachfolge das Zurücklassen von Sicherheiten bedeutet. »Lass die Toten ihre Toten begraben« mahnt Zögerliche und Unentschlossene, den Aufbruch nicht zu verschleppen. »Wer seine Hand an den Pflug legt und sieht zurück« zieht die Aufmerksamkeit vom Vertrauten weg auf das, was vor ihm liegt. Dass Jesus das Loslassen mit so scharfen Worten eindringlich anmahnt, zeigt, wie schwer es fällt.

Zwar ist in vielerlei Hinsicht das Loslassen mit dem Aufbruch selbst gegeben. Aber wer sich dies zu Beginn auch bewusst macht, verhindert hemmende Uneindeutigkeit und unbewusstes Klammern am Alten. Wer sich etwa vorab die Frage eines einfachen Lebensstils zu einem Thema seiner Pilgerfahrt macht, muss nicht alle Details für unterwegs geklärt haben – aber er ist sensibilisiert und wird nicht unbedacht jeden Cola-Automaten und jedes sich bietende bequeme Hotelzimmer in Anspruch nehmen. Vielmehr werden ihm diese Angebote zum Anlass, die mitgebrachte Frage durchzuspielen. Um das Diktum »Man sieht nur, was man weiß« in unseren Zusammenhang zu übersetzen: Man braucht ein geöffnetes Ohr, um sich infrage stellen zu lassen.

Aufbrechen ist Arbeit. Um den ersten Schritt gehen können, muss das Gehäuse des Gewohnten geknackt werden, wie der Keim die Schale durchstoßen und die Wurzel im Beton einen Spalt mühsam aufbrechen muss. Um nicht nur mit den Füßen, sondern mit Leib und Seele unterwegs zu sein, muss der Pilger sich in verschiedener Hinsicht vom Alltag entbinden. Hilfreich ist es, das Loslassen zu gestalten. Im Mittelalter haben sich dafür

Bräuche etabliert, wie etwa das Erstellen seines Testaments, da Pilgern gefährlich war und man damit rechnen musste, dass der Abschied ein endgültiger ist. Auch war man aufgefordert, sich zu versöhnen, um ohne »Altlasten« losziehen zu können, wirklich frei zu sein für das Neue. Die durch das mittelalterliche Jakobsbuch weit verbreitete Pilgerpredigt *Veneranda dies* nennt weitere Symbolhandlungen. Die Pilger erhalten eine Tasche, deren Bedeutung so erläutert wird:

»Sie ist ein enger Beutel, aus der Haut eines toten Tieres gefertigt, oben immer offen und nicht durch Bänder zusammengehalten. Die Enge der Pilgertasche bedeutet, daß der auf den Herrn vertrauende Pilger nur einen kleinen und bescheidenen Vorrat mit sich führen soll. Sie ist aus der Haut eines toten Tieres gefertigt, weil der Pilger selbst sein mit Lastern und Begierde versehenes Fleisch abtöten soll: durch Hunger und Durst, häufiges Fasten, durch Kälte und Nacktheit, durch häufige Mühen und Schmach. Sie ist nicht mit Riemen verschlossen, sondern oben immer offen, ein Sinnbild für den Pilger, der zuvor seinen Besitz mit den Armen teilt und später zum Nehmen und Geben bereit sein muß.«[20]

Der Pilger soll keinen Vorrat, also nichts aus dem Alltag mitnehmen. Er soll sein altes sündiges Leben hinter sich lassen, es abtöten, damit ein neues in ihm Platz finden kann. Wie seine nicht verschlossene Tasche soll er offen sein für das, was ihm unterwegs begegnet.

Neben den kirchlichen Symbolhandlungen wurde der Rollenwechsel auch durch rechtliche Regelungen gerahmt. Ein Pilger zu werden, war kein individueller Akt. Er war nicht in das Belieben des Einzelnen gestellt, sondern bedurfte der Genehmigung des Ehepartners und später der (kirchlichen) Obrigkeit. Damit wusste sich der Pilger entlassen und wurde in seiner neuen Identität von anderen mitgetragen. Mit dem Pilgersegen ist er in einen neuen Stand – den *ordo peregrinorum* – gestellt, der ihm besondere Pflichten und vor allem Rechte zusprach. Seinen neuen Status zeigte er durch Begleitschreiben und Kleidung nach außen und prägte ihn sich so zugleich ein.

Sich aus der Hand geben

Auch heute gibt es Formen, sich das Abschiednehmen einzuprägen: Der Pilger besorgt sich einen Pilgerausweis, der ihm den Zugang zu den Herbergen öffnet und zugleich zu einem dem Pilgern angemessenen Verhalten verpflichtet. Deutlich wird so ein Rollenwechsel vollzogen, eine neue Identität zum Ausdruck gebracht: Der Pilger weist sich nicht mehr durch seinen Reisepass als Bürger eines Staates aus, sondern durch den Pilgerausweis als Mitglied der Pilgergemeinschaft. Ein entscheidender Schritt des Abschiednehmens ist das Rucksackpacken. Dass unnötiger Ballast aussortiert wird, hat nicht nur den praktischen Zweck, dass ein kleiner Rucksack das Gehen erleichtert. Dinge geben uns auch Halt und prägen unser Verhalten. Für vertraute Beschäftigungen fehlen die Voraussetzungen: ohne Bücher kann man nicht lesen, ohne großen Kleidungsfundus sich nicht im jeweils gewünschten Outfit präsentieren. Mit den Dingen bleiben auch Verhaltensmöglichkeiten zu Hause – andere sind stattdessen dabei. Nicht die Dinge und was sie vermögen steht im Mittelpunkt. Vielmehr ist der Pilger auf sich selbst zurückgeworfen und auf das gestellt, was er aus sich selbst heraus kann. Zum schwierigsten Moment des Abstandnehmens hat sich heute die Unterbrechung der Kommunikation entwickelt. Wer darauf verzichtet, durch Handy und Internet jederzeit in Verbindung mit der Heimat zu bleiben, unterstützt die Ablösung. Zuletzt sei noch das Aufgeben von Gewohnheiten zugunsten eines einfachen Lebensstils genannt. Auch auf dem Jakobsweg gibt es bequeme Hotels, die eine erholsame Nacht garantieren. Aber Schlafsäle mit 20 anderen Menschen irritieren und befremden. Der Bruch mit dem Alltag gerade in elementaren Lebensvollzügen prägt das Loslassen unmittelbar ein – als Voraussetzung dafür, der Sehnsucht zu folgen.

Abstand vom Zuhause und dem Alltagsleben zielt auf Distanz von sich selbst, die Verwandlung und neue Nähe zu sich bewirken kann. Erst wer aus sich und seinem Leben heraustritt, kann sein Leben von außen betrachten. Ohne Selbstdistanz bleibt der Mensch in sich gefangen. Natürlich soll der Pilger sich mitnehmen – wie könnte er sonst verwandelt werden? Aber er hat »sich« zu unterscheiden von dem, was nicht wesentlich zu ihm gehört, was er sein kann, aber nicht sein muss. Das stellt er zur Disposition, probiert Alternativen aus, erlebt sich als Anderen. Er schält sich gleichermaßen, reduziert sich, schiebt Möglichkeiten beiseite, um in dieser Konzentration zu testen, was ihm wesentlich ist. Die äußere Reduzierung des Gepäcks und der Möglichkeiten unterstützen den inneren Prozess der Konzentration. Er wird nicht nur durchdacht, sondern durchlebt.

Dabei muss der Pilger sich selbst teilweise aus der Hand geben – er will sich ja selbst als anderen erleben. Im traditionellen Übergangsritual wird etwa durch den Kleiderwechsel die selbstgewählte Identität aufgegeben und in der Askese auf individuelle Handlungsmöglichkeiten verzichtet. Der

Teilnehmer gibt sich mit seinen Eigenheiten auf, um sich zu einem anderen machen zu lassen. Dem modernen Menschen fällt es schwer, sich aus der Hand zu geben. Umso mehr braucht er klare Schnitte und Regeln und einen großen Abstand zum Gewohnten. Eine kurze Besinnungswanderung genügt oft nicht – die Entfremdung muss größer sein: ein fernes Land, eine längere Zeitspanne, eine konträrer Verhaltenskodex und ungewohnte Widerfahrnisse. Das fast gewaltsame Herausreißen aus dem Eigenen scheint notwendig, weil viele Menschen sich – meist unbewusst und darum so schwer zu steuern – am Eingefleischten orientieren, vom Standard der Körperpflege bis zum heimischen Bier.

Weil Gewohnheiten eine große Beharrungskraft haben, ist nicht nur der anfängliche, sondern der fortwährende Aufbruch notwendig. Auch Pilgern kann zur Routine werden. Die tägliche Andacht – unterstützt durch den herausgehobenen Ort einer Kirche – übt, aus dem Pilgeralltag herauszutreten. Wer zu Hause einen gesicherten sozialen Status hat und gut integriert ist, für den kann es eine tiefe und hilfreiche Irritation sein, ohne dieses Fundament auskommen zu müssen. Er kann sich nicht auf sein Ansehen oder seine Vertrauenswürdigkeit verlassen, die er sich über die Zeit verschafft hat; er ist im Zusammenhang des Pilgerns ein »unbeschriebenes Blatt«. Darum wird jeder Tag, jeder Schritt zu einem neuen Aufbruch, der in Ungewisses führt. Diese Verunsicherung ist mit dem Pilgern nicht mehr so automatisch gegeben wie noch vor wenigen Jahrzehnten, als Pilger gelegentlich als Outlaws spöttisch belächelt und wie Penner kritisch beäugt wurden. Aber auch heute gibt es Pilger, die in franziskanischer Tradition bettelnd umherziehen. Sie geben alle Selbstsicherheit und Verfügung über sich selbst aus der Hand, um sich von anderen bestimmen und prägen zu lassen. In extremer Form möchten sie erleben, dass der Mensch nicht aus sich selbst lebt, sondern neu wird, wenn er loslässt, was er ist und hat.

Nicht zufällig spielen die entscheidenden Stationen der biblischen Geschichte an fremden, ungewohnten Orten, die aller sichernden Vertrautheit entbehren: Die Gebote werden am Berg Sinai gegeben, die Gottesbeziehung beim Exodus durch die Wüste und im Babylonischen Exil geläutert und Jesus in der Wüste vom Teufel versucht.

Gehen – Werden, was man tut

Pilgern bedeutet vor allem eins: Gehen. Anders als der Alltag, der durch das Neben- und Durcheinander verschiedenster Aufgaben zerfasert ist, wird das Pilgern durch eine einzige Handlung zusammengehalten. Pilger erleben es als entlastend, dass sie nicht verschiedene Ansprüche ausbalancieren müssen, sondern ihr Tag durch eine einfache, klare und überschaubare Tätigkeit bestimmt ist. Auch daran mag es liegen, dass eher Menschen mit einem anspruchsvollen und diffusen Alltag und nervlich belastenden Arbeiten pilgern. Denn Wandern reduziert die Vielzahl überlagernder Sinneseindrücke und Anforderungen und somit Stress.

Vielfach wird das Gehen als bewusste Entschleunigung verstanden. Es folgt einem natürlichen Rhythmus und dem natürlichen Maß des Menschen – insofern ist es mit dem Gehen von selbst gegeben. Die Entschleunigung ist aber immer auch gefährdet, weil die Hast des Alltags die Tendenz hat, auch auf das Pilgern überzugreifen. Schützende Gegenmaßnahmen sind dann:

ausgiebige Mahlzeiten, kurze Etappen, Stillezeiten in Kirchen und die Möglichkeit, jederzeit dem Impuls zum Verweilen zu folgen.

Die Forderung nach entschleunigtem Pilgern ist milieuspezifisch. Sie wird von Menschen (insbesondere Frauen) erhoben, die Action ablehnend gegenüberstehen, weil sie sie überfordert. Die Frage, ob das Pilgern als Entschleunigung zu gestalten ist, ist aber mehr als eine Geschmackssache – sie entscheidet über die grundsätzliche Ausrichtung: Entschleunigung will von einem Übermaß an Sinnesreizen und den damit verbundenen Ansprüchen entlasten, zur Ruhe und Besinnung bringen und den Menschen im Moment verankern. Demgegenüber steht ein »anspruchsvolles« Pilgern, also ein Pilgern, das sich gerade nicht entlastet, sondern unter dem Anspruch des Ziels sieht, von dem es gezogen wird. Auf dieses hin sieht es sich getrieben, will zielgerichtet dahin streben. Wie gerade die durch den Anspruch des Ziels erhöhte Konzentration befriedigend wirkt, soll anhand der Flow-Theorie des Psychologen Mihaly Csikszentmihalyi erläutert werden.

Im Fluss des Gehens

Das tägliche Gehen wird von vielen Pilgern als beglückend und erfüllend erlebt. Dieses Gefühl lässt sich mit der Flow-Theorie gut beschreiben. Ursprünglich auf kurze Momente des Hingerissenseins beim Extremsport bezogen, wird mit Flow im weiteren Sinn das Aufgehen in einer Tätigkeit bezeichnet. Auch beim Pilgern stellt sich diese intensive Freude am Tun ein. Flow beschreibt einen Zustand der harmonischen Übereinstimmung von Fühlen, Wollen und Denken ohne Über- oder Unterforderung, etwa durch Angst oder Langeweile. Flow kann am besten erreicht werden durch klar strukturierte Handlungsanforderungen und Ziele, die ein unmittelbares Feedback ermöglichen. Das ist beim Gehen der Fall, denn dem Pilger sind die Route und auch das Etappenziel meist vorgegeben, so dass ihm schwierige Entscheidungen abgenommen werden.

Wichtig ist, dass die Anforderungen der Strecke nicht zu gering sind, denn zu viel Muße erzeugt keinen Flow. Darum stellt sich Flow erstaunlicherweise öfter im Beruf ein, da die mit Nichtstun verbrachte Freizeit die Aufmerksamkeit diffus werden lässt und keine motivierenden Erfolge in Aussicht stellt. Der Schwierigkeitsgrad der Pilgeretappen sollte also so gewählt werden, dass immer etwas mehr gefordert wird, als man laufen möchte. Das bündelt die Aufmerksamkeit auf das für das Ziel Relevante, lässt Alltagssorgen vergessen, ohne dass Kontrollverlust durch Überforderung droht. Dann kann der Pilger sich öffnen und mitnehmen lassen, er verschmilzt mit dem Geschehen, mit der Natur, bis hin zum Einswerden mit dem Ganzen der Welt.

Die Wechselwirkung von somatischem und psychischem Geschehen ist zentral für das Gehen. Finden auf körperlicher Ebene stabilisierende, angenehme und bewegende Abläufe statt, wirkt sich das auf die Seele aus. »Verlieren Sie vor allem nicht die Lust zu gehen, ich laufe mir jeden Tag das Wohlbefinden an und entlaufe so jeder Krankheit«, wusste schon Sören Kierkegaard, lange bevor Ganzheitlichkeit zum Modewort wurde. Dass dies der Fall ist, lässt sich auch medizinisch nachweisen: Kontinuierliche Bewegung stabilisiert den Kreislauf und das Stoffwechsel- und Immunsystem. Bereits moderate Betätigung steigert die Hirndurchblutung um ein Drittel und regt so die geistige Kreativität an. Bei längerer Anstrengung werden stimmungshebende Endorphine ausgeschüttet. Sie haben eine beruhigende Wirkung, die Stresshormone abbaut, das Immunsystem stärkt und durch tiefere ruhigere Atmung die Einleibung des Menschen in sich selbst fördert. Auch die Verschmelzung von Körper und Geist durch körperliche Anstrengung lässt sich medizinisch belegen.

Welchen Anteil Körper und Bewegung an der Ausbildung der eigenen Identität haben und wie durch sie das Erkennen der Welt funktioniert, ist in den letzten Jahren zunehmend untersucht worden. Die Bewusstseinsphilosophie – die auch das populäre Verständnis lange geprägt hat – geht davon aus, dass die innere geistige Bewegung, der Entschluss primär ist und die äußere körperliche Tätigkeit diesem folgt. Danach wäre der Körper ein Instrument des Kopfes und Lernen konzentriert sich auf die steuernde

Zentrale, das Gehirn. Heute nimmt man vielfach eine engere Verbindung von Körper und Geist an, der Leib ist nicht mehr nur Vehikel, sondern »ich selbst«. Körperliche Tätigkeiten sind nicht nur Ausdruck von Gedanken, sondern prägen sich auch ein. Der Mensch lernt auch von außen nach innen. In diesem vorreflexiven Modus der Sinnbildung ist Handeln und Verstehen kaum zu trennen. Unmerklich – und weitgehend unkontrolliert – prägt der Mensch sich Sinn im Leib ein, der zu seinem Gedächtnis wird. Und was der Mensch nicht nur intellektuell versteht, sondern in körperlicher Routine speichert, ist wesentlich beständiger. Es erscheint als fraglose Gegebenheit, man muss sich nicht mehr dazu verhalten wie bei körperlosen Gedanken. Verleiblichte Erkenntnis sitzt tiefer. Erfahrung wird durch Sinneswahrnehmung und Bewegung nicht nur vermittelt, sondern bleibt auch daran gebunden. Ein bestimmter Geruch oder eine Tätigkeit können Erinnerungen wachrufen und Einstellungen aktivieren. Das Gehen des Pilgers wirkt also unmerklich – und darum auch so ungehemmt – auf seinen Körper, auf ihn selbst ein. Er formt seinen Körper, betreibt Body-Building und letztlich Identitätsarbeit.

Welt erschließen und ausschreitend erweitern

Nun ist Gehen nicht irgendeine Bewegung, sondern eine zielgerichtete. Zugleich ist es mehr als das Gelangen an einen anderen Punkt; es ist Ausschreiten und Erschließen von Welt. Ohne Wahrnehmung durch Bewegung bliebe der Mensch auf sich selbst beschränkt. Durch Bewegung kommt der Mensch in Kontakt mit Dingen und ändert seine Perspektive auf sie. Schreitet er aus, erschließt und schafft er Raum, vergrößert er den Radius seiner Welt. Damit kommt der Mensch seiner Weltoffenheit nach. Ihm ist er selbst und die Welt nicht von vornherein gegeben, sondern als Frage aufgegeben. Dieser Frage geht er nach im Erkunden der Welt, im fragenden Ausschreiten über seinen Standpunkt und Lebensradius hinaus – und in der auf Gott hin geweiteten Offenheit geht er sogar über diese Welt hinaus. Bewegung wird so zur unverzichtbaren körperliche Dimension der Weltoffenheit. Ohne Ausschreiten würde der Mensch seinem transzendierenden Wesen nicht gerecht. Selbstverständlich geschieht das nicht nur beim Pilgern. Aber im Alltag geschieht Welterschließung fast ausschließlich vermittelt durch Geräte. Medien und Autos vergrößern zwar den Aktionsradius, erschweren aber die Aneignung des Wahrgenommenen. Die Welt bleibt merkwürdig fremd, kann nicht zu eigen gemacht werden. Dass der

Pilger hingegen aus eigener Kraft geht, macht den fremden Raum zu etwas Eigenem. Hieraus leitet sich ein Mehrwert des Fuß- gegenüber dem Radpilgern ab, da der durchmessene Raum unmittelbarer erfasst und angeeignet werden kann.

Gehen ist nicht nur zielgerichtetes Ausschreiten, sondern schlicht und einfach Bewegung. Aus der Wechselwirkung von Äußerem und Innerem ergibt sich, dass der Pilger auch geistig in Bewegung kommt. Während der Körper zu Hause weitgehend ruhig gestellt ist, wird er nun in ungewohnter Weise stimuliert und aktiviert. Das irritiert eingefleischte Muster, bricht Verspannungen auf und verflüssigt Verklemmtes:»Du bist tot an dem Tage, da du sprichst: es ist genug! Darum tu immer mehr, gehe immer vorwärts, sei immer unterwegs«, rät Augustin.

Es ist auffällig, dass Gehen lange unterdrückte Fragen hervorholt und seelsorgerliche Gespräche unterwegs »besser laufen«. Die an das Pilgern gerichtete Erwartung, zur Ruhe zu kommen, ist zumindest missverständlich. Zwar werden Konzentration und Tiefe erreicht, aber anders als etwa bei Meditation oder Atemübungen geht es gerade um ein unruhiges Vorwärtsstreben. Die körperliche Bewegung öffnet entsprechende Assoziationsräume. Gedanken an Aufbruch, Loslassen, Unterwegssein, ein Ziel haben und Ankommen werden unmittelbar einsichtig. Statt sich mit dem Zustand des Erreichten zufriedenzugeben, sucht der Wandernde die Wandlung. Wandern und Wandlung haben etymologisch die gleiche Wurzel »wenden«. Das griechische *methodos* bedeutet nachgehen, verfolgen. Noch der deutsche Begriff »Methode« bezeichnet die »Verweglichung« von Fragen.

Dieses Unterwegssein entspricht nicht nur in besonderer Weise postmoderner Religiosität, die weniger vom Standpunkt als vom fragenden Suchen lebt. Sie ist auch gerade für den Protestantismus ungewohnt, der Bewegung reduziert hat auf ethische Aktivitäten zur Gestaltung der Welt. Der in der Frömmigkeit sesshaft gewordene Protestantismus kann im Pilgern neu Aspekte der beweglichen Gottsuche hinzugewinnen.

Weiten – Heimisch im Leib und eins mit allem

Das Problem des Fremdseins beschäftigt uns immer wieder: Es gehört zum Wesen des weltoffenen Menschen, der immer über das Bekannte hinausgeht. Als Pilger und Fremdling drängt es den Menschen über diese Welt hinaus zu Gott. Im Verlust von Heimat und Sicherheit macht es gegenwärtig vielen Menschen zu schaffen. Dabei sind ihnen nicht nur andere Kulturen, Länder, Rollen und Personen fremd – viele Menschen erleben sich auch als fremd in ihrem eigenen Körper. Sie empfinden ihn nur als Gegenstand, als Werkzeug, das sie einsetzen können, aber nicht als sich selbst. Gegen diese Instrumentalisierung des Körpers wächst der Wunsch, wieder in sich selbst heimisch zu werden. Verstärkt wird bewusst, dass die strikte Unterscheidung von Kopf und Körper unserem Menschsein nicht gerecht wird. Letztlich ist der Mensch in einer doppelten Weise auf sich bezogen, für die sich folgende begriffliche Unterscheidung anbietet: Er hat einen Körper und ist Leib. Während der Körper von außen wie etwas Fremdes betrachtet wird, wird er in der Perspektive der Selbsterfahrung als Leib bezeichnet. Die Hand, die zum Ertasten eingesetzt wird, ist danach Körper, denn sie ist in dieser Situation Instrument einer Intention. Die Hand, in deren Kribbeln man die eigene Angst spürt, ist Leib, denn in ihr erlebt man sich selbst.

Leiberfahrung wird durch Rationalisierung und den durch Medien und Maschinen vermittelten Weltzugang immer schwieriger. Fehlt sie, wird sich der Mensch zu einem Fremden in einer bloßen Hülle. So muss Leibsein wieder eingeübt werden, indem der Mensch sich selbst spürt und sich seiner selbst wieder gewiss wird. Dies zu üben, heißt gerade nicht etwas zu wollen – und den Körper dafür als Instrument einzusetzen –, sondern einfach in den unmittelbaren Lebensvollzügen zu sein und sich darin wahrzunehmen: Sich zum Raum hin Öffnen, Sein in der Stille und eine »Ästhetik der Müdigkeit« (Peter Handke), also ein verweilendes statt konstatierendes Sehen. Um nicht nur körperlich, sondern leiblich da zu sein, braucht es Verweilen, das Zurücktreten und Abwarten, bis die Dinge auf einen zukommen. Es wird vom erfassenden Zugreifen auf empfangendes Anschauen und Umherschweifen gewechselt. Es geht um emotionale Teilnahme am Dasein, Spüren des Vollzugs und Freude an der Existenz als solcher. Wenn ein Pilger beim Blick in die Landschaft auf die Knie sinkt, dann ist das unbewusste Emphase, freudiges Mitgehen mit dem, was von selbst geschieht. Der Körper bzw. die Beine führen nicht einen Gedanken aus, sondern der Leib folgt einem eigenen Impuls. Dieser ist nicht nur gewollt, sondern gilt als unmittelbar und darum als wirklich. Leiblichkeit verbürgt so Wirklichkeit gegen den Verdacht bloßer Konstruktion. Das Staunen über eine Landschaft kann so die Güte der Schöpfung oder sogar die des Schöpfers verbürgen. Und das Spüren des leiblichen Mitgehens vergewissert – anders als ein bloßer Gedanke – auch der eigenen Lebendigkeit.

Leibliche Selbstvergewisserung

Meist tritt dieses Leibsein beim Pilgern schon im bloßen Gehen ein. Der gleichmäßige Rhythmus von Schritten und Atem, der fließende und ruhige Wechsel der Aussicht und die Verringerung der Anforderungen und Sinnesreize lassen die Gedanken zur Ruhe kommen. Es kann sich – unterstützt durch ein angenehmes Maß an Erschöpfung – eine Art von Benommenheit einstellen. Das Bewusstsein sinkt aus dem Gehirn in den Körper, das Gehen wird nicht mehr rational gesteuert, sondern »es geht«. Diesen Zustand, wenn das Gehen nicht mehr Ausführung eines Gedankens ist, beschreiben viele Pilger als »ich bin mein Gehen«. Die eigene Gegenwart drängt sich dem Pilger im Spüren von Freude und Schmerz unausweichlich und unleugbar auf, macht ihn seiner selbst gewiss. Descartes' »cogito, ergo sum« kann leibphilosophisch modifiziert werden: »Ambulo, ergo sum« – ich gehe, also bin ich.

Gerade in einfachen und unmittelbaren Wahrnehmungen, an denen nicht sinnvoll zu zweifeln ist, drängt sich Selbstgewissheit auf. Das gilt insbesondere für die befremdlichen Seiten des Leibes, die als Trägheit oder Impulsivität gerade angesichts der Anstrengungen des Pilgerns zutage treten. In der affektiven Betroffenheit etwa durch Schmerz oder Erschöpfung wird der Leib als widerständig erfahren und vergegenwärtigt sich. Darin zeigt sich der paradoxe Befund, dass gerade Pilgern beheimatet – beheimatet im leibvermittelten Selbst –, obwohl es von der Wortbedeutung her »Fremdsein« bedeutet. Der mittelalterliche Pilger hat seine Pilgerfahrt auch als befremdlich erlebt, heute wirkt sie dagegen im unmittelbaren Erleben oft ganz anders. Dieses In-sich-heimisch-Werden kann heute notwendiger erster Schritt auf einem Weg sein, der letztlich in eine andere Richtung führt. Erst wer Vertrauen und Bezug zu sich gewonnen, wer ein festes Standbein der Selbstgewissheit hat, kann mit dem Spielbein ausschreiten. Wer im Einleiben sich selbst wahrzunehmen lernt, wird auch seine durch das Pilgern gewonnene neue Beweglichkeit erkennen.

Oft entsprechen sich beim Pilgern äußerer und innerer Weg, das Gehen wird zum symbolischen Ausdruck des Lebensweges. Innere und äußere, geistige und körperliche Bewegung, Selbst- und Außenerfahrung, Sinnlichkeit und Sinn stimmen überein. Die Ereignisse passen reibungslos zusammen, die Welt scheint eindeutig und klar und nicht mehr komplex und widersprüchlich wie im Alltag. Das Äußere wird zur Fortsetzung und Erweiterung des Eigenen. Dann bekommen Glaubensaussagen plötzlich eine unerhörte, unmittelbar begründete Plausibilität. Sie ergreifen den Pilger, weil Geglaubtes und leiblich Erfahrenes übereinstimmen. Der eigene Leib wird zum archimedischen Punkt, von dem her die Welt aufgebaut wird. Er wird als unmittelbar gegeben wahrgenommen. Während religiöse Aussagen sonst fragil sind, bloße Behauptungen scheinen, wirken sie nun stabil und verlässlich. Auffällig ist, wie weit dieses selbstverständliche Gegebensein über den eigenen Leib ausgreifen kann. Beim Pilgern nimmt das Erleben der Weite ungeahnte Dimensionen an, es greift auf Steine, Landschaften oder sogar den Himmel aus, bis zum grenzenlosen Einssein mit allem, es wird zum spirituellen Erleben. Die oben erwähnte Flow-Theorie gibt eine psychologisch-medizinische Begründung, warum das Aufgehen im leiblichen Tun des Gehens als Weitung über den eigenen Leib erfahren werden kann. Hinzu kommt, dass Gehen als Ausschreiten eine Bewegung aus der Enge in die Weite ist. Dies aber nur als äußerlichen Raumgewinn zu verstehen, wäre zu wenig. Vielmehr erlebt sich der leiblich verwurzelte Pilger selbst als ausschreitend und weiter werdend. So kann ein Gefühl der Verschmelzung mit der Welt entstehen. Die im Tätigsein gesteigerte Wahrnehmung des eigenen Leibes lässt die Weitung des Leibraumes bis zur Grenzenlosigkeit umso deutlicher spüren. Sie erweist den geweiteten Raum als eigenen, ermöglicht Identifikation mit und in ihm.

Vergewissern – Resakralisierung und Naturspiritualität

Konstruktion oder Gewissheit?

Die sich im Interesse an der Leiblichkeit ausdrückende Suche nach einem festen Fundament in den Dingen selbst und im eigenen Leib lässt sich als Reaktion auf ein konstruktivistisches Weltverständnis interpretieren. Gerade weil unser Blick auf die Welt immer stärker medial vermittelt ist, entsteht der Eindruck, nicht mehr zu den Dingen selbst vorzudringen, sondern nur noch mit Sichtweisen auf, Interpretationen oder Konstruktionen von Wirklichkeit zu tun zu haben. Insbesondere die Digitalisierung und die Reduktion auf die Zweidimensionalität des Bildschirms verstärken diesen Eindruck.

Der Radikale Konstruktivismus geht davon aus, dass Erkenntnis immer ein Zusammenspiel von Sinnesreiz und Verarbeitung im Nervensystem, also eine konstruierende und keine abbildende Tätigkeit ist. Weil Erkenntnis subjektive oder intersubjektive Konstruktion ist, zeigt sie keine objektive Wirklichkeit – eine unabhängig vom Subjekt gegebene Welt ist prinzipiell nicht erkennbar. Wenn selbst Religionen als – wenn auch intersubjektive – Konstruktionen erscheinen, vielleicht mit einer langen Tradition, aber letztlich nur Gedanken sind, dann nötigt das zur Suche nach einer objektiven Basis hinter diesen Konstruktionen.

Das erklärt, warum religiöse Suche oft natur- und leiborientiert ist: Wort und Gedanken gelten als verkopft, weil viele Menschen in ihnen keinen eindeutigen und unzweifelhaften Grund erkennen können. Das eigene Erleben, was man selbst leiblich gespürt hat, scheint einen objektiv gegebenen und nicht konstruierten Grund zu haben. Die Wahrnehmung der Natur scheint Halt zu geben, weil sie »schon immer da war« und Eindeutigkeit verheißt. Ob es diese unvermittelte Wahrnehmung gibt, kann trefflich angezweifelt werden – zu sehr lassen etwa die Berichte von Pilgern erkennen, wie sie kulturell und religiös vorgeprägt sind. Aber das muss nicht ausschließen, dass sich in ihnen doch ein vorsubjektiver Kern verbirgt, etwas das »an sich« da ist und dessen Erfahrung letzte Gewissheit seiner selbst und der Welt stiftet. Ob sich diese Erfahrung tatsächlich auf einen letzten Grund bezieht, muss offen bleiben. Aber fest steht, dass viele Pilger subjektiv von der Begegnung mit einer letzten Wirklichkeit überzeugt sind, die sie selbst als religiöse Erfahrungen ausmachen.

In der Tat gibt es gute Gründe, der Selbstwahrnehmung der Pilger zu folgen. Vielleicht kann stärker als Descartes' »cogito, ergo sum« aus dem Gehen das »ambulo, ergo sum« geschlossen werden. Der geringere Mediengebrauch, die Fortbewegung ohne technische Hilfsmittel, dass man die Welt aus eigener Kraft erschließt, mit basalen Fragen wie Essen, Schlafen und Gemeinschaft beschäftigt ist und durch die körperliche Betätigung in andere Bewusstseinsschichten kommt – einiges spricht dafür, dass Pilgern den »konstruktivistischen Filter« von unserem Weltverhältnis nimmt. Das ändert nichts daran, dass die Wahrnehmung kulturell gefärbt bleibt, aber sie wird elementarer. Insbesondere beziehen Pilger ihre Eindrücke stärker auf sich selbst: Sie sehen nicht einfach einen Baum, sondern spüren diesen Baum an sich, etwa als freudige Erregung. Sie sehen nicht eine von ihnen unterschiedene Sonne, sondern in der wohligen Wärme der Haut erleben sie die Sonne in Beziehung zu sich selbst. Die Welt bleibt ihnen nicht äußerlich – und sie der Welt. Vielmehr erleben sich viele Pilger stärker als sonst in Beziehung, als zusammengehörig mit der Natur.

Auf jeden Fall lässt die Hintergrundfolie des Konstruktivismus die Suche nach unmittelbarer Erfahrung eines letzten Grundes jenseits der verschiedenen Religionen verstehen. Darum geschehen die prägenden Eindrücke beim Pilgern meist nicht in der Auseinandersetzung mit der biblischen und kirchlichen Tradition, sondern in der Erfahrung des eigenen leiblichen Gegebenseins und der Einbindung in das große Ganze der Natur. Nachvollziehbar wird auch, warum bestimmte Formen der Wahrnehmung gegenwärtig beim Pilgern gesucht werden, etwa das gezielte Erfassen einzelner Dinge, Unterscheidung und Deutung, denn man möchte gerade vor die intellektuelle Verarbeitung zurückgehen zum vermeintlichen »einfach Da-Sein«. Es geht um das abwartende Erspüren von Atmosphären und Da-Sein im leiblichen Empfinden. Anders als das konstruktivistische Weltverständnis schreiben viele Pilger ihrem Erkennen in Leib und Natur Objektivität zu. Diese Objektivierung kann durch (religiösen) Sinn gefüllt werden. Darum lohnt es sich, bei der Suche nach Gewissheit noch etwas zu verweilen.

Von der Verwüstung zur Wiederverzauberung

Viele Pilger suchen heute ein Verschmelzen von Leib- und Naturraum, das sie als beglückend und vergewissernd erleben. Von diesem Einssein wird Sinn erwartet, was voraussetzt, dass die Natur sinnhaft ist, dass sie in sich Bedeutung trägt, an der man teilhaben kann. Das ist in der durchrationalisierten Welt eines naturwissenschaftlich-technischen und ökonomischen Denkens nicht ohne Weiteres der Fall. Denn dieses negiert die eigenständige Bedeutsamkeit der Dinge und gibt sie als Material für menschliche Gestaltung frei. Zygmunt Bauman[21] beschreibt die – protestantisch geprägte – Moderne als von allen Sinnressourcen freigeräumte Welt mit dem Bild einer konturlos-leeren Wüste. Sie fördert eine Pilgerexistenz im ursprünglichen Sinn: Nichts hält fest oder verstellt den Blick nach vorn. Der Wüstensand verwischt die Schritte, sodass allein das Ziel Orientierung geben kann. Die gegenwärtige Identität verliert sich, da ihr alle Haftpunkte genommen sind – der losgelöste Mensch kann sich frei in die Zukunft hin entwerfen. Die altkirchlichen Eremiten setzten sich diesen Wüstenerfahrungen in der realen Wüste aus. In den modernen Lebenswelten braucht es diesen »Auszug« nicht mehr, da die Alltagswelt immer wüstenähnlicher wird. Orientierungspunkte werden der Ortlosigkeit geopfert, beständige Traditionen werden vom Treibsand der reinen Gegenwärtigkeit überweht. Die Außenwelt soll nichtig werden, damit der Mensch ihr ungehindert Bedeutung geben kann – aber immer nur als menschliches Projekt, nie als durch die Welt bereits vorgegeben. Die »Verwüstung« bereitet dem Menschen Orte fortwährenden Beginnens, ortlose Orte des Noch-Nicht. Leben ist darum

nicht als gelassenes Bleiben, sondern nur als Projekt möglich, als zukunfts-
orientiertes Fortschreiten. Nichts wird mehr vorgefunden, in das man sich
eingliedern könnte. Diese Welt ist bedeutungslos, oder mit Augustin:»Die
gegenwärtige Welt ist Pilgerschaft, Heimat erst die zukünftige.«
Der Erfolg der modernen »Verwüstung« hat Gegenkräfte aktiviert. Entt-
raditionalisierung und Risiko-Gesellschaft überfordern mit ihrer Orien-
tierungslosigkeit viele Menschen. Das Sinnvakuum provoziert ein Über-
angebot an Sinnoptionen. Die Vielzahl widersprüchlicher Angebote führt
zu neuer Unübersichtlichkeit, die jede orientierende Sicherheit raubt. Die
Angebote relativieren sich gegenseitig – ein festes Fundament kann so
kaum gefunden werden. Als Reaktion auf die Relativierung wird ein Grund,
ein Letztes hinter der Vielfalt behauptet und gesucht. Daraus entspringt
die harmonisierende Suche nach dem einen Gott hinter den vielen Religionen und nach ökumenischer Gemeinsamkeit hinter konfessioneller Unterscheidung. Besonders die Natur (und entsprechend auch die körperliche
Natur des Menschen) bietet sich als Projektionsfläche für die Suche nach
Sicherheit an, die darum besonders intensiv als Erfahrungsraum aufgesucht
und mit Sinnzuschreibungen belegt wird. Die Suche nach Bedeutsamkeit
hat also eine Wiederverzauberung der Welt zur Folge – insbesondere der
Bereiche, die nicht menschlich gemacht, sondern naturhaft gegeben scheinen. Solche Tendenzen hat die Analyse heutiger Pilgerliteratur etwa bei
Hoinacki und Rohrbach gezeigt.

Gott in der Natur

Für viele spirituelle Menschen wird Natur zur religiösen Ressource, zum
Erkenntnisfeld eines sich in ihr erfahrbar machenden Gottes. Ihr wird Ursprünglichkeit zugeschrieben, eine wesentliche Nähe zu Gott – während
dagegen eine Offenbarung Gottes in der Geschichte als partikulär und kon-
tingent verstanden wird und darum Gewissheit stiftende Ursprünglichkeit
oft nicht verbürgen kann. So kommt es zu einer Art Heiligsprechung von
Natur, in der sie sakral aufgeladen wird. Man sieht in ihr eine göttliche Kraft
und Weisheit. Die einfache und verständliche Sprache der Natur suggeriert
Eindeutigkeit, die einen Anker im Meer der Komplexität unserer Gesellschaft bietet, sich jedoch bei genauem Hinsehen als Fehlen klarer Orientierung erweist. Gerade diese Vagheit ermöglicht aber über alle Pluralität hinweg, Gemeinschaft zu stiften. Die Natur steht für Wahrheit und Weisheit,
für Lebendigkeit und Schönheit – andere Aspekte werden von vielen Pilgern

ausgeblendet. Die Unzufriedenheit mit der eigenen Gesellschaft findet ihr unbelastetes Gegenbild in der Natur – in sie kann der Mensch sich vorbehaltlos fallen lassen. Wenn Pilger die Symbiose mit der Schöpfung suchen, dann erwarten sie in ihr Harmonie und einen Vorgeschmack des Heils. Naturverehrung erweist sich so als Kind einer Suche nach menschlicher Ganzheit, für die ein göttliches Gegenüber eher störend ist. Zwar gibt es in der Bibel – etwa in Psalm 104 – den Gedanken, dass Gott in den Werken seiner Schöpfung zu erkennen ist. Grundlegend ist aber, dass die Welt gerade vom Schöpfer unterschieden wird. Im Mythos vom Sündenfall wird sogar ihre Entfremdung von Gott erzählt, sodass sie als Erkenntnisgrund für Gott brüchig und zweifelhaft geworden ist. Folgt man Röm 8,18ff, so wartet die übrige Schöpfung mit den Menschen auf ihre endzeitliche Erlösung – sie ist also noch nicht heil, sondern wird es erst. Darum ist ihre Resakralisierung in meinen Augen kritisch zu beurteilen.

132

Neben der Natur ist die Erde – also der Erdboden – ein weiterer Bereich der Resakralisierung. Das schlägt sich auch sprachlich nieder, wenn Pilgerwege als spirituelle Kraftorte, mystische Wege oder schlicht als heilig und sakral beschrieben werden. Immer geht es um eine substanzialisierende Aufladung mit Heiligkeit. Die Energie des Heiligen ist unabhängig von einem bestimmten Gott, von Bekenntnissen oder geschichtlichem Wandel einfach da. Dafür wird etwa der Jakobsweg auf prähistorische megalithische und keltische Kulturen zurückgeführt, die wiederum in der Wahl ihrer Kultorte geologischen Kraftlinien und Sternenbahnen gefolgt sind. Heute versucht die Geomantie die Energie solcher Kraftorte und -linien zu messen, was sich allerdings naturwissenschaftlich nicht verifizieren lässt. Sie geht von Energiemeridianen aus, ähnlich den von der traditionellen chinesischen Medizin im menschlichen Körper diagnostizierten Meridianen. Deren Energie soll gebündelt und gelenkt werden, um die Weisheit der Erde auf Menschen übertragen zu können. So soll eine Harmonie von Mensch, Umwelt und Kosmos erreicht werden.

Es ist nicht notwendig, die gerade für den Jakobsweg umfangreichen Lehren zur sakralen Aufladung des Weges zu erörtern. Entscheidend ist die grundlegende Tendenz: Auch wo nicht ein komplettes esoterisches Weltbild übernommen wird, dient der Bezug auf in der Erde vorhandene Energie dazu, einen prähistorischen und so von aller menschlicher Kultur möglichst freien Grund des Glaubens zu finden. Dieser wird substanzialisiert, die Heiligkeit ist nicht nur punktuell und für bestimmte Menschen erfahrbar, sondern jederzeit für die magische Vereinnahmung verfügbar.

Heilige Orte und der leere Tempel

Ein solches Denken entspricht nicht dem christlichen Glauben an die Souveränität Gottes, nach dem Gott sich je konkret den Menschen zuwendet und geschichtlich eingreift. Trotz des Bundes mit den Menschen bleibt er unverfügbares Gegenüber und nicht nutz- und manipulierbares Kraftfeld. Daher ist christlicherseits grundlegend festzuhalten: Orte und Wege garantieren nicht schon allein aufgrund ihrer geografischen Eigenart eine besondere Nähe zu Gott. Kein Ort ist von sich aus heilig, sondern erst durch ein aktuelles Handeln Gottes. Auch der Tempel im Alten Testament ist nicht Aufenthaltsort, sondern Erscheinungsort Gottes:»Sollte Gott wirklich auf Erden wohnen? Siehe, der Himmel und aller Himmel Himmel können dich nicht fassen – wie sollte es denn dieses Haus tun?«(1 Kön 8,27) Der Mittelpunkt des Tempels, das Allerheiligste, beherbergt gerade keine Götterstatue, sondern ist leer. Gott will sich den Menschen zeigen, aber zugleich verhindern, dass sie über ihn verfügen können. Darum relativiert das Johannesevangelium den Tempel. In Joh 4 antwortet Jesus der Samariterin am Brunnen, dass Gott einmal nicht mehr an einem bestimmten Ort, in Jerusalem, sondern in einer bestimmten Weise – nämlich im Geist und in der Wahrheit – angebetet wird. Gott will das reine Herz, den geheiligten Menschen, nicht den heiligen Ort. Orte haben in der Tendenz etwas Statisches, sie stehen fest und man hat sie. Wege betonen eher den Prozesscharakter des Glaubens, der vollzogen wird, den man zu»besitzen« meint.

Dennoch ist die Spannung zwischen heiligem Ding und heiligendem Tun dem Christentum nicht fremd, sondern Teil der eigenen Geschichte – das hat sich bereits hinsichtlich der Reliquienfrömmigkeit gezeigt. Evangelischer Glaube hat aus der Kritik an mittelalterlicher Substanzialisierung des Heils ein dauerhaft gespanntes Verhältnis zu heiligen Orten bewahrt. So gilt nach Luther: Wo Gott redet, da wohnt er, da ist sein Haus. Und wenn er aufhört zu reden, so ist auch sein Haus nicht mehr da. Heiligkeit gibt es für Luther immer nur als Geschehen, beim Hören von Gottes Wort«.

Dennoch gibt es auch in der Erfahrung und Praxis der evangelischen Kirche hervorgehobene heilige Orte. Trotz der klaren Ablehnung substanzieller Heiligkeit steht die Theologie vor der Aufgabe nachzuvollziehen, warum Menschen an bestimmten Orten leichter Heil erfahren. Das kann durch die wiederholte Nutzung erklärt werden, die sich in verschiedenen Schichten der Tradition sedimentiert. Indem bestimmte Räume – seien es Kirchen oder Wege – immer wieder Schauplatz von Gottes Handeln werden, werden sie geheiligt. Dies aber nicht im Sinne verfügbarer Energie, sondern als Schatz an Glaubenserfahrung, der sich niederschlägt in einer Kirche und Gestalt annimmt in ihrem Bau, den liturgischen Gegenständen, Malereien, Fenstern etc. Dieser Schatz an Glaubenserfahrung kann für den Besucher einer Kirche aktualisiert werden durch die Erinnerung an die Vorgänger im Glauben. So stärkt sich der Glaube an Vorbildern und am Wissen um die lange Geschichte göttlicher Treue.

Unverfügbar, aber nahbar: Gott

Der Mensch scheint mit der Unverfügbarkeit Gottes schlecht leben zu können. Immer wieder bricht der Wunsch nach etwas Handfestem, einem sicheren Unterpfand durch. Dieses Bedürftnis nach Sicherheit ist Ausdruck der Sehnsucht nach Gott, die gerade um Gottes willen eine Stütze als Unterpfand des Vertrauens sucht. Statt dem unsicher Glaubenden seine Krücken wegzunehmen, ist es wichtig, ihn zu stärken und zu befähigen, ohne sie auszukommen. Heiligtümer können Orte geglaubter Gottesgegenwart sein, wenn sie über sich hinausweisen auf einen immer mündigeren Glauben, den auch ein leeres Allerheiligstes nicht zweifeln lässt.

Hier zeigt sich, dass die Volksfrömmigkeit gegen alle kritischen Verdächtigungen erstaunlich starken Respekt vor Gottes Souveränität hat. So wird von Kritikern zwar beispielsweise die Wallfahrtslitanei »Maria hat geholfen, Maria wird immer helfen« oft als nachdrückliches Drängen und Zwingenwollen Gottes interpretiert. Untersuchungen zeigen aber, dass erstaunlicherweise auch die nicht erhörte Bitte meist nicht in Enttäuschung umkippt, sondern getröstet der Heimweg angetreten wird. Anscheinend steht auch in solch volksfrommem Bitten nicht die Garantie des heiligen Ortes für eine Heilung, sondern die Beziehung zu Gott im Mittelpunkt. Selbst wenn er nicht hilft, wird im Gebet eine nahe Vertrautheit mit ihm erfahren, die ihm seine Freiheit nicht nimmt. Obwohl die Bitte nicht erfüllt worden ist, wird eine tiefe Versöhnung erfahren. Wenn sich dann mit dem Ort eine besondere Heiligkeit verbindet, ist das nicht substanziell gedacht, sondern ist ein Erinnern an Gottes Hilfe. Das Gedenken an ein konkretes Nahesein Gottes ermutigt, ihn erneut an diesem Ort zu suchen – ohne zu behaupten, er sei hier mehr als andernorts. Dies zeigt, dass eine sich auf die Erfahrung einer Gottesbeziehung gründende Heiligkeit von Orten dem christlichen Glauben besser entspricht als die Behauptung einer prähistorischen substanziellen Heiligkeit.

Halt in der Form, zu Gast im Ritual

Neben der Resakralisierung von Natur und der spirituellen Aufladung des Raumes findet sich in der Ritualisierung ein drittes, das heutige Pilgern prägendes Motiv der Suche nach Gewissheit. Nachdem Rituale im Gefolge der 68er wegen des darin vermuteten Verlusts an Freiheit zurückgedrängt wurden, erleben sie heute einen regelrechten Boom. Nachdem oben die Phasen der Übergangsriten zum Verstehen der Abfolge des Pilgerns dargestellt wurden, soll jetzt der Aspekt der Beheimatung durch Rituale betrachtet werden. Rituale stehen für Dauerhaftigkeit, sie sind über eine lange Zeit gewachsen und beständig. Als religiöse Form der Routine geben sie dem Leben Fixpunkte, strukturieren und stabilisieren es. Ihre feste Form gibt Halt und Ruhe durch grundlegende Muster, die über die Gegenwart hinaus aus der Vergangenheit stammen und vermutlich auch in der Zukunft tragen. Sie fügen Einzelne wie die Gemeinschaft in größere Zusammenhänge ein und stiften Vertrauen in die Zukunft. Sie sind zuverlässig, ohne starr zu sein, stehen immer im Spannungsfeld von Wiederholung und Innovation. Sie bestätigen und geben zugleich einen sichernden Rahmen, um sich auf Neues einzulassen. Übernimmt man den vorgegebenen Rahmen eines Rituals, dann bildet man seine Identität an einem überindividuell typisierten Symbol aus. Man entwickelt sich nicht allein in der Beschäftigung mit sich selbst, sondern in Auseinandersetzung mit tradierten Mustern. Man sucht Selbstverwirklichung gerade darin, sich in einen größeren Zusammenhang einbinden zu lassen. Um sich dem haltenden Rahmen eines Rituals zu überlassen, braucht man Vertrauen, dass es einem letztlich ein „Mehr" schenkt, das man sich selber nicht verschaffen kann.

Menschen versuchen, zugleich die eigene Autonomie zu erweitern und die Einbindung nicht zu verlieren. Darum werden Rituale gesucht, dabei aber subjektiv gebraucht: Vorgegebene Formen werden individuell mit Sinn gefüllt oder neue Formen entwickelt. Rituale werden heute immer mehr zu bloßen Gefäßen, die jeder nach eigenen Bedürfnissen füllen kann. Das Ritual, in Kirchen eine Kerze zu entzünden, kann beispielsweise der Sehnsucht nach Verbundenheit mit Menschen, die weit weg sind, Ausdruck verleihen. Ob dieses Anzünden allerdings mit einem Gebet oder der Erinnerung an Jesus Christus als Licht der Welt verbunden wird, ist an der äußeren Realisierung des Rituals nicht erkennbar. Die vielfältigen, sich auch widersprechenden Füllungen des Gefäßes sind möglich, weil Rituale keine Auskunft über die Intention der Teilnehmer erfordern – ihre Erwartungen sind nicht ausschlaggebend für das Gelingen des Rituals. Denn nicht die Teilnehmer prägen den Ablauf – er geht ihnen voraus. Es genügt, dass sich die Teilnehmer darauf einlassen. So können Rituale Vielfalt assimilieren und gegen alle Brüchigkeit einen fraglos gegebenen Ablauf bieten, ohne alle über einen Kamm zu scheren. Denn die Aufmerksamkeit liegt auf der äußeren Form, ohne einen verbindlichen Inhalt vorzuschreiben. So entsteht – trotz aller Individualität – der Eindruck des Verbindenden. Je weniger allerdings ein gemeinsamer Wert- und Sinnhorizont verbindlich eingeprägt wird, desto weniger hält die Gemeinschaft über den Vollzug des Rituals hinaus an. Gerade Gemeinschaft wird angesichts ihres Schwindens im Alltag wertvoll. Selbst Wallfahrer nach Lourdes suchen oft weniger ein Wunder der Heilung, als dass Kälte und Einsamkeit durch wärmende Gemeinschaft auf Zeit aufgehoben werden. Gemeinschaft ist aber nicht nur eingebildet, sie wird vor allem auch gestiftet. Rituale verleihen nicht nur Sinn Ausdruck, sondern stellen selbst Sinn her. Wie der Sprechakt »Ich taufe dich« eine neue Wirklichkeit schafft, so geschieht dies auch beim Pilgern durch das gemeinsame Gehen und Erleben des Weges. Je ausgeprägter das Ritual, desto stärker auch seine vergewissernde und performative Wirkung. Darum könnte einem verbindlicheren Vollzug des Pilgerns – und auch den viel stärker durchstrukturierten Wallfahrten – eine gewichtigere Bedeutung zuwachsen. Angesichts brüchiger Sinnkonstruktionen werden Rituale geradezu zum Stabilisieren und Stützen von Sinn benötigt.

Der Wunsch nach Gemeinschaft gründet im Wissen darum, dass der Mensch sich nicht selbst sicherstellen kann. Erst im Bild des Anderen von mir – sei es ein menschliches Gegenüber oder Gott –, indem er mich erkennt und darin anerkennt, konstituiere ich mich. Anerkennung braucht der Mensch, weil er sich nicht selbstverständlich ist, sondern sich als in die Welt geworfen erlebt, fremd und unsicher. Dies führt ihm besonders die prekäre Situation des Pilgerns vor Augen. Seine Identität steht hier deutlicher als sonst auf dem Spiel und Anerkennung wird umso mehr gesucht und geschätzt.

Dieser Zusammenhang ist uns durch die Beschäftigung mit Adams und Evas Vertreibung aus dem Paradies vertraut. Das Gebot der Gastfreundschaft, das zu fast allen Religionen gehört, gewinnt im Alten Testament besondere Dringlichkeit, weil Israel die Unsicherheit über die eigene Identität durch das Erleben des Fremdseins in Ägypten und Babylon besonders zu spüren bekommt. Wie es dort Gottes Zuwendung erfahren hat, so soll es nun Bedürftige aufnehmen, was Genesis 18 mit der Vorstellung stützt, es könne Gott selbst zu Gast kommen. Nicht zufällig prägt die Benediktsregel die Gastfreundschaft deutlich ein. Auch heute reserviert mancher

Pilger absichtlich kein Bett, um sich in seinem Angewiesensein auf Gastgeber empfindlich zu machen. Er will sich beschenken lassen, statt Anrechte
einzufordern. Er gibt sich aus der Hand, überlässt sich anderen – und erlebt
Bewahrung. Er steht nicht auf eigenen Beinen und geht trotzdem nicht
unter. Im Gegenteil: Oft wird die leere Hand des Bittenden viel reicher
gefüllt als erwartet. Es ist sinnvoll, sich schutzlos zu machen, denn umso
intensiver ist die Erfahrung, in dieser Welt nicht verloren zu sein. Die Herberge für die Nacht, die Gemeinschaft der Mitpilger wie auch das einbin-
dende Ritual verdecken nicht, dass sie nur vorläufige Stationen sind:»Das
ist der Gastfreundschaft tiefster Sinn, dass wir einander Heimat sind auf
unserem Weg zu Gott.«(Romano Guardini)

Überwinden – Grenzen und Risiken als Chance

Identität kann sich durch die Beschäftigung der Person mit sich selbst bilden, nicht nur an wichtigen biografischen Wendepunkten, sondern auch,
indem man sich in ungewohnten Situationen erlebt, in denen sonst ver-
deckte Züge zum Tragen kommen. Insbesondere herausforderndes Fernpilgern – und nur darauf beziehen sich die folgenden Überlegungen – führt
die Teilnehmer oft an ihre Leistungsgrenzen. Fehlende Kondition, ungewohntes Klima, unruhige Nächte im Massenlager sowie wunde Füße und
schmerzende Gelenke wirken als Heraus- und Überforderung – gerade bei
Menschen, die gewöhnlich nicht an ihre Grenzen stoßen. Mit der körperlichen Schwächung wird die Emotionalität verstärkt, erhöht sich die Sen-
sibilität für die Umgebung und entsprechend stärker werden Gefühls-
schwankungen. Psychische Eigenheiten treten ungebremster zutage. Der
Pilger erlebt sich deutlicher. Und er erlebt sein Erleben, beobachtet seine
Gefühlsausbrüche und wird so mit sich selbst konfrontiert.

Im Wagnis Halt finden

Pilgern ist ein körperliches und geistiges Wagnis: Die Frage, ob man es schaffen wird, spielt vor und während der Fahrt eine große Rolle. Wo diese Herausforderung – wie es häufig geschieht – durch reduzierte Etappen, Komfort
und Absicherungen fehlt, geht dem Pilgern etwas Wesentliches verloren.
Zwar sucht der Pilger nicht das Scheitern, aber dessen Drohpotenzial erzeugt
Ungewissheit und Spannung. Ohne Risiko kann es auch keine Bewältigung
und Bewährung geben. Pilgern, das an die eigenen Grenzen geht, wird zur

Askese. Nicht das unmittelbare Wohlbefinden, noch nicht einmal das Pragmatische zählt. Der Pilger setzt sich absichtlich dem Joch der Umstände aus, übt Selbstkontrolle, überwindet äußere und innere Hemmnisse und erfährt sich gerade so als Handelnder. Er aktiviert sein Leistungspotenzial und seine Willensstärke. Erfolgreiche Selbstüberwindung wirkt hoch motivierend. Man erlebt sich nicht als Getriebener, sondern als Vorantreibender. So weckt Pilgern ein Bewusstsein der eigenen Verantwortung und lässt das eigene Leben auch gegen Widerstände in die Hand nehmen. Zugleich zeigt es die Grenzen der Selbstbeherrschung und verhilft so zu einer realistischen Einschätzung der eigenen Möglichkeiten. Dies wird auch leiblich erfahren: Die Anspannung stärkt die stimmige Wahrnehmung des eigenen Körpers, integriert den eigenen Leib und klärt so die eigenen Grenzen.

138   Wenn unterwegs das Ängstigende zur vitalisierenden Herausforderung wird, Weg und Mitpilger einen Sog entfalten, der Hemmungen und Angststarre überwindet, kann der Pilger durch Aktivität sein Schicksal in die Hand nehmen. Der Sportwissenschaftler Karl-Heinrich Bette bezeichnet dies im Anschluss an Nietzsche als Wille zur Macht, der eine Gegenreaktion auf alltägliche Nichtigkeitserfahrungen ist. In einer immer komplexeren und arbeitsteiligeren globalen Gesellschaft ist die Bedeutung des eigenen Beitrages kaum noch zu erkennen. Dem wird beim Pilgern die Erfahrung entgegengesetzt, die Situation entscheidend bestimmen zu können. Dass man angesichts der Herausforderung des Weges unersetzbar ist, weil man ihn nur selbst mit den eigenen Beinen bewältigen kann, ist Kontrastprogramm zur alltäglichen Ohnmacht. Es tut gut, sich und anderen Handlungsfähigkeit zu demonstrieren. Das vitalisiert und baut auf, Wollen und Erfolg durchfluten Kopf und Körper.

Gegenüber rein sportlicher Betätigung hat Pilgern den Vorteil, Selbstermächtigung nicht nur hinsichtlich der körperlichen Dimension zu bewirken. Der Pilger sieht sich – zumindest wenn er dafür offen ist – auch geistlich gefordert. Zwar kann dem leichter ausgewichen werden als körperlichen Herausforderungen. Aber gerade im Auf-sich-gestellt-Sein auf langen einsamen Wegstrecken kann Pilgern zur psychischen Grenzerfahrung werden. Fragen nach dem Warum des Weges, nach Lebenszielen oder nach zu tragendem Ballast brechen auf dem Pilgerweg auf, weisen aber über die Situation hinaus auf den Alltag hin. Da sie oft Bereiche von Sinn, Orientierung und Halt tangieren, aktivieren sie Bewältigungsstrategien. Weil auf traditionellen Pilgerwegen vielfältige christliche Symbole begegnen, werden insbesondere religiöse Themen und Lösungsmöglichkeiten eingespielt und nahegelegt. Ähnlich wie bei den körperlichen Herausforderungen können auch in diesem Bereich Grenzen, aber vor allem eigene Kompetenzen stärker bewusst werden. Selbstgefährdung ist konkret und bestimmt den ganzen Menschen, was ein Gefühl von Wirklichkeit und Evidenz erzeugt. Gerade diese brüchige und gefährdete Welt ist konkret.

Wagnis stärkt auch das Erleben von Gegenwärtigkeit, während sonst stark im Antizipieren und Planen gelebt wird. So komplex der Alltag ist, wird er doch oft als langweilige Routine erlebt, da Unterordnung unter die Normen vernünftigen Lebenswandels gefordert ist. Gerade die erfolgreiche Risikobegrenzung weckt die Risikolust. Ein steiler Anstieg oder die letzten Kilometer vor der Herberge heben den Moment heraus, der fast rauschhaft erlebt werden kann. Die Konzentration auf das Hier und Jetzt gibt unmittelbare Gewissheit: »Hier bin ich und ich schaffe das.« Paradoxerweise finden Menschen so im Wagnis Halt.

Die sich im Pilgern darstellende Selbstermächtigung durch Selbstüberwindung macht verständlich, warum Berichte anderer Pilger als Projektionsfläche kollektiver Sehnsüchte wichtig sind. Auf jeden tatsächlichen Pilger kommt ein Vielfaches an Pilgern »aus zweiter Hand«: Menschen schauen Fernsehberichte oder lesen Zeugnisse anderer Pilger, sie besuchen Diashows zum Jakobsweg oder besichtigen ihn als Tourist. Nicht jeder traut sich die Strapazen zu oder kann sich eine längere Auszeit leisten. Die Berichte anderer demonstrieren jedoch Handlungsfähigkeit. Auch wenn man sich selbst nicht auf den Weg macht, ist bereits das Wissen um die Möglichkeit stärkend. Auch sonst läuft Bildung oft über Vorbilder. Menschen brauchen diese Bewältigungs- und Bewährungsgeschichten, gerade wenn sie im Alltag ihre eigene Nichtigkeit erleben. Die Zuschauer erfüllen wiederum eine wichtige Funktion für die Pilger. Die meisten Pilger erzählen während und nach ihrer Reise ausgesprochen gerne davon. Die öffentliche Aufmerksamkeit zeigt Anerkennung gegenüber der erbrachten Leistung. Bereits die Erwartung der Wertschätzung durch andere wirkt beim Laufen stimulierend: Das Interesse signalisiert, dass die Anstrengung Sinn macht, der Einsatz gut investiert ist. Die Anerkennung der Zuhörer motiviert, die Erfahrungen in die eigene Identität zu integrieren.

Das eigene Potenzial entfalten

Gegen ein auch sportlich herausforderndes Pilgern wenden vor allem evangelische Theologen oft kritisch ein, dies sei die moderne Fortsetzung der mittelalterlichen Werkgerechtigkeit: Wie man früher durch Bußübungen Gottes Gnade erlangen wollte, so versuche man heute, durch besondere Leistungen sich selbst zu erringen. Der Vorwurf wiegt schwer, denn hier wird nicht nur die unkritische Übernahme der Normen einer Leistungsgesellschaft attestiert, sondern auch, dass Pilgern unterwandert ist von dem, wozu es eine Alternative bieten will. Vor allem geht es um den Kern evangelischer Lehre, die Rechtfertigung aus Glauben statt aus Werken. Dem würden Pilger zuwider handeln, die Gottes Wohlwollen durch besondere Anstrengungen zu verdienen suchen. So schwer der Vorwurf ist, so wenig trifft er: Der Aspekt sportlicher Leistung wendet sich meist nicht an Gott. Er ist ein Mittel, sich selbst zu finden, aktiv an der eigenen Identität zu arbeiten. Dieser Versuch, durch körperliche Herausforderung an sich selbst zu arbeiten, findet Parallelen bei Luther. In seiner Freiheitsschrift fordert er ausdrücklich dazu auf, sich nicht an der Freiheit des inneren Menschen genügen zu lassen, sondern auch den äußeren vom inneren Menschen her zu regieren. Der Leib soll Ausdruck der inneren Verfassung des Menschen werden. Dieser Gedanke steht im großen Zusammenhang des göttlichen Auftrags, die Erde zu bebauen und zu bewahren (Gen 1,28). Wie die übrige Schöpfung, so soll der Mensch insbesondere sich selbst bilden durch die selbstbestimmte Entfaltung individueller Identität. Sünde ist dann genau das Gegenteil, also wenn der Mensch nicht verantwortlich handelt, sondern sich unmündig vom Geschehen bestimmen lässt. Herausforderndes Pilgern wäre demnach das Bemühen, die eigenen Anlagen zu entfalten und durch Überwindung eigener Trägheit sich selbst zu bilden und zu steigern.

Biblische Bezugspunkte dafür finden sich besonders bei Paulus, der immer wieder vom Kampf des Glaubens spricht. Im Bild der geistlichen Waffenrüstung erwähnt er selbst den Zusammenhang dieses Ringens mit geistlichen Fragen: »Denn wir haben nicht mit Fleisch und Blut zu kämpfen, sondern mit Mächten und Gewalten.« (Eph 6,12) Pilgern wird in diesem Sinn zu einer Art »geistlichem Zehnkampf«.

Ankommen und Zurückkehren – Das Erlebte ins Leben integrieren

Pilgern ist mehr als Unterwegssein, es braucht ein Ziel. Oft ist aber gerade das Ankommen besonders schwierig. Das Unterwegssein ist über die Zeit zur Gewohnheit, zu einem zweiten Alltag geworden, in dem der Pilger sich eingerichtet hat. Mit dem Erreichen des Ziels wird er aus dieser Routine herausgerissen, er wird vom Ankommen überrascht. Das trifft besonders diejenigen, die für sich eine Ausrichtung auf ein bestimmtes Ziel ablehnen und nun plötzlich mit dem Ende des Unterwegsseins konfrontiert werden.

Aber es betrifft auch die, die ein Ziel vor Augen hatten und nun vor der Frage stehen, ob sie nur äußerlich ihr Ziel erreicht haben – und enttäuscht nach Hause zurückkehren müssen. Am Ende großer Pilgerwege haben sich Orte entwickelt, die beim Ankommen unterstützen, den Erfolg feiern helfen.

Vom Ausstellen der Pilgerurkunde bis zur Pilgermesse wird versucht, dem Moment etwas Dauer zu geben, den Übergang in die Phase des Ausstiegs zu gestalten. Das ist wichtig, denn dieser kurze Gipfelmoment steht immer im Sog der Rückkehr. Statt den Moment zu feiern, droht der Pilger schon aus dem Pilgern auszusteigen, bevor er sein Ankommen richtig erlebt hat.

Die Rückkehr bringt den Pilger nicht an seinen Ausgangspunkt. Als der Dominikaner Felix Fabri Ende des 15. Jahrhunderts von einer längeren Pilgerfahrt heimkehrte, notierte er in seinem Reisebericht über Ulm, »den Ort, wo meine Wanderung begann und wo sie endete ... Ich hätte die Stadt kaum wiedererkannt, wenn die Umgebung, die sich nicht verändert haben konnte, nicht bewiesen hätte, dass es Ulm war«.

Selbst bei einer umfangreichen Pilgerfahrt ist nicht zu erwarten, dass sich eine Stadt in der Zwischenzeit tatsächlich grundlegend verändert. Vielmehr scheint die Brille, mit der Fabri sie betrachtet, sich verändert zu haben. Die Stadt spiegelt ihm wider, wie sehr er sich verändert hat. Die Heimat, die er unterwegs erinnert und wohl auch ersehnt hat, gibt es so nicht mehr. Seine Heimkehr wird zu einem neuerlichen Erlebnis des Fremdseins, aber nun ohne die Hoffnung, noch eine Heimat vor sich zu haben. Ulm ist ihm etwas fremd gewordenes Vertrautes. Der heimkehrende Pilger möchte das unterwegs Angeeignete bewahren und zugleich ein Wiedereinleben ermöglichen.

An größeren Orten etablierten sich darum im Mittelalter Bruderschaften, die dem Pilger ein Forum Interessierter und Gleichgesinnter boten. Symbolisch wurden die Heimkehrer wieder in die Gemeinde aufgenommen. Viele Pilger ließen sich mit ihren Insignien wie den Muscheln beerdigen – sie blieben auch daheim dauerhaft Pilger.

Neuorientierung im Alltag

Auch heute können zumindest ausgiebigere Pilgerfahrten bei der Rückkehr orientierungslos und die Integration in den Alltag zu einer Hürde machen. Oft wird die Ankunft von einer Welle des Willkommens begleitet, die Pilger können eine Art ›Heldensein‹ zelebrieren und die verbreitete Achtung vor dem Pilgersein genießen. Dann aber wird oft deutlich, wie schwer das eigene Erleben zu vermitteln ist, »weil das keiner richtig versteht«. Oft heißt es dann: »Es ist sinnlos, mit Leuten zu reden, die den Weg nicht gegangen sind.« Individualität bringt es mit sich, dass man eben auch mit seinen Erfahrungen allein dasteht. Zugleich bietet das Gespräch mit den »daheimgebliebenen Ahnungslosen« den Anlass, das Knäuel an Erlebnissen in eine stimmige Abfolge von Geschichten zu bringen. Erzählen kann zumindest ansatzweise soziale Isolation aufbrechen und Prägungen in den Alltag integrieren. Dabei kommt es zu einem Perspektivenwechsel: Nicht mehr wird der Alltag aus der Perspektive des Pilgerns betrachtet, sondern umgekehrt die Pilgerreise vom Alltag her. Wenn die Rückkehr zum Ausgangspunkt für die Interpretation der Erfahrungen wird, dann werden sie übersetzt unter dem Gesichtspunkt der Nachhaltigkeit.

Eine Form der Nacharbeit sind die Einkehrtage, die die Abtei Santo Domingo de Silos am Jakobsweg angeboten hat. Teilnehmer berichten, wie befreiend es war, mit anderen Pilgern den Erfahrungen auf den Grund zu gehen. Pilgerstammtische und generell das große Mitteilungsbedürfnis der meisten Pilger deuten darauf hin, wie notwendig eine Aufarbeitung ist.

Die Rückkehr ist ein heikler Punkt. Gerade weil das Wiederaufnehmen des Vertrauten als Selbstverständlichkeit erscheint und wenig Aufmerksamkeit genießt, wird Wertvolles vom Pilgern verspielt. Während früher der Rückweg lange Zeit in Anspruch nahm und die Rückkehr wirklich Schritt für Schritt geschah, finden heute selbst mehrwöchige Pilgerwanderungen in entfernte Länder mit einem Rückflug ein sehr abruptes Ende. Wie kann die Rückkehr aus der besonderen Zeit in den Alltag dennoch gelingen? Zuerst ist das Verhältnis von außerordentlicher Zeit und Alltag zu klären. Nicht nur quantitativ dominiert der Alltag – das Gelingen des Lebens entscheidet sich hier. Es gilt, nicht in der Utopie der Sehnsucht zu bleiben, sondern wenigstens Bruchstücke des Ersehnten in den grauen Alltag heimzubringen. Zugleich ist Gott hier schwerer zu erkennen. Das Pilgern geht auf Distanz zum Alltag, nicht um vor ihm zu fliehen, sondern um ihn aus der Distanz besser zu erkennen. Nicht nur das dort erlernte Vertrauen in Gott gilt es mitzunehmen, sondern insbesondere die Fähigkeit, Gott wahrzunehmen und mit ihm zu rechnen. Auch ist über das Erreichen der Pilgerziele ein Resümee zu ziehen und Konsequenzen für den Alltag auf den Punkt zu bringen. Man mag über den Kitsch mancher Andenkenläden spotten – Devotionalien helfen aber, sich zu Hause die Erfahrungen der Pilgerzeit zu vergegenwärtigen.

Warum Menschen heute pilgern

Identität erlaufen: Pilgern in der Postmoderne

Warum machen sich moderne Menschen eine mittelalterliche und beinahe ausgestorbene Praxis wieder zu eigen? Wie kommt es, dass auch Menschen aus säkularisierten und nicht kirchlichen Milieus etwas unternehmen, was zumindest religiöse Anklänge hat? Und was geschieht mit dem Pilgern unter postmodernen Rahmenbedingungen? Vieles spricht dafür, dass kulturell-gesellschaftlichen Entwicklungen eine wichtige Rolle zukommt. Ausgangspunkt ist demnach eine zunehmende Irritation von Identität in der Postmoderne. Diese soll beschrieben und dann überlegt werden, wie gerade das Pilgern einen Beitrag zur Identitätsfindung leisten kann.

Identität: Episoden statt Einheitlichkeit

Die Antwort auf die Frage, wer man eigentlich ist, scheint in früheren Zeiten leichter gefallen zu sein. Die eigene Identität war keine Frage, sondern durch Stand, Konfession und Tradition selbstverständlich gegeben. In der Moderne wird sie zusehends hinterfragt und der eigenen Entscheidung unterworfen: Man will der oder jener sein. Gegenwärtig erleben wir, wie die Identität vieler Menschen schwächer, unzusammenhängender und immer weniger dauerhaft wird. Man lebt in verschiedenen unverbundenen und sogar widersprüchlichen Identitäten, weshalb von Patchwork-Identität gesprochen werden kann. Der Alltag erfordert immerfort Rollenwechsel. Statt einen einheitlichen Lebensstil zu entwickeln, werden verschiedene Versatzstücke addiert, einzelne Bestandteile verschiedener Kulturen aus ihrem Kontext herausgerissen und beliebig zusammengebastelt. Waren Kleidung, Sitten, Anschauungen früher Ausdruck und Einüben der Zugehörigkeit zu einer identitätsstiftenden Gruppe, werden sie heute zum bloßen Lifestyle-switch.

Die Idealwelt des unverbindlichen Schnupperns an Identitätsangeboten ist das Reisen. Wer reist, wechselt zwischen verschiedenen Welten, die ebenso episodisch wie unverbindlich bleiben. Zygmunt Bauman hat in »Vom Pilger zum Touristen«[22] das Neue an der Postmoderne nicht zufällig mit Metaphern aus der Welt des Reisens dargestellt. Er hat dabei nicht konkrete Reisende vor Augen, sondern zieht diese als Typen für eine gesellschaftliche

Verschiebung von der Moderne zur Postmoderne heran. Der Tourist als Typus des postmodernen Menschen hält sich wie ein Flaneur aus den Dingen heraus, er geht vorüber und es geht vorüber: folgenlos, episodisch, oberflächlich und darum auch leicht von der Hand. Sein Signum ist die verspiegelte Sonnenbrille. Er betrachtet, ohne sich selbst ansprechbar zu machen. Er ist überall am Ort, aber nirgendwo Teil des Ortes. Er sucht Erfahrungen, aber das Fremde soll nicht auf der Haut haften bleiben. Es soll zugleich eindrucksvoll sein, um intensives Erleben anzuregen, und harmlos: Die Urlaubswelt soll seinen Wünschen gehorchen, keine Widerständigkeit haben, ihn nicht binden, sondern erregen, amüsieren und unterhalten. Weil die Welt nicht mehr zu überblicken ist und sich viel zu schnell wandelt, ist er ziellos unterwegs und vermeidet dauerhafte Bindungen.

144 Das Gegenbild zu dem, was Bauman als Touristen beschreibt, bezeichnet er als Pilger. Dieser verkörpert die Haltung der Moderne. Er lebt nicht von Moment zu Moment, sondern auf eine Zukunft hin, die den einzelnen Stationen Rahmen und Sinn gibt. Für dieses langfristige Projekt braucht der moderne Typus des Pilgers stabile Rahmenbedingungen. Er muss darauf vertrauen können, dass die Landkarte beständig bleibt. Nur so ist sichergestellt, dass die einzelnen Etappen seines Pilgerweges wirklich zum Ziel führen. Darum ist die Welt der Postmoderne für den Typus des Pilgers ungastlich geworden: Weil die Spielregeln dauernd wechseln, wird es schwierig, ein großes Lebensziel zu verfolgen, nach dem die Lebensreise auszurichten wäre. Das eine allumfassende Spiel mit großem Einsatz splittet sich auf in eine Reihe von kurzen begrenzten Partien. Man kann nur noch von einem Tag auf den anderen leben in einer kontinuierlichen Gegenwart einzelner Begebenheiten. Um unbelastet in neue Situationen einsteigen und sich auf sie einstellen zu können, sind Festlegungen zu vermeiden. Wer sich nicht festlegt, hat an jeder Kreuzung einen großen Spielraum. Er kann sich jeweils neu entscheiden. Die Kehrseite ist fehlende Ausrichtung und Orientierung – ohne Ziel ist es schwer zu sagen, wer man ist und was man will.

Baumann stellt also zwei Möglichkeiten vor, mit der Frage nach der eigenen Identität umzugehen: Der Typus Pilger legt sich dauerhaft auf ein bestimmtes Ziel fest, um so eine zusammenhängende Identität zu gewinnen. Der Typus Tourist vermeidet gerade Festlegungen, verzichtet auf eine einheitliche Identität, um frei zu bleiben für den Augenblick. Es geht bei dieser Gegenüberstellung nicht um reale Personen oder das Reisen in der einen oder anderen Art. Es soll an diesen Typen ablesbar sein, wie sich Moderne und Postmoderne gesellschaftlich und soziologisch unterscheiden.

Theologisch wurden immer wieder Gründe geltend gemacht gegen den überfordernden Anspruch von Ganzheit und starker Identität. Besonders Henning Luther betont, dass der Mensch wesentlich Fragment ist, zu dem Bruch und Verlust gehören. Glaube ermöglicht, als Fragment leben zu können und anzuerkennen, dass man auf Vollendung angewiesen ist. Der Mensch gibt sich dann nämlich mit seiner Lage nicht zufrieden, denn das Wesen des Fragments ist Sehnsucht: Es begnügt sich nicht mit dem Vorfindlichen, sondern ist auf Zukunft aus. Die Spannung zwischen Fragmentsein und möglicher Vollendung erweckt nach Henning Luther den Wunsch, ganz und heil zu werden. Aber viele Menschen empfinden diese Spannung nicht als bereichernde Triebfeder, sondern als Überforderung. Sie leiden an der eigenen Unvollkommenheit. Darum suchen sie schon hier und jetzt etwas, das ihnen Halt gibt. So nachvollziehbar dieser Wunsch ist, er birgt zwei Gefahren: Der Mensch gibt sich mit zu wenig zufrieden, weil er nicht wahrnimmt, wie sehr sein derzeitiges Sein von der Vollendung entfernt ist. Oder er ist überrascht davon, dass der vermeintliche Halt nicht die Festigkeit des Ewigen hat. Ebenso kommt sie an Grenzen, wenn Menschen – wie der Tourist – vergessen, dass sie auf Vollendung angelegt sind.

Reisen ist symbolischer Ausdruck des Fragmentseins. Man hat ein Dach über dem Kopf, aber nur für kurze Dauer. Man ist an einem Ort, den man schon bald wieder verlassen muss. Widersprüche und Unzusammenhängendes sind unterwegs erlaubt und sogar gewünscht – es muss nicht alles zusammenpassen. Als postmoderner Dauerzustand überfordert diese Heimatlosigkeit. Aber als vorübergehendes Spielfeld kann Reisen den Umgang mit Fremdem üben, ohne dass die Irritation bodenlos ist. Denn der Reisende weiß, dass er wieder zurückkehren wird. Die Gewissheit der Heimkehr relativiert die Zeit unterwegs und lässt freies Ausprobieren zu. Darin ähnelt es der lebenslangen Pilgerschaft auf die himmlische Heimat zu: weil die Vollendung noch aussteht, kann man unterwegs experimentieren. Zugleich kann das Spiel verbindlich werden, denn die Rückfahrt als Abschluss jeder Reise stellt immer vor die Frage, was man mitnimmt und in sein Leben integriert. Reisen und auch Pilgern *kann* Identität erweitern – wenn es weder in Routine erstickt noch an der Oberfläche des Exotischen haften bleibt.

Identität: Gegeben oder selbst entworfen?

Bei der Suche nach Halt stehen die Menschen in der Spannung, sich bergend einbinden und zugleich ihre Freiheit bewahren zu wollen. Ihre Autonomie leben sie, indem sie aus der Fülle von Identitätsangeboten einer pluralistischen Gesellschaft auswählen. Doch diese selbst entworfene Identität ist brüchig, zumal ihr ein stabilisierender kultureller Rahmen fehlt. Wenn sich alle auf ein gemeinsames Verständnis der Welt einigen könnten, würden sie sich gegenseitig bestärken. Pluralität hingegen stellt das Eigene immer wieder infrage.

Darum soll hier ein Modell von Identitätsfindung eingeführt werden, das die Einbindung des Menschen betont, ohne Freiheit zu negieren. Grundlegend dafür ist, dass Identität nicht zuerst vom Individuum selbst entworfen, sondern zugesprochen wird – im Letzten durch Gott: »Ich habe dich bei deinem Namen gerufen; du bist mein!« (Jes 43,1) Sie wird geschenkt, ist bereits da, bevor der Mensch sich zu ihr verhält. Er wächst in diese Identität

hinein durch Geschichten, Symbole und Gewohnheiten. Natürlich werden diese nicht eins zu eins übernommen, sondern kreativ angeeignet. Menschen werden in die sie tragende Geschichte hineinerzählt und erzählen sie zugleich anders weiter. Grundlage für dieses Menschenbild ist die Annahme, dass der Mensch sich selbst zuerst geschenkt ist. Darauf aufbauend entwirft er sich als Person, als individueller Mensch, der bestimmte Möglichkeiten realisiert. Alle Versuche, sich aus dem Nichts zu entwerfen, bleiben vage. Erst wer anerkennt, dass er bereits eingebunden ist in einen geprägten Kontext, verstrickt in Geschichten und Vorstellungen einer Tradition, findet sein Standbein, das ihm Halt zum Ausstrecken des Spielbeins gibt. Seine Möglichkeiten sind endlich, aber gegründet.

Identität ist im Letzten eine religiöse Frage. Auch die Glaubenspraxis muss darum dem Wechselspiel von Standbein und Spielbein gerecht werden. Es geht um ein Hineinbegeben und Zu-eigen-Machen der Gottesgeschichte. Die uns durch die Tradition überlieferte Gottesgeschichte muss sich auf das Leben des Einzelnen hin brechen, um in ihm und seinem Leben weitererzählt zu werden. So entwickelt sie sich mit jedem Beteiligten weiter.

Wichtig für diesen Prozess ist, dass es wirklich zu einem gleichgewichtigen bereichernden Wechselspiel kommt. Wenn das Subjekt sich absolut setzt und mit der Gottesgeschichte nach Gutdünken verfährt, dann verliert sie ihr Eigengewicht. Wer aus der pluralistischen Fülle frei auswählt, der verliert sein Gegenüber. Es braucht die Verbindlichkeit einer Tradition, die einem als Fremdes mit Autorität gegenübertritt. Wie gerade Pilgern unter den aufgezeigten Bedingungen der Postmoderne hilfreiche Identitätsarbeit leisten kann, soll im Folgenden dargestellt werden.

Pilgern als Rollenspiel – Ausprobieren, was trägt

Der Pilger übernimmt eine Rolle. Er ist nicht mehr durch seinen Beruf, seinen Familienstand, seine Herkunft oder Hobbys bestimmt, sondern dadurch, dass er pilgert. Alle Beteiligten wissen, dass das nur eine Rolle auf Zeit ist, aus der er anschließend wieder aussteigt. Spielt er also nur Theater? Pilgern hat durchaus etwas vom Theaterspiel, aber das macht es nicht weniger ernsthaft.

Solch spielerisches Ausbrechen aus dem Alltag kann kritisiert werden: Der Pilger flieht aus der Wirklichkeit seiner kalten Alltagswelt in ein unwirkliches Pilgeridyll, dessen Leitbild die Romantik ist. Er sucht die heile Natur, vergangene Geschichte und ein Tun, das zur Folklore geronnen ist. Wenigstens auf Zeit will der Pilger dem entfremdenden Alltag entkommen. Aber letztlich wäre das ein folgenloser Fluchtversuch aus der Wirklichkeit, denn früher oder später muss der Pilger zurück in den unbefriedigenden Alltag.

Ob diese Kritik zutrifft, entscheidet sich daran, wie der Pilger zurückkehrt. Ist er der Gleiche geblieben und nur ein wenig erholter, sodass er zu Hause weiter durchhält? Oder kehrt er als anderer zurück, hinterlässt der Weg eine Wandlung? Das lässt sich kaum pauschal beantworten, weshalb Stufen existenzieller Ernsthaftigkeit von Pilgern unterschieden werden müssen:

- Sucht der Pilger nur Zerstreuung und Abwechslung oder eine dauerhafte Neuorientierung?

- Bleibt er bloßer Betrachter oder probiert er eine andere Lebensform ernsthaft aus?

- Verstrickt er sich in das Geschehen oder konzentriert er seine Aufmerksamkeit auf Fitness und Technik, die eine möglichst reibungslose Durchführung ermöglichen sollen?

Häufig wird die Möglichkeit eines anderen Lebens nur simuliert, man verlässt nicht das ›als ob‹. Dann bleibt das Pilgern nur ein Spiel im Sinne einer Erholung von den Zumutungen der säkularen Moderne, das ein diffuses Transzendenzbedürfnis befriedigt, ohne jedoch etwas grundlegend infrage zu stellen.

Je nachdem wie das Spiel angegangen wird, kann es folgenlos bleiben oder Rückkopplungen ermöglichen. Pilgern kann beinahe subversives Potenzial ähnlich einem Trojanischen Pferd entfalten: Was im Ernst nicht zur Geltung gebracht werden kann, wird als Spiel verpackt. Indem das Spiel die Verführung enthält, es ernst zu nehmen, besitzt es das Potenzial zum Angriff auf das Bestehende. Gerade dieses Schwebende macht das Spiel attraktiv: Vorderhand ist es unverbindlich und ›leicht‹. Unter der Hand kann es aber dazu kommen, dass im Spiel eingeübte Rollen und Vorstellungen auch in der Alltagswelt zur Geltung gebracht werden. Beim Pilgern kann etwas Inneres, das Selbstbewusstsein, äußerlich werden, es kommt zur Aufführung. Manches an uns lernen wir so erst kennen oder entdecken es als plausibel. Dabei setzt das Spiel keine identische Persönlichkeit voraus. Verschiedene, auch einander widersprechende Rollen können ausprobiert werden. Was sich bewährt, kann dann in den Alltag übernommen werden – oder bringt sich dort von selbst zur Geltung.

Pilgern als Rollenspiel zu denken, verweist auf eine andere Form der Identitätsarbeit als es der Blick auf das Pilgern als Ritual tut. Das Ritual holt den Teilnehmer mittels starker Regeln in den Sog des Geschehens, in dem seine Identität aufgelöst wird – er gibt sich aus der Hand bzw. wird sich aus der Hand genommen und seine Subjektgrenzen werden verflüssigt. So kann er in eine neue Form »gegossen« werden. Das geschieht beim Pilgern etwa im Flow des Gehens oder in Erfahrungen des Einsseins mit der Natur. Rollen werden vom Mitspieler übernommen – je nach Intensität des Geschehens kann er sich dazu verhalten. Er unterwirft sich den Regeln der Rolle und macht mit ihr Erfahrungen. Aber seine Identität wird nicht aufgelöst.

Den Spieler gibt es in gewissem Sinn auch noch außerhalb des Spiels, seine Ursprungs-Identität bleibt bestehen und er kann sich anschließend entscheiden, welche Anteile der Rolle er dauerhaft übernehmen will. Er löst sich nicht in die Umgebung auf, sondern begegnet etwas Fremdem, mit dem er sich konfrontiert und das ihn zu einer Wahl herausfordert. Gerade dieses Fremdheitsmoment macht das Rollenspiel für viele Pilger zu einer schwierigen Übung.

Hilfen für das Pilgerspiel

Wie kann das Pilgerspiel gelingen? Es ist hilfreich, eine stark ausgeprägte Rolle zu wählen, die ein großes Bedeutungspotenzial hat und widerstandsfähig ist gegen subjektive Überformungen. Dies ist besonders auf traditionellen Pilgerwegen möglich. Dort bieten Pilgerberichte, Legenden und kirchliche Kunst manifeste Rollenangebote. Unterstützend wirken stark genutzte Wege wie der Camino Francés des Jakobswegs in Nordspanien. Dort ist der gesamte Kontext geprägt vom Pilgern, d. h. Mitpilger wie Anwohner sehen den Nutzer des Weges als Pilger an. Dieses Spiegeln unterstützt die eigene Rollenidentität. Es muss angemerkt werden, dass gerade der Jakobsweg im Mittelalter eher anarchisch geprägt war, die Jakobspilger ihre Rolle sehr frei definiert haben. Das mag zu Zeiten verfestigter religiöser Identitäten seinen Sinn gehabt haben – heute hingegen ist es erst einmal notwendig, sich überhaupt eine Identität einprägen zu lassen. Die Figur des mittelalterlichen Pilgers in seiner religiösen Identität sollte also nicht als rein geschichtliche Gegebenheit ad acta gelegt, sondern durch historische Information zugänglich gemacht werden und zur Übernahme motivieren.

Die Stärke des Pilgerns liegt sicher auch darin, dass die Rollenübernahme leichtfällt, sich weitgehend selbst erzeugen kann. Das hängt davon ab, wie stark der Kontext durch das Pilgern geprägt ist und die deutungskräftigen Symbole »in der Luft liegen«. Je nachdem, wie aufgeschlossen sich Pilger dem gegenüber zeigen, werden sie von den Pilgerrollen ergriffen und bringen sich wie von selbst in ihnen hervor. Die den Pilger fast atmosphärisch umfangenden Identitätsangebote entwickeln eine Attraktivität, die ihn zum Mitspielen motiviert. Intuitiv wird der Pilger in das Geschehen hineingezogen, erzeugt sich das Rollenspiel von selbst. In der Nachahmung wird es angeeignet, wird der Pilgerweg immer wieder neu hergestellt. Der Pilger bringt eine Welt zur Aufführung, die ihn selbst aufnimmt. Sie bleibt ihm nichts Äußeres: »Der Körper glaubt, was er spielt.«

Sich als Pilger entdecken

Die Rolle des Pilgers ist zugleich offen für Umwandlungen. Es gibt keine allgemein verbindliche Definition, was Pilgern ist. Entsprechend streiten sich auch die Pilger untereinander, wer ein »echter« Pilger ist und wer nicht. Dass man sich gegenüber Autotouristen abgrenzt, ist konsensfähig. Wie aber verhält es sich mit Personen, die im Hotel übernachten oder ihr Gepäck im Bus transportieren lassen? Ist Pilger nur, wer religiös motiviert ist? Ist Gruppenpilgern bereits defizitär? Oder ist ein wahrer Pilger nur, wer länger als einen Monat unterwegs und von zu Hause gestartet ist? Klare Kriterien sind schwer zu finden. Hilfreich bleibt, was ich bereits zum Hineinerzählen in eine vorgegebene Geschichte gesagt habe: Es geht um ein Gleichgewicht von vorgefundener Pilgerrolle und eigenständiger Aneignung. Wo Menschen ihre Art des Pilgerns frei erfinden, spielen sie nur sich selbst, aber keine Pilgerrolle. Es geht ja gerade darum, sich als anderen, sich selbst teilweise fremdes Gegenüber zu erleben und auszuprobieren.

Nun ist Pilgern nicht das einzig mögliche Rollenspiel, mit dem Identität entwickelt werden kann. In jedem Urlaub etwa steigt der Tourist aus dem Alltag aus, um sich unter anderen Bedingungen zu erleben. Was macht demgegenüber das besondere Potenzial des Pilgerns aus? Pilgern bietet eine starke Rolle an, weil religiösen Traditionen Gewicht und Verbindlichkeit zugesprochen wird. Darum führen sie eher zu einem existenziell ausgerichteten Vollzug. Drei wichtige Mittel der Rollenübernahme als Pilger – Routinen, Gemeinschaft und Andachten – sollen dies veranschaulichen:

Routinen

Pilgern wird mit Freiheit assoziiert. Trotz scheinbaren Autonomie gibt es aber gerade auf stark begangenen Wegen – meist unreflektierte – Gewohnheiten: Die vorgegebene Wegführung erübrigt die Frage nach dem wie und wohin. Es pendelt sich ein Tagesrhythmus ein und die zugleich aufbrechenden Mitpilger erzeugen einen Sog, der mitzieht. Dies trägt über Phasen der Lustlosigkeit und Müdigkeit hinweg. Diese Routinen sind durchaus hilfreich: Indem man sich der Dynamik des Kontextes anvertraut, wird man aus seiner momentanen Stimmung befreit. Routinen zeigen, wie man sich durch Identitätsangebote von außen nach innen aufbauen kann.

Gemeinschaft

Mitpilger sind oft besonders wirksame Identitätsangebote. Gerade das anschauliche Beispiel anderer Menschen wirkt überzeugend und lädt zur Identifikation ein. Durch den gleichen Erfahrungskontext entsteht tiefe Vertrautheit untereinander: Alle kommen aus der gleichen Richtung und haben das gleiche Ziel vor Augen. Während im ausdifferenzierten Alltag die Unterschiedlichkeit oft überfordert und Identifizierung verhindert, begegnet der Pilger Menschen, die ihn verstehen, weil sie mitvollziehen können, was er erlebt hat.

Ein weiteres Moment, das Verbundenheit stärkt, ist die ungewohnte Nähe untereinander. Gewohnte Distanzierungen sind nicht aufrechtzuerhalten, denn die Intimsphäre ist deutlich reduziert. Körperliche Gebrechen – von den kaputt gelaufenen Füßen bis zum Schnarchen – lassen sich nicht verheimlichen. Man teilt ohne Scheu Kleidung und Geschirr und mutet sich den anderen sehr weitgehend zu. Aufeinander verwiesen und angewiesen entsteht Nähe und Vertrautheit. Man lernt, Schwächen einzugestehen.

Gegenseitige Hilfe wird eingeübt, vom Pflaster bis zum kilometerlangen Gespräch. So wird ansatzweise eine Gemeinschaft außergewöhnlicher Regeln hergestellt, die die Teilnehmer immer mehr in ihre Identität als Pilger hineinzieht.

Andachten

Das liturgische Angebot an Pilgerwegen ist sehr unterschiedlich. Selbst auf dem Camino Francés, wo in der Saison in den Dörfern oft mehrere hundert Pilger übernachten, ist eine Pilgermesse nicht selbstverständlich. In Gruppen zeigt sich Pilgern als Chance für besonders eindrückliche Andachtserfahrungen. Gerade wenn sich tagsüber jeder einzeln bewegt hat, findet sich die Gruppe in der Andacht wieder zusammen. Lieder und Texte aus der Tradition betten ein in den breiten Strom der Kirchengeschichte. Wird sie in der örtlichen Pfarrkirche gefeiert, was meist möglich ist, erleben sich die Pilger als Teil der *einen* Kirche, die Ort und Zeit umfasst. Im Kirchenraum und seiner Einrichtung ist die eigene Tradition gleichsam sedimentiert, haben die Vorgänger ihre Spuren hinterlassen, denen spätere Besucher ihre eigenen anschließen. Andachten bieten auch Raum, die Erlebnisse des Tages zu sammeln und zu ordnen. So bleiben sie keine unverbundenen Episoden, sondern können in die eigene Geschichte integriert werden und Identität bilden.

Die Andachten können auch deswegen anders wirken, weil Liturge und Prediger nicht nur in ihren Rollen, sondern ebenso in ihren persönlichen Lebensvollzügen begegnen. Gerade für mitpilgernde Geistliche kann das eine Chance sein. Erscheinen sie zu Hause als fremdes Wesen – dessen Glaube darum fremd bleibt – können sie unterwegs menschlicher, näher und nahbarer, Menschen zum Anfassen aus Fleisch und Blut werden. Zum einen zeigen auch sie ihre Blößen, werden nicht nur in ihrer Funktion erlebt, sondern als Menschen, die vor den gleichen Herausforderungen stehen. Zum anderen können sie als handfeste Helfer erlebt werden, von der Unterstützung beim Rucksackpacken bis zur Fußwaschung zum Abschluss. Sorgen für Leib und Seele gehen hier zusammen. Wer beim Frühstück mit Kaffee und Müsli nährt, kann auch beim Abendmahl mit Brot und Wein stärken. Wer die Tagesetappe erklärt, dem traut man auch zu, beim Finden des Lebensweges behilflich zu sein. Dabei sollte ein Geistlicher nicht ununterscheidbar werden. Es braucht bei aller Nähe den ganz Anderen, der für das ganz Andere steht. Gerade wenn er beides verbindet, kann er den Pilgern im Alltäglichen die Augen öffnen für die Dimension Gottes.

Sich fremd gehen – und zu sich selbst kommen

In der Fremde sich selbst fremd werden

Als ›Gäste und Fremdlinge‹ sind Pilger aus ihrem gewohnten Umfeld herausgenommen. Ihnen begegnen Menschen, denen sie fremd sind, die noch keine Vorerfahrungen mit ihnen haben. Sie gehen anders auf die Pilger zu, jenseits der eingefahrenen Muster und Rollenzuschreibungen. Max Frisch hält das für die Antwort auf die Frage »Warum reisen wir?«:

»Auch dies, damit wir Menschen begegnen, die nicht meinen, dass sie uns kennen ein für allemal, damit wir noch einmal erfahren, was uns in diesem Leben möglich sei.«[23]

Das befremdet und irritiert – und genau das ist eine Chance, aus eingefahrenen Mustern herausgelockt zu werden.

Der Pilger entfernt sich von der Heimat. Er bewegt sich in einem fremden Land, trifft fremde Menschen, wird konfrontiert mit fremden Sitten und Lebensentwürfen und erlebt sich selbst in einem ihm ungewohnten Tun. Seine Loslösung ist ambivalent. Sie ist zugleich Verlust und Gewinn, denn den lockenden Möglichkeiten steht die Preisgabe vertrauter Heimat gegenüber. Diese Ambivalenz artikuliert etwa Psalm 18 in der Gegenüberstellung von Gott als einer schützenden Burg und Gott als dem, der die Füße auf weiten Raum stellt. Die schutzlose Freiheit ist nicht zu bewältigen ohne besondere Stärkung: »Du gibst meinen Schritten weiten Raum, dass meine Knöchel nicht wanken.« (Ps 18,37) Von selbst stellt sich dem Pilger die Frage: Wovon entferne ich mich und wohin gehe ich? Ist dabei die Flucht oder die Suche, die Sehnsucht stärker? Psychologische Untersuchungen zeigen, dass Verlust stärker bewertet wird als der Gewinn eines gleich wichtigen Neuen. Das macht Menschen ängstlich. Der Aufbruch in die Fremde gleicht dem Tausch des Spatzen in der Hand gegen die Taube auf dem Dach. Das Wirkliche soll zugunsten des Möglichen losgelassen werden. Das eröffnet einen weiten Möglichkeitsraum, der zugleich ängstigt und bereichert.

Unterwegs ist der Pilger in der Fremde und wird darin sich selbst fremd; er erlebt Differenz. Unterschiedlichkeit kann ängstigen. Zugleich müssen wir lernen, damit konstruktiv und sicher umzugehen, weil unsere Welt zusehends pluraler wird[24]. Pilgern vermag den souveränen Umgang mit Fremdheit zu entwickeln. Der Pilger lernt, indem er sich erfolgreich in der Fremde bewegt, sich sogar selbst als Fremdem begegnet, ohne sich darin zu verlieren. Nur indem er sich in die Obdachlosigkeit begibt, kann er Gastgeber finden – für einen Plausch am Wegesrand und die Ruhe der Nacht. Er erlebt sein Angewiesensein auf andere, er hat die Situation nicht in der Hand – und das macht zuerst Angst. Wer sich als Pilger so von anderen bestimmen lässt, lernt Vertrauen in die »Wirklichkeit des Möglichen«. Er erfährt oft eine ungeahnte und positive Erweiterung seines Horizonts, die er sich selbst nicht hätte geben können.

Im fremden Anderen zu sich selbst kommen

Besonders Martin Buber hat entwickelt, wie wichtig es ist, sich im Fremden gegenüberzustehen, im Du zum Ich zu werden. Der Mensch kann nicht allein durch sich zu sich selbst kommen. Nur indem er mit dem Anderen umgeht, gewinnt er Kenntnis von sich selbst. Heim- und Fernweh – den anderen suchen und von ihm her zu sich zurückkehren wollen – sind somit existenzielle Momente; sie gehören untrennbar zusammen. Sie beschreiben, dass Menschen nie ohne andere bei sich sein können. Heimweh ist der Wunsch, bei sich anzukommen. Daraus resultiert das Fernweh, denn nicht durch bloße Rückwendung auf sich selbst, sondern nur im Ausgang aus sich kann man zu sich kommen. Bei-sich-Sein ist immer ein Zurück-Kommen. Das Bei-sich-Ankommen braucht den Umweg über den Anderen und das Andere. Das Zusammenspiel von Heimat und Fremde, Nähe und Distanz ist konstitutiv mit der Unbehaustheit des Menschen gegeben.

Eine der schwierigsten Fragen beim Pilgern ist das Verhältnis von Distanz und Nähe, Aneignung und fremd sein lassen. Wer nur aus der Distanz beobachtet ohne sich zu beteiligen, an dem wird das Pilgern spurlos vorübergehen. Wer sich verwickeln lässt, steht vor der Frage, inwieweit er sich das Fremde zu eigen machen kann und will. Die Begegnung mit Fremden kann dazu genutzt werden, sich deren Rolle zu eigen zu machen. Sie kann aber auch dazu führen, sich einander in der jeweiligen Fremdheit zu bestätigen. Das Befremdliche wird dann nicht überwunden, sondern geradezu lustvoll inszeniert. Wer das andere so exotiert, hält sich aus der Situation heraus, die uneinholbar fremd bleibt. Nicht-Übereinstimmung – weder mit sich noch mit dem Fremden – wäre das Motto dieser Fremdbegegnung.

Unterschiede steigern den »Spielraum des Seinkönnens«, man führt sich vor Augen, was sonst noch alles möglich ist. Wer aber vollständig in die Perspektive des Anderen einsteigt, lebt nicht mehr in sich selbst. Er verliert und entfremdet sich. Aus der Perspektive des Anderen betrachtet, beobachtet man sich selbst als Fremden und wird heimatlos in sich selbst.

Gerade im Anspruch, sich dem Fremden total auszusetzen, ohne es durch identifizierende Vereinnahmung in seiner Fremdheit zu vernichten, führt – ins Extrem getrieben – die Selbstentfremdung zum Verlust des Ich. Dieser Verlust bedroht nicht den distanzierten Pilger, sondern gerade den, der sich ganz darauf einlässt. Er wird zum Pilger mit Haut und Haaren, erlebt sich selbst so sehr als Anderen, dass er nicht mehr an seine bisherige Identität anknüpfen kann. Können Erfahrungen nicht integriert werden, verliert sich der Pilger. Zwar braucht er das Befremdliche: Der Pilger will ja gerade aussteigen, denn nur über den Umweg des Fremden kann er zu sich heimkommen. Will er aber nicht einfach in unterschiedliche unverbundene Rollen zersplittert werden, muss er sich um Integration bemühen. Das gelingt gerade da, wo das Fremde im Eigenen gesucht wird. Die italienische Lebensweise ist anders, aber doch so verwandt, dass dort gemachte Erfahrungen übersetzt und angeeignet werden können. Darstellungen des *Santiago Matamoros*, des maurentötenden Jakobus, sind uns unangenehm. Aber wir können sie entziffern, weil wir Ähnliches aus der Kirchengeschichte kennen. Wir können uns kritisch auf diese Dinge beziehen, an sie anknüpfen und müssen keine ganz neue Erzählung beginnen. Wer sich mit etwas konfrontiert, das nicht sein Eigenes ist, aber auch nicht gänzlich jenseits des eigenen Verständnisses, der erweitert seinen Horizont.

Es wird geübt, in konstruktiver Spannung zum Anderen zu leben und es zugleich einordnen zu können. Der Pilger lernt zurechtzukommen mit dem, was – räumlich und zeitlich – jenseits der eigenen Grenzen liegt. Zugleich muss dieser Weg zum eigenen werden, damit die Selbstrelativierung nicht zum Selbstverlust wird. Diese Differenz-Kompetenz gehört gerade in der Pluralität der Postmoderne zum unverzichtbaren Handwerkszeug nicht nur des Individuums, sondern des gesellschaftlichen Zusammenlebens überhaupt.

Pilgerexistenz als Erfahrung der Spannung auf ein Ziel hin

Pilgern ist dann lebensdienlich, wenn es die grundlegende Spannung des Menschseins zum Ausdruck bringt und klärt. Bestärkend-Vergewisserndes und Irritierend-Fremdes muss in Beziehung gesetzt werden. Die Versuche und Versuchungen, diese Spannung beim Pilgern einseitig aufzuheben, habe ich bereits dargestellt. Als Reaktion auf die überfordernde Pluralität des Alltags drängt es viele Pilger zu einer Gewissheit, die alles Fremde negiert. Die gesellschaftliche Überdehnung der Möglichkeiten verflüchtigt sich in Bedeutungsleere und bewirkt – überspitzt ausgedrückt – einen »negativen Urknall«, in dem sich alles auf das eigene Ich reduziert: Die Pilgerrolle wird von der eigenen Person konstruiert, Mitpilger werden zu Assistenten der eigenen Geborgenheit, das Fremde der Tradition wird übersehen und die Natur in der Einheitserfahrung zur Verlängerung des Ich. In letzter Konsequenz bleibt sogar Gott kein Anderer mehr, sondern geht in der Welt auf, mit der der Pilger harmonisch verschmilzt.

Sicher gewährt solches Pilgern Momente tiefer Geborgenheit und stärkenden Glücks. Aber die existenzielle Spannung von Eigenem und Fremdem wird aufgehoben und verdunkelt. Darum braucht es die Ausrichtung des Pilgerns auf ein Ziel. Denn dieses relativiert und irritiert auf das noch Ausstehende hin – und ist zugleich Gewissheit einer letzten unverbrüchlichen Heimat, der Ewigkeit.

Pilgern kann einen substanziellen Beitrag zur Ausrichtung auf das Reich Gottes leisten, wenn es die Spannung von Eigenem und Fremdem abbildet. Das Potenzial dazu hat es: Der Pilger erlebt sich in seinem Leib und zugleich geht er mit jedem Schritt aus sich heraus. Er erfährt die Begrenztheit seiner Möglichkeiten und seine Einbindung in die Weite des Kosmos. Er ist unvertretbar und zugleich getragen von der Gemeinschaft der Mitpilger. Er durchlebt Wagnis und Bewahrung, wird von sich und anderen irritiert und zugleich kann er fraglos einem selbstverständlichen Weg folgen. Er spürt den Moment und ist doch ausgerichtet auf ein Ziel. Dabei ist Gott ihm nahe und steht noch aus. Der Pilgerweg wird zum komprimierten Symbol der Spannung menschlicher Existenz: Wir wissen um uns, aber wir haben uns nicht. Wir können zwar »Ich« sagen, aber wissen nicht ohne Weiteres, wer dieses Ich ist. Wir sind uns gegeben, haben eine ursprüngliche Selbstvertrautheit, die aber noch eingeholt werden muss. Die ursprüngliche Selbstvertrautheit holen wir ein, indem wir sie äußerlich machen, uns vor Augen stellen. Indem wir uns uns selbst gegenüberstellen, gewinnen wir uns erst wirklich. Das geschieht im Pilgern als symbolischem Handeln, in dem wir uns selbst in etwas anderem erleben.

Denn alle Welt ist dir zu klein – eschatologisch Pilgern

In den bisherigen Kapiteln habe ich in der Bibel und in der Geschichte des christlichen Pilgerns bis in die Gegenwart nach verschiedenen Bezügen für die Entwicklung eines christlichen Verständnisses des Pilgerns gesucht. Nach dieser Auffächerung versuche ich nun, zu bündeln und zu profilieren. Was im Folgenden als Pilgern beschrieben wird, kann irritieren. Es stellt unter Praktikern wie Theologen sicher keinen Konsens dar, sondern ist eine spezifische Position. Um diese Position etwas klarer und ihr Anliegen greifbar zu machen, stelle ich sie einseitig überspitzt dar. Dabei bin ich mir bewusst, dass die Pilgerpraxis nicht so idealtypisch trennen kann. Sie relativiert, da sie immer auf ein Gemisch an Gefühlen und Positionen im Menschen trifft und reagieren muss.

Peregrinatio im frühen Mönchtum

Wenn der Kern und das Spezifikum christlichen Pilgerns in seiner eschatologischen Ausrichtung gesucht werden, knüpfe ich besonders an den Hebräerbrief an, der grundlegend festhält, dass die Christen Gäste und Fremdlinge sind auf Erden. Sie sehnen sich nach einem besseren Vaterland, nämlich dem himmlischen (vgl. Hebr 11,13.16). Damit werden Ausrichtung, Orientierung und die Betonung des Ziels für das Pilgern zentral. Dies knüpft an das Bedeutungsfeld des Wortes *peregrinus* an: das notvolle, ungeschützte und rechtlose Sein in der Fremde. Das Unbehaustsein drängt darauf, ein Ende, wieder eine Heimat zu finden. Der Hebräerbrief versteht die Menschen in diesem Sinn als Pilger, weil sie in dieser Welt Gäste und Fremdlinge sind. Dies ist kein Entschluss – auch kein Entschluss des Glaubens –, sondern ein Anerkennen einer Tatsache. Die Menschen haben keine freie Wahl, so oder anders zu leben, in einer Heimat oder in der Fremde. Das irdische Leben bietet keine Heimat, und wer sich dort heimisch fühlt, unterliegt einem Irrtum, weil er die wahre Bestimmung des Menschen leugnet, die im Reich Gottes liegt. Es geht darum, sich dies bewusst zu machen, um nicht fälschlich das Vorfindliche der Alltagswelt mit der eigentlichen Heimat zu verwechseln. Besonders Augustin hat diesen Gedanken stark und für den Glauben der Alten Kirche fruchtbar gemacht:

»Die gegenwärtige Welt ist Pilgerschaft. Heimat ist erst die kommende.«
Danach möchte er die Sehnsucht stärken:»Lasst uns nach der Stadt
schmachten, wo wir Bürger sind. … Indem wir uns in Sehnsucht nach
ihr verzehren, sind wir schon dort; wir haben unsere Hoffnung schon
wie einen Anker an dieser Küste geworfen. … Ich singe das Lied des Dort,
nicht des Hier, denn ich singe mit meinem Herzen, nicht mit meinen
Lippen. Die Bürger Babylons hören nur den Klang des Fleisches; der Be-
gründer Jerusalems hört das Lied unseres Herzens.«[25]

Pilger ist der Christ also nicht nur zeitweilig, sondern sein Leben lang, es
prägt und bestimmt ihn grundlegend, wird zur existenziellen Haltung.
Dieses Verständnis des Pilgerns hat eine reiche Wirkungsgeschichte besonders im Mönchtum, für das Peregrinatio einer der Schlüsselbegriffe geworden ist.[26] Die Mönche, die ganz für Gott leben wollten, machten die Erfahrung, dass dafür der Auszug aus dem Vertrauten hilfreich ist. So heißt es
von den iro-schottischen Wandermönchen:

»Indem sie die Heimat verließen, begannen sie nach der himmlischen
Heimat zu suchen.«[27]

Man möchte nackt (also unbehaust und ungeschützt) dem nackten Christus
folgen. So wie er sich in der Menschwerdung selbst entäußerte, also auf
seine göttliche Gestalt verzichtete (Phil 2,6f), um sich von Gott in den Himmel erhöhen zu lassen, so verlassen die Mönche, was sie sind und haben.
Von einem Wandermönch heißt es:

»Er verließ den Vater und den Ort seiner Geburt, er verzichtete nach
dem Wort des Evangeliums auf alle Freuden und Güter dieser Welt,
nahm nackt das Kreuz auf sich, verleugnete sich selbst und folgte Christus.«[28]

Im Anschluss an Abraham entwickelte sich in der alten Kirche das Modell
eines dreifachen Auszugs des Mönchs: Er verlässt all das, woran das Herz
hängt, Besitz und Möglichkeiten, die die Welt bietet. Auch sagt er dem alten
lasterhaften Leben ab, seinen Gewohnheiten und Gefühlen. Die Sinne werden gestutzt, um sich von äußeren Eindrücken und der durch sie erreichten
Bindung an diese Welt loszumachen. Man wendet sich ab vom Sichtbaren
und hin zum Ewigen:

»Wir rufen unseren Geist weg von allen gegenwärtigen und sichtbaren Dingen und betrachten nur noch das Zukünftige und sehnen uns nach dem, was unsichtbar.«[29]

So will der Mönch Eindrücke – selbst wenn sie schön sind – nicht festhalten, um den Blick frei zu behalten für das Ewige. Nicht um Neues zu erleben zieht er durch die Welt, sondern um neu zu werden. Der Mönch will sich von den Sorgen dieser Welt frei machen, um in die andere auswandern zu können. Die Nähe zur Bergpredigt ist deutlich:»Ihr sollt nicht Schätze sammeln auf Erden ... Trachtet zuerst nach dem Reich Gottes.«

Pilgern, verstanden als Auszug aus dieser Welt, gebraucht oft das Schweigen als Hilfsmittel. Wer redet, hat Teil an den Geschäften der Welt. Durch den Abbruch der Kommunikation im Verschließen der Sinne, indem man weder aufnimmt noch sich ausdrückt, löst man sich aus der Gemeinschaft der Menschen. Das griechische Wort *monachos* bedeutet der Einsame, Weltabgewandte. Wer schweigt, löst sich und wendet sich anderwärts. Die Wahrnehmung der Welt kann nicht das Heil zeigen, denn»solange wir im Leibe wohnen, weilen wir fern vom Herrn; denn wir wandeln im Glauben und nicht im Schauen.« (2 Kor 5,6f, vgl. Joh 20,29) Augustin kann die Freude am Pilgern sogar als Verrat an der Sehnsucht nach Gott brandmarken: Wer das Pilgern angenehm findet, liebt das himmlische Vaterland nicht.

Erfahrung lehrt die Mönche, dass es nicht genügt, fern zu sein, sondern dass es gilt, sich immer weiter zu entfernen. Auf den Aufbruch muss das unentwegte Unterwegssein folgen, um sich nicht erneut einzurichten. Nur so bleiben sie auf das Kommende hin ausgerichtet. Immer wieder müssen sie sich frei-gehen. Leben heißt Ausschreiten auf ein Ziel, das erst im Unendlichen liegt. Augustinus fasst dieses Anliegen in klaren Worten zusammen:»Du bist tot an dem Tag, da du sprichst: es ist genug! Darum tu immer mehr, gehe immer vorwärts, sei immer unterwegs.«

Wer daran denkt, dass der Großteil des abendländischen Mönchtums ortsstabil lebte und lebt, den wird dieses strikte Ideal des Pilgerlebens verwundern. Die Irritation löst sich auf, wenn man berücksichtigt, dass die Peregrinatio meist symbolisch beziehungsweise existenziell verstanden wurde. Praktiziert wurde das Pilgern im Herzen (Ps 84,6). Die Entfernung aus der irdischen Heimat bemisst sich nicht in Kilometern, sondern im Zurücklassen innerweltlicher Lebensbezüge. Neben äußeren Dingen wie Besitz und Macht geht es besonders um die inneren Bindungen und Versuchungen, die es zurückzulassen gilt.»Sie sollen ihren Leib verlassen und zum Herrn pilgern und nicht von Kappadokien nach Palästina.«(Hieronymus[30]) Das konkrete Verständnis des *peregrinus* ist umstritten gewesen, der einstmalige Ehrentitel wurde später mit disziplinloser Vagabund und Schmarotzer gleichgesetzt. Ein Bericht über eine irisch-angelsächsische Klostergemeinschaft beleuchtet den Konflikt anekdotisch: Die Iren seien im Sommer außerhalb des Klosters herumgestrolcht und im Winter zurückgekehrt, um das aufzuessen, was die Angelsachsen im Sommer auf dem Acker erarbeitet hatten.

Vergessen wir nicht, dass der Grundvollzug klösterlichen Lebens, das Gebet, in die gleiche Richtung weist. Das Gebet ist wesentlich Bewegung auf Gott hin. Wer betet, verharrt nicht selbstgewiss in sich, sondern erwartet das Eigentliche außerhalb seiner selbst, ja jenseits der Welt. Der Beter überschreitet sich selbst, er ist unruhig zu Gott, verlangt nach ihm. Wir finden im Beten also die gleiche Ausrichtung wie im Pilgern, nur dass ihr nicht mit den Füßen nachgegangen wird.

Der enge Zusammenhang zwischen Gebet und Gehen zeigt sich auch darin, dass das Gehen selbst zu einer Gebärde des Gebets werden kann. Zwar ist das Gehen kein zwingender Bestandteil mönchischer Welttranszendenz, aber immer ist bewusst gewesen, dass der äußere Vollzug den inneren stützt. Die Klostermauer hilft beim Zurücklassen der Welt und selbst die *stabilitas loci* des benediktinischen Mönchtums dient dazu, nicht durch Kontakt mit der Welt zu falschen Bindungen versucht zu werden.

Unstillbare Sehnsucht als Motivation

Wenn Menschen sich als Pilger von der Welt lösen, dann kann die Motivation sehr verschieden sein. Für die Christen des Hebräerbriefs war es die Flucht vor den unerträglichen Lebensumständen der Verfolgung. Neben dem negativen ›weg von‹ gibt es auch ein positives ›hin zu‹. Es lebt von der Erwartung auf eine Erfüllung und Vollendung, die unser irdisches Leben kategorial übersteigt. Beides – Flucht wie Sehnsucht – hat die Analyse biblischer Pilger und heutiger Reiseberichte aufzeigen können. Beides kann zum Anlass des Pilgerns werden.

In seiner kargen Poesie verleiht das spätmittelalterliche Lied »Ich wollt, dass ich daheime wär« (EG 517) Flucht wie Sehnsucht überzeugend Ausdruck. Zeit und Raum werden zur Ewigkeit geweitet, Entfremdung und Eigentliches, Schein und Sein gegenübergestellt:

Ich wollt, daß ich daheime wär / und aller Welte Trost entbehr.

Ich mein, daheim im Himmelreich, / da ich Gott schaue ewiglich.

Wohlauf, mein Seel, und richt dich dar, / dort wartet dein der Engel Schar.

Denn alle Welt ist dir zu klein, / du kommest denn erst wieder heim.

Daheim ist Leben ohne Tod / und ganze Freude ohne Not.

Da sind doch tausend Jahr wie heut / und nichts, was dich verdrießt und reut.

Wohlauf, mein Herz und all mein Mut, / und such das Gut ob allem Gut!

Was das nicht ist, das schätz gar klein / und sehn dich allzeit wieder heim.

Du hast doch hier kein Bleiben nicht, / ob's morgen oder heut geschieht.

Da es denn anders nicht mag sein, / so flieh der Welte falschen Schein.

Bereu dein Sünd und bessre dich, / als wollst du morgn gen Himmelreich.

Ade, Welt, Gott gesegne dich! / Ich fahr dahin gen Himmelreich.

Alle diese Zeugnisse vermitteln eine Idee davon, was eine pilgerlich-eschatologische Existenz ist. Noch offen ist, ob und wie diese Grundhaltung fruchtbar gemacht werden kann für Pilgerwanderungen im konkreten Sinn. Ich gehe davon aus, dass der Pilgerweg zum Symbol des Lebensweges werden soll. Er stellt ihn dar, gibt ihm anschaulich Ausdruck, macht ihn verständlich und prägt sich im Vollzug ein. Darum wird im Folgenden das Verhältnis von Weg und Ziel bestimmt. Wie ist das konkrete Pilgerziel zu verstehen, damit es der Ausrichtung auf das eschatologische Pilgerziel Reich Gottes entspricht?

Wenn der Sinn des Lebens- und Pilgerweges das Erreichen des Ziels ist, dann hat der Weg keinen Eigenwert, sondern zieht seinen Sinn und Wert daraus, dass er zum Erreichen des Zieles verhilft. Er ist also relativ, bezogen auf etwas anderes – und das darf nicht durch ein Verharren im bloßen Unterwegssein verloren gehen. Als Mittel zum Zweck bezieht der Weg gerade aus dem, worauf er zielt und wozu er verhilft, seine Dignität. Diese Würdigung des Unterwegsseins ist abgeleitet und darf darum nicht darüber hinwegtäuschen, dass es noch in der Fremde geschieht. Man steht gleichsam noch nicht vor Gott, hat ihn aber schon vor Augen. Umso mehr leidet man daran, das Erstrebte noch nicht erreicht zu haben – eine Spannung, die die

Sehnsucht steigert. Weil der Weg ein Ziel hat, kann ihm Gregor von Nyssa – anders als Aristoteles, für den Bewegung Unvollkommenheit ist – Bedeutung zusprechen:

>»Die Seele eilt hinaus zum Wort. Sie sucht den Nicht-Gefundenen und ruft den, der mit keinerlei Namenszeichen fassbar ist: da wird sie von Wächtern gelehrt, dass sie den Unerreichbaren liebt und den Ungreifbaren begehrt. So wird sie gewissermaßen geschlagen ... von der Hoffnungslosigkeit. ... Aber der Trauerschleier wird ihr weggenommen, da sie lernt, dass eben der ewige Fortgang des Suchens und das Nie-Ausruhen auf dem Weg nach oben die wahre Stillung der Sehnsucht sind, indem jede ganz erfüllte Sehnsucht eine weitere Sehnsucht nach dem Höheren erzeugt.«

Der Weg mündet in das Pilger- oder Wallfahrtsziel als Ort besonderer Gottesgegenwart. Die Pilger wollen zumindest eine Zeit lang besonders dicht bei Gott »zu Hause« sein. Die Strecke zwischen der Alltags-Heimat und der geistlichen Heimat erzeugt die intensive Erfahrung des Fremdseins. Gerade auf längeren Pilgerfahrten lassen dabei Strapazen und Gefahren die Unbehaustheit in dieser Welt erleiden. Der Gegensatz von Erleiden des Fremdseins unterwegs und Freude am Zu-Hause-Sein am Pilgerziel sollte beim Pilgern als prägnanter Kontrast erlebbar sein. Diese Erfahrungen werden zurück auf die Alltagswelt und voraus in das Reich Gottes projiziert. So wirken sie auch über die Zeit der Pilgerfahrt hinaus orientierend und lebensgestaltend.

Vorläufige Ewigkeit schon im Endlichen

Die Erfahrung des Unterwegsseins zielt auf das Erreichen. Sehnen und Suchen finden einen Ort der Erfüllung. Hier tritt der Pilger aus der Haltung der Fremdheit und des Unterwegsseins heraus. Gerade er, der seine Identität als die eines Suchenden stärken will, gerät nun in die Rolle dessen, der sein Ziel erreicht hat und sich zur Ruhe setzen kann. Die wohlverdiente Rast kann zugleich zur Versuchung werden: Der Pilger begnügt sich mit dem Erreichen der irdischen Zwischenetappe und verliert das eschatologische Ziel aus den Augen.

Dagegen ist immer wieder die Vorläufigkeit des konkreten Pilgerziels zur Geltung gebracht worden. Im konkreten Ziel muss erfahrbar sein,

»daß dieses Ziel nur ein Symbol, nur ein vorläufiges, nur ein zeichenhaftes Ziel sein darf. ... Unterwegssein und Ankommen werden eins – diese polare, nicht auflösbare Spannung schlägt sich im konkreten Wallfahren nieder: Man erlebt den Ort der Gegenwart Gottes, und erfährt zugleich, daß man dort nicht zu Hause ist.«[31]

Es ist die Spannung zwischen dem schon jetzt Erreichten und dem noch Ausstehenden, wobei das noch Ausstehende im jetzt schon Erreichten bereits gegenwärtig ist. Konkrete irdische Pilgerziele gleichen eher Proviantstationen auf dem Weg zum Reich Gottes: Sie stärken für den Weg und sind zugleich schon dessen Abbild. Hier geschieht Gottesbegegnung unter den Bedingungen der Endlichkeit, die ein vergewissernder Vorgeschmack ist auf die vollkommene Gemeinschaft mit Gott in der Ewigkeit. Das vorläufige Erreichen vergewissert darin, dass das Streben nach dem Reich Gottes tragfähig ist.

Und doch sind irdische Pilgerziele mehr als Hinweisschilder, die auf etwas hinweisen, was sie selbst nicht sind. Ein Wallfahrtsort, der nur ein hinweisendes Zeichen ist, wäre enttäuschend. Vielmehr ist dort schon etwas anwesend und spürbar vom eigentlichen Ziel. Er motiviert und lässt erleben, dass Gott uns von vorne die Hand entgegenstreckt.

Sich die Gegenwart des Ewigen unter den Bedingungen des Endlichen vorzustellen gelingt am ehesten, indem wir sie mehrperspektivisch mit Bildern und Symbolen umschreiben: Denken wir das Pilgerziel wie eine Ikone, wird es zum Fenster für eine andere Wirklichkeit. Es wird transparent, lässt das Licht des endgültigen Zieles in das Hier und Jetzt leuchten. Das Dargestellte wird repräsentiert. Gott kann als gegenwärtig gedacht werden, ohne dass er verdinglicht wird. Auch eine Beschreibung des Pilgerziels als Gleichnis ist plausibel. Sie legt sich schon dadurch nahe, dass es den biblischen Gleichnissen immer um das Reich Gottes geht, auf das auch das Pilgern ausgerichtet ist. Gleichnisse wollen nicht beschreiben, sondern den Hörer verändern, und realisieren so das, wovon sie sprechen: Sie bringen das Reich Gottes zu den Menschen. Dies ist vom Hören abhängig – erst in der subjektiven Rezeption, der gläubigen Aneignung ereignet sich das Gleichnis, gewinnt das Reich Gottes Raum. Weiterhin kann das Pilgerziel mit Brot und Wein im evangelischen Abendmahl verglichen werden: In, mit und unter den Elementen ist Jesus gegenwärtig im Sinn personaler Präsenz. Indem der Gläubige sich Brot und Wein als Leib und Blut Christi geben lässt, kommt Christus zu ihm. Anschaulich wird dies in der Geschichte der Emmaus-Jünger, die Jesus im Moment des Brotbrechens erkennen. Seine Präsenz bleibt aber auf den Augenblick beschränkt, sie geht vorüber. Er ist nur im Vollzug da, lässt sich aber nicht festhalten, sondern zieht voraus zum nächsten Aufleuchten seiner Gegenwart.

Vielleicht ist die Erzählung vom leeren Grab Jesu die beste Veranschaulichung, wie die Vorläufigkeit des Pilgerziels zu verstehen ist. Sie kann sogar wie eine Ursprungslegende der Wallfahrt zum Grab gelesen werden. Dann würde in den Frauen am Ostermorgen ein Prototyp rechten Pilgerns begegnen. Der Engel empfängt die Frauen am Grab und bezeichnet es als den von ihnen gesuchten Ort der Jesusbegegnung:»Siehe, da ist die Stätte, wo sie ihn hinlegten.«(Mk 16,6) Die Frauen – und mit ihnen der spätere Wallfahrer, der die Geschichte hört – sind am Ziel des Weges angekommen. Doch zugleich werden sie durch den konkreten Ort weiterverwiesen auf den nachösterlichen, eschatologischen Ort Christi:»Er ist auferstanden. Er ist nicht hier.«

»Es ist das erste Mal, dass einem Pilger gesagt wird: ›Er ist nicht hier.‹ ... Sie (sc. die christliche Wallfahrt) wird ein Schritt, der nicht mehr zentripetal (der Wallfahrtsort als Ziel), sondern eher zentrifugal ist, somit über sich hinaus verweist.«[32]

Pilgern steht in der Spannung von Aufscheinen und Entzug: Die himmlische Heimat wird aus der unerreichbaren Ferne in greifbare und erreichbare Nähe geholt, die sich selbst wiederum aufhebt. Pilgern hat einen konkreten Ort zum Ziel, der mehr ist als er selbst. Das Geistige geht in das Materielle ein, das Jenseitige geht auf das Diesseitige zu, ohne sich jedoch davon abhängig und verfügbar zu machen.

Lasst uns nicht die Straße mehr lieben als das Land, zu dem sie führt – Unterwegs zu Gott

Ist Pilgern wirklich so zielgerichtet, wie zuvor behauptet? Bringt es in Bewegung? Wird das Erleben unterwegs überschritten und der Zielort auf etwas Transzendentes hin relativiert? Viele Pilger werden dem widersprechen:»Beim Pilgern komme ich zur Ruhe und zu mir selbst.« Sie finden unterwegs, was sie suchen. Für sie gilt:»Der Weg ist das Ziel.« Dieser Topos ist dominant in populären Reiseberichten, in erbaulichen Schriften und in dem, was Pilger erzählen. Seltener findet sich die oben insbesondere aus dem Neuen Testament und der Frömmigkeit des frühen Mönchtums heraus entwickelte Pilgertheologie. Sie taugt also weniger zum Beschreiben als – wenn überhaupt – zum kritischen Korrektiv und explizit christlichen Profil.

Die Suche nach Darstellungen Weg-betonter Konzepte steht jedoch vor dem Problem, dass es kaum ausgearbeitete zeitgenössische Pilger-Theologien gibt, und diese Konzepte aus erbaulicher Literatur und vor allem der Praxis herausgeschält werden müssen. In der zeitgenössischen Literatur zum Pilgern stößt man auf ein durchgängiges Muster: Es geht gerade nicht um die Ausrichtung auf etwas, sondern darum, da zu sein, in sich zu ruhen, sich zu spüren und bei sich zu sein. Theologisch gesprochen geht es nicht um das Streben *zu* Gott, sondern um das Sein *mit* Gott –»Unterwegs *mit* Gott« lautet entsprechend der programmatische Titel des Büchleins von Paul Martin Clotz. Sein statt werden, haben statt suchen – Gott ist nah, begleitet und tröstet, er ist hier und heute für mich da. Pilgern gilt als Raum intensiver Gottesbegegnung gerade im Erleben der Natur. Nach Clotz beinhaltet der Weg bereits das Ziel: Während die Wallfahrt von einer Distanz zu Gott ausgeht, die laufend überwunden werden muss, sei beim Pilgern der Weg selbst schon Ort der Gottesbegegnung. Im Zentrum steht mehr die Schöpfung als die Erlösung, mehr der Blick auf das Geschenkte als auf das noch Ausstehende. Betont wird auch Gottes Menschwerdung, durch die er unmittelbare Nähe zu den Menschen erreicht und an ihrem Schicksal beteiligt ist.

In der Frage, ob wir mit oder zu Gott gehen, geht es letztlich darum, ob wir uns eher symbiotisch oder als Gegenüber Gottes verstehen. Mit Gott zu sein, unterstreicht Momente wie kindliches Geborgensein und Halt. Betont man hingegen das Gegenüber-Sein, so beschreibt das einen Glauben, der nicht primär den Halt kindlicher Geborgenheit sucht, sondern den Weg zu einem mündigen Partner Gottes geht.

Wir können diesen Prozess auch biografisch in der Entwicklung des Kleinkindes zum Erwachsenen nachvollziehen. Auch hier begegnet uns wieder das Wechselspiel von Heimat und Fremde, Gegenwart und Utopie. Am Beginn der kindlichen Entwicklung steht die Heimat. Sie ist vorgegeben, wird empfangen – und wird erst im Rückblick erkannt: Es gibt immer nur das verlorene Paradies. Die Heimat, das vergangene Paradies,»das allen in die Kindheit scheint und worin noch niemand war« (Ernst Bloch) wird später als Utopie nach vorn projiziert. Sie ist nichts Verlorenes, in das man sich zurückwünschen kann, sondern wird gedacht als etwas Zukünftiges, auf das man zugeht. Biografisch ausgedrückt:

Die anfangs in der symbiotischen Verbundenheit mit der Mutter gegebenen ozeanischen Allmachtsgefühle werden in der Individuation aufgebrochen. Das Kind erkennt sich als etwas von der Mutter Verschiedenes, und damit verliert es die Nestwärme, den Halt selbstverständlicher Geborgenheit. Aus der Einheit *mit* der Mutter wird die Beziehung *zu* ihr – und diese ist immer fragil und gefährdet. Um Kontakt mit der Mutter zu haben, muss das Kind sich überschreiten. Aber ohne diesen Bruch könnte das Kind nicht zu einer eigenständigen Persönlichkeit wachsen.

Weltoffenheit

Die durch die Selbstreflexivität gegebene Sonderstellung des Menschen gegenüber den Tieren hat die Philosophische Anthropologie unter den Begriffen Weltoffenheit (Max Scheler und Arnold Gehlen) und Exzentrizität (Helmuth Plessner) behandelt. Der nicht mehr triebgebundene Mensch kann nicht im puren Sosein verweilen, sondern muss sich als freies Wesen immer verhalten. Gerade diese relative Freiheit von den Trieben, die die Welt und das eigene Verhalten unselbstverständlich macht, zeichnet den Menschen aus. Genau damit fällt er aber aus der Geborgenheit und Unmittelbarkeit zur Welt heraus. Wenn Plessner das Spezifikum des Menschen in seiner Exzentrizität sieht, dann beschreibt das die Fähigkeit, von den Dingen und sogar sich selbst Abstand zu nehmen, sich zu überschreiten und selbstreflexiv zu werden.

Das Nicht-festgelegt-Sein des Menschen durch Instinkte ist auch für Viktor Frankls existenzanalytische Konzeption Ausgangspunkt. Dieses existenzielle Vakuum bewirkt ein Gefühl von Sinn- und Inhaltslosigkeit, dem der Mensch in seinem Willen zum Sinn begegnet. Weil der Mensch selbst-transzendent ist, kann er sich nur in der Hingabe an eine ihn übersteigende Aufgabe finden. Identität gewinnt der Mensch, indem er sich ein Ziel jenseits seiner selbst sucht. Selbstverwirklichung meint dann nicht das Realisieren von etwas im Menschen bereits Vorhandenen, sondern ein über sich hinaus Entwerfen auf eine größere Idee hin. Frankl nimmt den Menschen nicht, wie er ist, sondern wie er sein soll, um ihn zu dem zu machen, der er werden kann. Weil dem Menschen sein Sinn und seine Identität nicht selbstverständlich gegeben sind, muss er nach Frankl seinen Sinn aktiv schaffen und stiften. Auch wenn christlicher Glaube stärker von einem durch Gott gegeben Sinn ausgeht, ist doch das Moment aktiver Suche ein wichtiger Anstoß: Identität braucht zugleich Gottes Gabe und menschliches

Streben nach Selbstverwirklichung, das den Menschen als schöpferische und verantwortliche Persönlichkeit ernst nimmt. Fehlender Sinn wird häufig durch starkes Streben nach Genuss und Vergnügen kompensiert. Weil aber nicht der Wille zum Glück, sondern der Wille zum Sinn ursprünglich ist, soll Glück nicht unmittelbar unter Umgehung der Sinnfrage gesucht werden. Direktes Streben nach Glück verliert den Grund der Lust aus den Augen, wird oberflächlich und darum unbefriedigend. Weil echtes Glück Begleiterscheinung von Sinn ist, stellt es sich ein, wenn der Mensch sein Ziel erreicht hat: Etwas ist nicht sinnvoll, weil es beglückt, sondern es beglückt, weil es sinnvoll ist. Der Wille zum Sinn macht deutlich, warum Entbehrung und Askese um ein Ziel zu erreichen zu starken Faktoren der Erfüllung werden können.

Transzendenz – die Welt auf Gott hin überschreiten

Den Bezug auf etwas noch Ausstehendes hat in der theologischen Anthropologie besonders Wolfhart Pannenberg stark gemacht. Auch er geht davon aus, dass die Welt dem Menschen kein selbstverständliches Zuhause mehr ist, sondern Material schöpferischer Gestaltung. Der Mensch kann letztlich nicht anders, als über das Vorfindliche hinauszufragen und hinwegzuschreiten. Während Tiere weitgehend durch ihre Umwelt bestimmt werden, ist der Mensch offen für andere Möglichkeiten, die in der Umgebung nicht einmal angelegt sind. Weil der Mensch nicht festgelegt ist, ist sein Blick auf die Wirklichkeit eigentümlich offen. Er ist neugierig und geht spielerisch mit ihr um. Erst indem er sich auf die aufregende Fremdheit der Dinge einlässt und dabei von sich absieht, kommt der Mensch zu sich. Weil es keinen unmittelbaren Weg zu sich selbst gibt, muss der Mensch den Umweg über die Offenheit zur Welt gehen. Um wirklich offen zu sein, muss dieses Fragen und Suchen unabschließbar, also unendlich gedacht werden.

Ihr Horizont geht über jede Erfahrung und Situation und jedes Weltbild hinaus. Darum glauben Christen, dass Gott letztlich alles Begreifen übersteigt. Aber das erleben sie nicht als Ausgeliefertsein an ein unverständliches Schicksal. Dass Gott größer ist als unser Verstehen, hilft dem Menschen gerade zum Vertrauen. Dieser Grund des Vertrauens ermöglicht erst ein mutiges Suchen über sich und seine Möglichkeiten hinaus. Immer weiter geht menschliches Suchen, alles Konkrete bleibt Durchgangsstufe, über die die treibenden Kräfte hinausschießen. Weil sich ihm jede Erfüllung, nach der er greift, als nur vorläufig herausstellt und wieder entzieht, richtet sich sein Suchen letztlich auf ein Gegenüber jenseits aller Welterfahrung. Jedes kleine Fragen steht in der Perspektive auf dieses jenseitige Gegenüber, setzt es voraus. Es würde der Weltoffenheit widersprechen, sie auf die Immanenz zu reduzieren – sie braucht um ihrer selbst willen das immer weiter Ausstehende. Gott steht für das Ziel, an dem alles menschliche Streben Ruhe findet und wo seine Bestimmung erfüllt ist. Jede Form von Religion ist darauf zu befragen, ob sie die unendliche Offenheit menschlichen Daseins verdeckt oder öffnet.

Das Sein bei Gott steht im Letzten noch aus, die Gottebenbildlichkeit ist dem Menschen als Bestimmung gegeben. Ist Gott als letztes Ziel allen Suchens der Welt gegenübergestellt, so soll der Mensch sich doch nicht von der Welt abwenden. Er lebt zwar über die Welt hinaus, aber doch in ihr. Der Bezug der exzentrischen Existenz zum Unbedingten geschieht jeweils nur in Vermittlung durch die endlichen Inhalte. Unendliches ist immer nur im Zusammenhang der Endlichkeit gegeben. Sie ist das Material, an dem sich unser Fragen und Suchen abarbeiten kann in dem Wissen, dass die Lösung es übersteigt. An den Dingen üben wir, von den Dingen und uns selbst Abstand zu nehmen, um uns auf Gott auszurichten.

Vertrauend auf Gott zugehen

Die Bestimmung des Menschen als weltoffenes Wesen findet mythologisch Ausdruck in der Vertreibung aus dem Paradies. Erwachsenwerden im religiösen Sinn bedeutet, keine selbstverständliche Einheit mit Gott mehr zu bilden. Dennoch – so verheißt die Bibel mit dem Reich Gottes – hat diese Trennung nicht das letzte Wort. Noch besteht sie, aber ein Sein bei Gott steht vor Augen. Wichtig ist, dass es nicht um ein regressives Zurück in den Mutterschoß, in das Paradies geht. Die erhoffte Beziehung zu Gott hebt die Unterscheidung nicht auf, weil Gott im mündigen Menschen ein ihm zugewandtes bleibendes Gegenüber sucht. Die Hoffnung auf das Reich Gottes sucht keine regressive Symbiose, sondern ein progressives Ausschreiten auf Gott hin.

Die eschatologische Orientierung auf den noch ausstehenden Gott und die Inkarnation, in der Gott zu den Menschen kommt, scheinen einander zu widersprechen. Der Gegensatz löst sich jedoch auf, wenn wir den Sinn der Menschwerdung betrachten. Gott ist nicht allein Mensch geworden, um bei den Menschen zu sein, sondern um sie zu sich zu holen. Jesus weist auf den Vater hin und öffnet den Weg zu ihm. Zwar ist in ihm Gott gegenwärtig, aber um mit den Menschen zu ihm zu gehen. Es geht nicht darum, den Menschen da und so zu belassen, wo und wie er ist. Das Paradox der Menschwerdung Gottes hat Augustinus im Anschluss an den Johannesprolog für das Pilgern »übersetzt«:

>»Christus ist ebenso den Pilgern Weg, wie er den Engeln Heimat ist. ... Zu ihm sollen wir gelangen, der der Weg, das Leben und die Wahrheit ist. Es ist doch nicht verwunderlich, wenn wir glaubend bei eben demselben ankommen, auf dem wir auch gläubig wandeln. Denn er ist der Weg, auf dem wir eilen, und er selbst ist das Vaterland, die Vollendung unseres Laufes, wohin wir gelangen. Wie er in seiner Gottheit Ruhe und Vaterland der Engel ist, wurde er in seinem Menschsein zum Pilgerweg. Als Ruhe und Heimat der Engel und aller Gläubigen heißt es: Im Anfang war das Wort, und das Wort war bei Gott, und es war Gott, das Wort. Als Pilgerweg aber steht geschrieben: Das Wort wurde Fleisch und wohnte unter uns.«

Im christlichen Glauben unterstreicht die Erwartung des Reiches Gottes den Pol des Fremdseins. Das ewige – also eigentliche – Sein steht noch aus; Distanz bleibt zu überwinden. Weil das Reich Gottes nicht das vergangene Paradies ist, sondern Zukunft, geht es um Progression. Gerade in der Radikalität der Bergpredigt macht Jesus bewusst: Wie die Welt ist und wie ihr lebt, ist noch weit entfernt von Gott; darum zieht los, verwandelt euch. Innerhalb dieser bestimmenden Betonung der spannungsreichen Distanz zu Gott, gibt es dann jedoch gnädiges Entgegenkommen Gottes. Trost und Zuspruch sind Zeichen der Nähe und darum hat das ›Gehen *mit* Gott‹ eine relative Berechtigung. Distanz kann überfordern und frustrieren und darum ist auf die richtige Dosierung zu achten. Wie der zu plötzliche Verlust der Symbiose das Kleinkind schockieren kann, so kann auch beim Erwachsenen ein instabiles Standbein vom Ausschreiten des Spielbeins abhalten. Wer gerade einen Schicksalsschlag erlitten hat, sich in seinem eigenen Leben nicht (mehr) verwurzelt fühlen kann, wen Ängste und Sorgen lahmlegen, verdient Zuspruch und Beheimatung. Denn je weniger Heimat man hat, desto mehr braucht man davon. Man muss Heimat haben, um sie nicht nötig zu haben. Gerade derjenige, dem sich die zukünftige Heimat verflüchtigt, braucht die *Prolepse*, also die Vorwegnahme des Kommenden in der Gegenwart.

So kann nach den Strapazen und Herausforderungen der Pilgeretappe eine vergewissernde Andacht angemessen sein: Die wiederkehrende Liturgie beheimatet, Vertrautes entlastet von Entscheidungszwängen, Stille lässt zur Ruhe kommen und das Abendmahl schenkt Gemeinschaft untereinander und mit Gott. Aber das Abendmahl im kleinen Kreis der Pilgergruppe darf den Blick auf die eschatologische Mahlgemeinschaft aller nicht verdecken. Die vorläufige Heimat soll Vorgeschmack der ewigen Heimat sein – nicht mehr und nicht weniger. Gute Andachten sind zugleich kritische Relativierung des Bestehenden wie Ermutigung zum Voranschreiten. Es genügt nicht, falsche Gegenwartsverhaftung und Narzissmus anzuklagen. Vielmehr müssen diese umgewandelt werden in mündige Weltaneignung und -gestaltung. Diese doppelte Ausrichtung eignet guten Symbolen und Ritualen, die darum eine wichtige Funktion beim Pilgern haben. Zudem muss und kann nicht jede Frömmigkeitspraxis den gesamten Glauben einholen. Vielmehr ist das jeweilige Profil, die Stärke herauszuarbeiten. Diese liegt beim Pilgern – durch die Wortbedeutung und die grundlegende Handlung des Gehens – eindeutig in der ausgerichteten Bewegung. Andere Techniken wie das Atmen beim Meditieren wollen zentrieren und lassen sich seiner selbst inne werden. Das Labyrinth veranschaulicht den Weg zur Mitte – Pilgern jedoch symbolisiert sich im Pfeil, der Ausrichtung auf etwas Vorausliegendes.

Der Weg zum Ziel

Der populärste Slogan zum Pilgern steht der genannten Intention diametral entgegen:»Der Weg ist das Ziel.« Der Satz hat bei genauer Betrachtung zwei Interpretationsweisen: Entweder meint er, dass bereits auf dem Weg – und nicht erst am Ende – Ziele gefunden werden; oder dass das Unterwegssein selbst das Ziel ist. Bereits unterwegs Ziele zu erreichen, das geschieht, wenn Erlebnisse als erfüllende Momente erfahren werden: Im Sonnenaufgang am Morgen, in einem gelingenden Gespräch mit einem Mitpilger, in der beeindruckenden Raumatmosphäre einer Kirche und dem glücklichen Körpergefühl nach dem Ersteigen eines Passes kann der Pilger subjektiv bedeutsamen Sinngründen begegnen. Ihnen ist gemeinsam, dass sie im Hier und Jetzt geschehen und auch meist darin gefangen bleiben. Nicht jedem Moment intensiver Befriedigung eignet die Kraft an, über sich hinaus Sinn zu erschließen. In dieser Suche nach immer intensiveren ästhetisch-spirituellen Eindrücken ist das Pilgern Teil unserer heutigen

Erlebnisgesellschaft mit ihrem Imperativ »Erlebe dein Leben!« Nicht um neu zu werden, was ja ein Ziel jenseits des Weges wäre, sondern um Neues zu erleben, sind solche Pilger unterwegs. Ihr Weg hat sein Ziel in sich selbst, in berührenden Augenblicken und eindrücklichen Erlebnissen. »Der Weg ist das Ziel« kann auch bedeuten, dass Ziele überhaupt nicht mehr angestrebt werden. Dann wird das Unterwegssein selbst zur Erfüllung. Der Pilger möchte dann seine Rolle als umherziehender Wanderer nicht mehr aufgeben. Sein Heimweh gilt dem Weg als paradoxer Aufhebung des Heimatgedankens. Wie weit er auch geht, er kann niemals zur Ruhe kommen. Sein Zuhause ist geträumte Schutzhütte und zugleich gefürchtetes Gefängnis. Durch das Unmöglichmachen, ein Ziel zu erreichen, wird implizit die Möglichkeit und Wirklichkeit eines Zieles bestritten: Der Pilger ist letztlich ziellos unterwegs. Unterwegssein als Selbstzweck sucht nichts mehr, hat kein Ziel – sei es konkret oder eschatologisch –, sondern genügt sich selbst. Dieser Pilger lebt als Vagabund, der Angst vor dem Ankommen hat, weil seine Identität im ziellosen Unterwegssein liegt.

Ziele auf dem Weg zu suchen und Unterwegssein als Selbstzweck verstärken sich gegenseitig: Wer kein eschatologisches Ziel vor Augen hat, wird hier und jetzt Erfüllung suchen. Wer sich mit den Erlebnissen unterwegs zufrieden gibt, dem verflüchtigt sich die Zielorientierung. Der christliche Pilger jedoch hat in die Zukunft mehr Vertrauen als in die Gegenwart. Sein Licht leuchtet von vorne her – und von diesem Licht wird er angezogen.

Unterwegs mit Ziel: Ein Ausblick

Wir sind am Ende unseres Gedankenweges angelangt. Hoffentlich ist es zu neuen Ausblicken gekommen, zu einer Erweiterung des Horizonts. Sicher hat der Weg etwas Widerständiges gehabt, Ärger über die eine oder andere Spitze, über manch steile These – aber jeder Aufstieg ist ein Abarbeiten. Vielleicht hat das Lesen auch Lust gemacht, sich selbst auf den Weg zu machen, den Spuren der Gedanken zu folgen oder gerade andere Wege einzuschlagen. Wenn in all dem der Gedankenweg auf den Spuren des Pilgerns Wandlung angestoßen hat, sind Mühe und Freude der Lektüre ans Ziel gekommen.

Denken wir an den Beginn des Weges zurück, der einen Ausgangspunkt bei einem Wort des Hebräerbriefs nahm:»Gäste und Fremdlinge sind wir auf Erden. Wir sehen uns nach einem besseren Vaterland, nämlich dem himmlischen.« Startpunkt christlichen Pilgerns ist die Erwartung, dass das Eigentliche, das ewige Leben noch aussteht. Und dass es sich lohnt, daraufhin auszuschreiten. Diesen Blick auf die letzten Dinge müssen wir uns gegen die Versuchung, uns im Vorletzten behaglich zur Ruhe zu setzen, freihalten. Das macht unser Hier und Jetzt nicht madig, sondern lebt aus übergroßer Erwartung an Gott.

Vertrauen braucht Übung und Askese. Pilgern kann solch ein Training des Gottvertrauens sein, wenn wir uns aus der Hand geben, schutz- und obdachlos machen und allen Einsatz auf das Ziel hin konzentrieren. Ohne die Erfahrung des Fremdseins wird dies nicht gelingen, denn dies löst uns aus der vermeintlichen Sicherheit falscher Bindungen. Und es bereitet für erstes Erfahren des Bei-Gott-Seins. Dass wir uns dabei wieder an das Vorletzte der geschöpflichen Welt binden, gehört gerade wegen des verunsichernden Fremdseins unterwegs zu den großen Versuchungen des Pilgerns. Selbst der Zielort des Weges ist nicht mehr als eine Proviantstation auf dem Weg, ein vergewissernder Vorgeschmack. Sonst verstellt das Ziel gerade das, woraufhin es öffnen will, das Reich Gottes. Wer den ›Gott mit uns‹ zu stark macht, vergisst, dass wir hier nur durch einen Spiegel ein dunkles Bild sehen, dann aber von Angesicht zu Angesicht (1 Kor 13,12). Verheißung meint Losgehen und Geduld haben zugleich.

Alle anderen Schritte dieses Buches folgten dieser Ausrichtung: Wie können wir diese Glaubensaussage anthropologisch als Weltoffenheit des Menschen verstehen? Wie geschieht dieses auf Gott ausgerichtete Pilgern bei den biblischen Prototypen konkret? Welche Entfaltungen gab es in der Geschichte christlichen Pilgerns und wie verhalten sich dazu gegenwärtige Pilgererfahrungen? Was trägt das bei für die konkreten Schritte eines Pilgerweges, für Aufbrechen und Ankommen, für Gehen und Herausforderungen, und für Begegnungen mit Menschen, Natur und Tradition? Was macht es uns als postmodernen Menschen schwer, dieser Verheißung des Reich Gottes zu folgen, und welche Chance liegt in ihr gerade für uns?

Die zuweilen kritische Analyse des Pilgerns soll eines nicht vergessen machen: Pilgern hat ein großes Potenzial, Glauben zu stärken und auf Gott hin zu orientieren. Die Kirchen tun darum gut daran, es nicht modischen Trends zu überlassen, sondern den Sinn dieser christlichen Tradition zu aktualisieren und sich für eigene Angebote zu engagieren. Alles Bemühen um das richtige Verständnis und die passende Gestaltung mag sich von der Vorläufigkeit jedes Pilgerns getragen wissen: »Das Ende der Straße ist unsere wahre Heimat. Lasst uns nicht die Straße mehr lieben als das Land, zu dem sie führt.«

Literatur

Geschichtliches

Angenendt, Arnold: Geschichte der Religiosität im Mittelalter, Darmstadt 2000.

Herbers, Klaus: Jakobsweg. Geschichte und Kultur einer Pilgerfahrt, München 2006.

Der Jakobsweg: Mit einem mittelalterlichen Pilgerführer unterwegs nach Santiago de Compostela; ausgew., eingeleitet, übers. und kommentiert von Klaus Herbers, Tübingen ⁷2001.

Jakobus-Studien: Wissenschaftlich-Historische Reihe, herausgegeben von Klaus Herbers und Robert Plötz, Verlag Narr, Tübingen 1988ff.

Kötting, Bernhard: Peregrinatio religiosa. Wallfahrten in der Antike und das Pilgerwesen in der alten Kirche, Regensburg–Münster 1950.

Kriss-Rettenbeck, Lenz/Möhler, Gerda (Hg.): Wallfahrt kennt keine Grenzen, München–Zürich 1984.

Kühn, Christoph: Die Pilgerfahrt nach Santiago de Compostela. Geschichte, Kunst und Spiritualität, Leipzig 2005.

Theologisches

Branthomme, Henry/Chélini, Jean (Hg.): Auf den Wegen Gottes. Die Geschichte der christlichen Pilgerfahrten, Paderborn 2003.

Clotz, Paul Martin: Unterwegs mit Gott. Ökumenische Pilgerwege, Gießen 1998.

Concilium. Internationale Zeitschrift für Theologie: Themenheft Wallfahrt, 32/1996/4.

Cordes, Martin/Wustrack, Simone (Hg.): Pilger – Wege – Räume: Historische, religionspädagogische und kunsttherapeutische Reflexionen, Hannover 2005.

Grün, Anselm: Auf dem Wege. Zu einer Theologie des Wanderns, Münster-schwarzach 1983.

Internationale katholische Zeitschrift Communio (IKaZ) Themenheft Wallfahrten, 26/1997/3.

Krüger, Oliver/Körting, Korinna/Sänger, Dieter/Böhl, Felix/Kühne, Hartmut/Gerhards, Albert: Artikel ›Wallfahrt / Wallfahrtswesen‹ in: TRE 35, Berlin u. a. 2003, 408–435.

Lienau, Detlef: Sich erlaufen. Pilgern als Identitätsstärkung, in: International Journal of Practical Theology, 1/2009.

Ders.: Unterwegs ins Unterwegssein. Über Wandlungen des Pilgerziels, in: Ehrenfried Schulz (Hg.): Faszination Wallfahrt, Donauwörth 2005, 254–258.

Lipp, Wolfgang: Das Erbe des Jakobus, Laupheim 2008.

Pannenberg, Wolfhart: Anthropologie in theologischer Perspektive, Göttingen 1983.

Rosenberger, Michael: Wege, die bewegen. Eine kleine Theologie der Wallfahrt, Würzburg 2005.

Sudbrack, Josef: Unterwegs zu Gott, obgleich schon stehend vor ihm, in: Klaus Herbers/Robert Plötz (Hg.): Spiritualität des Pilgerns, Tübingen 1993, 103–126.

Sattler, Dorothea: Erlösen durch Strafen? Zur Verwendung des Strafbegriffs im Kontext der christlichen Lehre von Heil und Erlösung, in: Catholica 46/1992, 89–113.

Überschär, Ellen (Hg.): Pilgerschritte. Neue Spiritualität auf uralten Wegen, Rehburg–Loccum 2005.

Reiseberichte

Coelho, Paulo: Auf dem Jakobsweg. Tagebuch einer Pilgerreise nach Santiago, Augsburg 1993.

Hoinacki, Lee: »El Camino« – ein spirituelles Abenteuer. Allein auf dem Pilgerweg nach Santiago de Compostela, Freiburg 1997.

Kerkeling, Hape: Ich bin dann mal weg. Meine Reise auf dem Jakobsweg, München 2006.

Rohrbach, Carmen: Jakobsweg. Wandern auf dem Himmelspfad, München 1999.

Sonstiges

Bauman, Zygmunt: Vom Pilger zum Touristen, in: Das Argument 205/1994, 389–408.

Böhme, Gernot: Leibphilosophie, Zug 2003.

Lienau, Detlef: Artikel ›Tourismus‹, in: Wilhelm Gräb/Birgit Weyel: Handbuch Praktische Theologie, Gütersloh 2007, 419–430.

Ders.: Heimat Fremde, in: Tourism Review 61/2006/4, 21–25.

Haab, Barbara: Weg und Wandlung: Zur Spiritualität heutiger Jakobspilger und -pilgerinnen, Freiburg/CH 1998.

Ponisch, Gabriele: »… daß wenigstens dies keine Welt von Kalten ist …«. Wallfahrtsboom und das neue Interesse an Spiritualität und Religiosität, Berlin 2008.

Turner, Victor und Edith: Image and pilgrimage in Christian culture: anthropological perspectives, New York 1978.

Turner, Victor: Vom Ritual zum Theater: der Ernst des menschlichen Spiels, Frankfurt/M– New York 1989; darin besonders: Das Liminale und das Liminoide in Spiel, ›Fluß‹ und Ritual, 28–94.

Sternenweg: Mitgliedszeitschrift der Deutschen St.-Jakobus-Gesellschaft, Aachen 1998ff.

Textnachweis

1 | *DerJakobsweg.* Mit einem mittelalterlichen Pilgerführer unterwegs nach Santiago de Compostela; ausgew., eingeleitet, übers. und kommentiert von Klaus Herbers, Tübingen [7]2001, 80.

2 | Ebd.

3 | Ebd., 82.

4 | *Claudianus Mamertus* in einer Abhandlung über die Körperlosigkeit der Seele; zitiert nach *von Campenhausen, Hans:* Die asketische Heimatlosigkeit im altkirchlichen und frühmittelalterlichen Mönchtum, in: Ders.: Tradition und Leben, Kräfte der Kirchengeschichte, Tübingen 1960, 290–317, 301.

5 | *DerJakobsweg.* Mit einem mittelalterlichen Pilgerführer unterwegs nach Santiago de Compostela; ausgew., eingeleitet, übers. und kommentiert von Klaus Herbers, Tübingen [7]2001, 72f.

6 | Radulfus Niger: De re militari et triplici via peregrinationis ierosolimitane (1187/88), ediert von Ludwig Schmugge, Berlin–New York 1977, zitiert nach *Kühn, Christoph:* Die Pilgerfahrt nach Santiago de Compostela. Geschichte, Kunst und Spiritualität, Leipzig 2005, 65.

7 | Vgl. *Kötting, Bernhard:* Peregrinatio religiosa. Wallfahrten in der Antike und das Pilgerwesen in der alten Kirche, Regensburg–Münster 1950, 424.

8 | *Luther, Martin:* Weimarer Ausgabe 17/II, 465.

9 | Schmalkaldische Artikel (Artikel 2 des 2. Teils zur Messe), in: Die Bekenntsschriften der evangelisch-lutherischen Kirche, Göttingen 11/1992, 422.

10 | *Luther, Martin:* An den christlichen Adel deutscher Nation von des christlichen Standes Besserung; in: Ders.: Ausgewählte Werke hg. Von H H. Borcherdt/Georg Merz, München 3/1983, Bd. 2, 116.

11 | *Luther, Martin:* Weimarer Ausgabe 47,393.

12 | Vgl. dazu: *Zimmerling, Peter:* Hat das Pilgern ein Heimatrecht in der lutherischen Spiritualität? in: *Überschär, Ellen (Hg.):* Pilgerschritte. Neue Spiritualität auf uralten Wegen, Rehburg-Loccum 2005, 52ff.

13 | Erasmus: Opera omnia, I, 3, 471, zitiert nach *DerJakobsweg.* Mit einem mittelalterlichen Pilgerführer unterwegs nach Santiago de Compostela; ausgew., eingeleitet, übers. und kommentiert von Klaus Herbers, Tübingen [7]2001, 60.

14 | Evangelisches Kirchengesangbuch (EKG), Nr. 303

15 | Vgl. dazu: http://www.jakobus-info.de/jakobuspilger/statik.htm (Stand: Herbst 2008).

16 | *Csikszentmihalyi, Mihaly:* Flow. Das Geheimnis des Glücks, Stuttgart 1992

17 | *Rosenberger, Michael:* Wege, die bewegen. Eine kleine Theologie der Wallfahrt, Würzburg 2005, 74ff.

18 | *Sudan, Ralf:* Franz Kafka. Kurze Prosa/Erzählungen – 16 Interpretationen, Stuttgart 2007.

19 | *Schorlemmer, Friedrich:* Zeitansagen, München 1999, 299.

20 | *DerJakobsweg.* Mit einem mittelalterlichen Pilgerführer unterwegs nach Santiago de Compostela; ausgew., eingeleitet, übers. und kommentiert von Klaus Herbers, Tübingen [7]2001, 78f.

21 | *Bauman, Zygmunt:* Vom Pilger zum Touristen, in: Das Argument 205/1994, 391ff.

22 | Ebd., 389–408.

23 | *Frisch, Max:* Tagebuch 1946–1949, Frankfurt/M, 36.

24 | *Detlef Lienau,* Heimat Fremde, in: Tourism Review 61/2006/4, 21–25.

25 | Enarrationes in Psalmos 62, 2–3; zitiert nach *Brown, Peter:* Augustinus von Hippo, Frankfurt/M 1973, 217.

26 | Vgl. zum Folgenden: *Kötting, Bernhard:* Peregrinatio religiosa. Wallfahrten in der Antike und das Pilgerwesen in der alten Kirche, Regensburg–Münster 1950 und *Grün, Anselm:* Auf dem Wege. Zu einer Theologie des Wanderns, Münsterschwarzach 1983.

27 | Dieses irische Mönchszitat ist zitiert nach *Grün, Anselm:* Auf dem Wege. Zu einer Theologie des Wanderns, Münsterschwarzach 1983, 17. Grün verweist auf eine von Mabillon herausgegebene Quellenschrift des 17. Jahrhunderts.

28 | Vita Columbani II, 23 zitiert nach *Angenendt, Arnold:* Monachi Peregrini. Studien zu Pirmin und den monastischen Vorstellungen des frühen Mittelalters, München 1972, S. 129–144, 138.

29 | Cassianus, Collationes III, 6, zitiert nach: *Grün, Anselm:* Auf dem Wege. Zu einer Theologie des Wanderns, Münsterschwarzach 1983, 18.

30 | Zitiert nach *Kötting, Bernhard:* Peregrinatio religiosa. Wallfahrten in der Antike und das Pilgerwesen in der alten Kirche, Regensburg–Münster 1950, 424.

31 | *Sudbrack, Josef:* Unterwegs zu Gott, obgleich schon stehend vor ihm, in: *Herbers, Klaus/Plötz, Robert* (Hg.): Spiritualität des Pilgerns, Tübingen 1993, 115f.

32 | *Branthomme, Henry/Chélini, Jean* (Hg.): Auf den Wegen Gottes. Die Geschichte der christlichen Pilgerfahrten, Paderborn 2003, 43f.